일본의 한국 통치에 관한 세밀한 보고서

THE NEW KOREA
by ALLEYNE IRELAND
NEW YORK : E.P. DUTTON & COMPANY, 1926

007
그들이 본 우리
Korean Heritage Books

일본의 한국 통치에 관한 세밀한 보고서

얼레인 아일런드 지음
김윤정 옮김

살림

서구의 시선으로 본 근대한국

　세계에서 차지하는 한국의 위상이 과거에 비해서 현저히 높아졌고, 문화 교류도 활발해지는 시대입니다. 지구를 하나로 묶는 세계화가 진행되면서 민족 간의 경쟁도 더 치열해지는 한편으로 상호 소통과 이해의 필요성도 커져가고 있습니다. 동시에 우리와 타자 사이의 경계가 희미해지고 정체성의 위기도 더 절박한 느낌으로 다가오고 있습니다. 이런 때일수록 세계 속에서 우리가 누구인지, 타자의 시선에 비친 우리의 모습은 어떤지 되물어 보는 것이 중요합니다.

　이번에 발간하는 '그들이 본 우리 총서Korean Heritage Books'는 이 시대에 꼭 필요한 일 중 하나가 이 '되물음'이라는 인식에서 기획되었습니다. 이 총서에는 서양인이 우리를 인식하고 표현하기 시작한 16세

기부터 20세기 중엽까지 한국이 근대 국가로 형성되는 과정에서 그들이 묘사한 과거의 우리를 확인할 수 있습니다. 그리고 그들의 서술이나 묘사를 통해 한국이 어떻게 세계에 비쳐졌으며, 어떻게 우리가 '한국인'으로 구성되어 갔는지를 엿볼 수 있습니다. 오늘의 우리가 형성되는 과정을 이해하는 데 있어서 이 자료들은 하나하나가 매우 귀중한 보고서입니다.

이 총서를 통해 소개되는 도서는 한국문학번역원이 명지대-LG연암문고와 협력하여 이 문고가 수집한 1만여 점의 고서 및 문서, 사진 등에서 엄선한 100종으로 구성되어 있습니다. 한국문학번역원은 2005년에 전문가들로 도서선정위원회를 구성하고 많은 논의를 거쳐 번역할 만한 가치가 있는 서양 고서들을 선별했습니다. 1995년에 발족한 명지대-LG연암문고는 그동안 이 희귀본들을 수집 정리하는 데 많은 시간과 비용을 들였습니다. 이제 이 가운데 핵심적인 자료들이 번역 출간되어 일반에 공개됨으로써 우리 문화와 학문을 되돌아보고 이해함에 있어서 훌륭한 자양분이 될 것으로 기대합니다.

한국문학번역원은 우리의 문화를 해외에 알리고 전파하는 것을 기본 목적으로 하고 있는 기관입니다만, '우리'를 그들에게 제대로 알리기 위해서라도 '그들'이 본 '우리'를 점검해 보는 일이 꼭 필요하다고 봅니다. 이 총서의 번역 출간을 계기로 한국문학번역원은 문화의 쌍방향적 소통을 위해 더욱 노력하고자 합니다.

이 총서 발간을 위해서 애써 주신 명지학원 유영구 이사장님과 문고 관계자들, 선정에 참여하신 명지대 정성화 교수를 비롯한 여러 선생님들, 성실한 번역으로 도서의 가치를 높여 주신 번역자 여러분, 그리고 출판을 맡은 살림출판사에 감사의 말씀을 전합니다. 앞으로 이 총서가 관련 분야의 귀중한 자료로서만이 아니라 독자들에게 재미있는 읽을거리로 자리 잡을 수 있기를 바랍니다.

2008년 3월

한국문학번역원장 윤지관

머리말

20여 년 전 나는 극동 지역의 식민지 통치에 관한 책 세 권을 발표했다. 버마, 말레이 연합주, 해협식민지(말레이반도 남부 말라카 해협에 면한 영국령 식민지—옮긴이), 사라와크 주(보르네오 섬 북서부에 위치한 말레이시아 연방의 주州—옮긴이), 북부 보르네오 및 영국의 홍콩 식민 통치와 미국의 필리핀 통치, 네덜란드의 자바 통치, 프랑스의 인도차이나 통치 등을 다룬 것들이었다.

처음에는 일본의 포르모사('아름다운 섬'이라는 뜻의 포르투갈어로 타이완을 지칭한다.—옮긴이) 통치에 대해 다룰 생각이었다. 하지만 2년 동안 서양을 여행한 후 동양으로 돌아왔을 때까지 러일전쟁이 끝나지 않아 포르모사를 방문할 수 없었다. 1922년 한 해의 많은 시간을 극동에서 보내게 되었을 때 나는 일본의 포르모사 통치보다 일본의 한국 통치에 관한 책을 쓰는 것이 행정 분야 연구에 있어 더욱 흥미로운 기여를 하게 될 것이라는 결정을 내렸다.

포르모사는 단지 문명화된 민족이 아주 미개한 다른 민족을 지배하는 수많은 사례 가운데 하나일 뿐이었다. 이에 반해 한국은 문명화된 한 민족이 문명화된 다른 민족을 지배하는 드문 사례였다. 1910년 한일합방이 이루어졌을 때 한반도의 삶의 여건이 극도로 열악했던 것이 사실이다. 그러나 이것은 한국 민족의 타고난 지능이나 능력이 부족했기 때문이 아니라, 500년의 세월 동안 거의 지속적으로 한국 왕조(조선 왕조를 지칭한다.—옮긴이)의 특징으로 자리매김했던 무지와 부패 때문이었다. 또한 하나의 왕조가 500년 동안 한국 전역에서 잔학과 부패를 묵인하는 제도를 유지해 온 때문이었다.

한국인들은 그 같은 실정을 수세대에 거쳐 경험해야 했고 그 결과 근면, 절약, 사회적 발전을 향한 의욕을 잃게 되었는데, 이는 서민들 중 누구도 자신이 노력한 만큼의 결실을 맛보지 못했기 때문이다.

이 책의 제목으로는 책 내용의 단서를 알 수 있다. 내가 이 책에서 시도하고자 했던 것은 일본이 한국을 식민 통치한 목적과 방법, 그리고 그 결과를 어느 정도 세밀하게 제시하는 것이었다. 나는 스스로를 통치할 한국인의 권리와 한국인을 통치할 일본의 권리에 관한 문제는 거의 다루지 않았다. 왜냐하면 이 문제는 다른 저술가들이 한국 민족주의자의 관점에서든 일본 제국주의자의 관점에서든 이미 충분히 논의했고, 그 결론은 민족주의적 관점이든 제국주의적 관점이든 어떠한 경우라도 단지 개인적인 성향을 반영하는 데 지나지 않기 때문이다. 한국에 관해서는 이미 방대한 문헌이 나와 있고 대부분 아주 흥미롭고 가치 있는 것들이다. 하지만 이들 문헌의 대다수는 한국이라는 나라와 한민족韓民族에 대한 일반적인 사항을 설명하거나 아니면 이쪽 또는 저쪽의 특정 목적에 맞게 특별히 선별된 자료를 토대로 일본의 한국 통치를 비난하거나 미화하는 논쟁적 문서들이다.

현재 영어권 대중들이 이용할 수 있고 통계적 수치를 토대로 하여 일본의 한국 통치에 대한 모든 국면을 다루고 있는 유일한 자료는 조선총독부에서 정보를 수집하여 발간한 『조선의 개혁과 발전에 관한 연례 보고서The Annual Reports on Reforms and Progress in Chosen』뿐이다. 이 보고서에는 많은 유익한 설명과 상당량의 통계 자료가 들어 있다. 하지만 지난 10년간의 보고서를 숙독한 후 나는 그것만으로는 내가 구상한 것과 같은 책을 쓸 수 없다고 확신했다. 보고서 내용 중 상당 부분은 수많은 주제에 대해 아주 상세하게 다룬 각 행정 부서의 보고서를 요약하여 만든 것이었다. 본서에 실린 많은 자료와 설명은 지금까지 영어로 소개된 적이 없는 공식 자료를 번역한 것이다.

　일본의 한국 통치에 대해 필자의 견해를 밝힌 부분은 한국에서 필자가 목도한 것과 공식 혹은 비공식적 출판물에서 한국에 대해 읽은 것, 그리고 일본인, 한국인, 외국인 등 필자가 한국을 방문했을 때 한반도에 살고 있던 많은 사람들과 토론을 하면서 판단한 것이다.

얼레인 아일런드

차례

일러두기

1. 중국어 표기 시 인명은 한자음으로 표기하였으며 지명은 외래어 표기법에 따라 중국식 발음
   으로 표기하였다.
2. 역자주는 괄호 안에 '—옮긴이' 로, 원주는 각주로 구분했다.

제 1 장
들어가면서

한국은 극동 지역의 전반적인 문제와 관련하여 끊임없이 그 중요성이 큰 위치에 자리 잡고 있다. 이러한 지정학적 위치로 인해 한국의 미래는 숙명적으로 중국, 동부 러시아 그리고 일본의 미래와 밀접하게 관련될 수밖에 없다. 한국은 중국 및 러시아와는 국경을 마주하고, 일본과는 좁은 해협 하나만을 사이에 두고 있다. 한국의 역할을 지나치면서 동북아시아 지역의 정치 · 사회 · 경제적 발전상을 예측할 수는 없다. 한국은 터키가 근동 지역에서, 이집트가 대영제국에서, 그리고 파나마운하 지역이 미국에서 수행하는 것과 같은 중요한 역할을 동북아시아 지역에서 담당하고 있기 때문이다.

극동 지역에서 일어나는 여러 사건들에 대해 공들여 작성한 수많은 보고서와 독창적인 예언들은 1910년 일본과 한국의 합병으로 휴짓조각이 되고 말았다. 요컨대 한일합방은 중국이 과거 한국에서 행사했던 종주권을 다시 주장하거나 적극적으로 행사하기 위해 어떠한 조치를 취하기 전에 일본이 미리 선수를 치려는 의도가 반영된 결과였다고 할 수 있다. 또 허약하고 무능하고 부패한 위정자들로부터 국가의 지배권을 탈취하려는 야심을 가진 러시아가 그것을 실현할 수단을 얻을 수 있는 우세한 위치를 한반도에서 확보하려는 시도를 미연에 방지하고자 한 일본의 의지가 반영된 결과라고도 할 수 있다.

1910년부터 전개된 일련의 사태 추이를 살펴보면 여러 가지 불분명한 가운데 한 가지 사실만이 여실히 드러난다. 바로 한국을 자국의 일부로 편입하기로 결심한 일본이 한국을 영구히 점령하는 것을 국가 정책의 중요한 부분으로 간주했고, 어떤 희생을 치르고, 어떠한 내부의 저항이나 외부의 술책이 있더라도 이 정책을 공고히 실행하려 했다는 점이다.

국제 정책 분야에서 일본의 한국 합병은 서로 다른 정치적 신념을 가진 두 학파, 즉 제국주의와 민족주의를 구분하는 데 더할 나위 없이 적합한 사건이다. 독자들은 이 두 가지 사상 중 어느 쪽을 지지하는가에 따라 일본이 한국을 지배할 '권리'가 있다거나 아니면 한국 국민이 독립국의 지위를 누릴 '권리'가 있다고 확신하게 될 것이다.

이 같은 문맥에서 일반적으로 사용되는 '권리'라는 낱말은 제국주의자들과 민족주의자의 논쟁에서 실질적인 문제의 본질을 호도하는 역할을 한다. 왜냐하면 특정한 상황에서 제국주의 혹은 민족주의 중 어느 한쪽에 '정당성'을 부여하는 것은 그 상황에서 특수한 타당성을 인정하는 것일 뿐 보편적인 상황에서까지 그 타당성을 인정하는 것은 아니기 때문이다.

엄청난 국력과 사회적 발전에서 한발 앞섰다는 이유로 미국이 리오 그란데 강 아래쪽에 자리 잡은, 개발에 뒤처진 모든 나라를 합병해야 한다고 주장하면 극단적인 제국주의자조차 난색을 표할 것이다. 또한 극단적인 민족주의자라 해도 호주 원주민은 민족자결권을 누릴 '권리'가 있으므로 본섬 대륙을 백인의 통치에서 해방시키는 것이 정당하다는 주장에는 조소를 보낼 것이다. 누군가 북미 대륙의 통치권을 원주민인 인디언에게 반환하기 위한 운동을 전개한다면 이처럼 모순된 논리는 최고조에 달할 것이다. 실용적인 관점에서 보면 앞에서 언급한 사례들은 우스꽝스럽게 여겨질지 모르지만 추상적인 개념인 '권리'라는 원칙을 제국주의 또는 민족주의 정책의 기초로 삼을 때 범하게 되는 오류를 드러내기에 부족함이 없는 예들이다.

필자의 목적은 일본의 한국 통치를 식민 지배의 구체적인 사례로 고찰하는 것이며, 이 과정에서 식민 지배의 토대가 되는 법률적 인가

혹은 도덕적 용인에 대해서는 언급하지 않을 것이다. 사려 깊은 학생이라면 필자가 이처럼 제한적인 접근을 하는 이유를 분명히 알 것이다. 필자는 일반 독자들도 그 이유가 타당하다고 여기기를 바라면서 여기에 그 이유를 설명하고자 한다.

강대국의 약소국 합병은 역사가 기록되기 시작한 이래 꾸준히 지속되어 온 현상이고, 사실상 모든 강대국들이 이러한 행동을 되풀이했다.

수많은 나라에서 이 같은 관행에 대한 찬성과 반대 의견이 수천 번 이상 제기되어 왔고, 그 같은 주장은 거의 모든 언어로 표현되었다. 이 책을 읽는 사람들은 이미 그러한 주장을 잘 알고 있거나 혹은 이후에도 쉽게 그런 주장을 접할 수 있을 것이다. 이미 충분히 제기된 많은 의견들에 필자의 의견까지 덧붙이고 싶지는 않다. 식민지 정부의 행정 체제를 설명하면서 합병이라는 행위에 의해 빚어지는 도덕·윤리·법률·정치·사회·경제적 문제에 대해 논의하는 것은 적절하지 않다. 왜냐하면 행정의 성격은 행정의 본질과 관련된 문제이며 이것은 오직 정부가 시행한 행정 업무에 관한 자료를 기초로 공정하게 판단할 수 있기 때문이다.

식민지 정부에 대한 객관적인 서술에 제국주의의 도덕적 속성에 대한 주관적 평론을 결부하면 사상의 혼동을 야기할 수 있다. 예컨대 식민지 정부가 제대로 통치하지 못하면 민족주의자들은 예외 없이 이를 근거로 제국주의에 반대하는 주장을 펼치려 할 것이다. 하지만 민주 정부가 제대로 통치하지 못할 경우 민족주의자들은 이를 근거로 민중의 통치에 반대하는 주장을 절대 용납하지 않을 것이다.

상반되는 예로 정부의 통치가 제대로 이루어지는 상황을 들어보자. 민주 독립국에서 실제로 정부의 통치가 제대로 이루어진다면 민족주의자들은 이 같은 사례야말로 민주 독립국을 정당화하는 근거라며 환영할 것이다. 그러나 제국주의의 식민지 속국에서 정부가 제대로 통치한다면 민족주의자들은 이를 제국주의 제도의 우수성을 인정하는 사례로 받아들이는 것이 아니라, 식민지 정부가 권위의 기반으로 삼고 있는 여타 제재 조치의 속성 쪽으로 문제의 초점을 돌리려고 할 것이다.

한마디로 말해 민족주의자들에게는 독립국이면서 효율적인 통치가 이루어지면 당연히 좋은 정부이고, 심지어 그렇지 못하다 하더라도 독립국이기만 하다면 좋은 정부가 된다는 의미이다. 첫 번째 경우는 효율적 통치와 독립이라는 두 가지 조건을 모두 충족하기 때문이고, 두 번째 경우는 독립국 정부가 비록 지금은 제대로 된 통치를 하지 못한다 해도 추후 효율적인 통치에 대한 요구가 터져나오면 결국 정부가 이를 실행에 옮길 것이 확실하다는 이유 때문이다. 민족주의자들은 그렇기 때문에 효율적인 통치가 이루어지지 않는 독립국은 효율적인 통치가 이루어지는 독립국으로 진화해 가는 하나의 과정일 뿐이라고 주장한다.

　민족주의자들은 독립국가를 수립하려는 자신들의 열망에 부합하는 한 이것은 조금도 모순되지 않은 태도라고 주장한다. 왜냐하면 이러한 태도를 취하면 식민지 정부가 제대로 통치하지 못할 경우 이를 빌미로 독립을 지지하도록 선동할 수 있고, 동시에 효율적인 식민 통치가 속국의 안전과 의료, 문화적 진보와 번영에 어떤 혜택을 가져다주는지를 보여 주는 시각적 증거를 제시하면서 식민 통치를 정당화하려는 제국주의자들의 입지를 약화할 수도 있기 때문이다.

　따라서 특정한 일련의 사실을 평가함에 있어 민족주의자와 제국주의자의 입장이 전혀 다를 수 있다는 점은 분명하다. 한국에 대한 일본의 식민 지배와 그에 대한 한국 민족주의자들의 반발은 이 점을 분명하게 드러내는 적절한 예이다. 일본인들은 자부심을 가지고 한국에서 도로를 건설하고 교육 시설을 대대적으로 확충한 점, 최근 전국적으로 도적들에 의한 피해가 잦았던 한국에서 인명과 재산을 효과적으로 보호한 점, 농업, 상업 그리고 여타 산업에서 급속한 성장을 이룩한 점, 기술 훈련소를 세우고 농어민, 목축업자, 제조업자 등에게 도움을 주는 실험 연구소를 설립한 점, 지난 15년 동안 모든 부문에서 생산성이 엄청나게 증가한 점, 그리고 그 사실을 내포하고 있는 한국인 고용

증대 효과 및 공직에 임명되는 한국인의 지속적인 증가 등을 언급한다.

위 사실에 쉽게 이의를 제기할 수는 없을 것이며, 이 같은 사실은 이어지는 다음 장에서 제시된 자료들에 의해 사실임이 증명될 것이다. 그러나 한국의 민족주의자들은 부정할 수 없는 사실 이면에 간과해서는 안 되는 불순한 의도가 숨겨져 있다고 반발한다. 일본이 식민지 한국에 도로를 건설한 목적은 오직 일본 군대의 기동성을 높이기 위해서이고, 교육 시설을 확충한 것은 한국 국민의 민족성을 말살하기 위한 고도의 술책에 지나지 않는다는 것이다. 그뿐 아니라 인명과 재산을 보호했다는 주장은 수많은 일본 경찰 병력을 그대로 유지하기 위한 변명에 지나지 않으며, 한국의 경제를 발전시키기 위해 노력한 것 또한 단지 일본 자본가의 이익을 증대하기 위한 것이었다고 반박한다. 또한 기술 훈련소나 실험 연구소 등을 세운 목적은 식민 지배를 통해 일본인들이 혜택을 더 많이 받을 수 있도록 하기 위해서이고, 식민지 정부 공직에 한국인을 기용한 것은 일본의 한국 점령에 대한 지지를 이끌어 내기 위해 계산된 교활한 회유정책에 불과하다는 것이 민족주의자들의 주장이다.

그 다음에 이어지는 이야기는 식민 통치에 대해 잘 알고 있는 학생들에게는 익숙한 내용이다. 식민지 정부가 도로를 건설하고 학교를 설립하고 기타 여러 사업을 추진하는 것은 옳지 않은 일이 되는데 그

의도가 불순하기 때문이다. 하지만 식민지 정부가 앞서 언급한 것과 같은 사업을 추진하지 않으면 그것 역시 옳지 않은 일이 된다. 식민지 속국에 그 같은 혜택을 제공해야 하는 제국주의 통치자의 명백한 의무를 제대로 이행하지 않았기 때문이다.

식민지 속국의 자원을 개발하는 문제에서도 똑같은 논리가 적용된다. 본국에서 식민지 속국에 자본을 투자하는 것은 옳지 않은 일인데, 이러한 투자로 인해 자본가들이 더 많이 착취하기 때문이다. 그러나 식민지에 자본을 투자하지 않는 것 역시 옳지 않은데, 이런 행동이야말로 식민 지배를 수월하게 하기 위해 속국의 국민을 가난하고 무력한 상태로 내버려 두려는 제국주의의 의도가 반영된 것이기 때문이다. 식민지 원주민을 식민 정부의 공직에 기용하는 것은 민족성을 약화하려는 의도에서 만든 정책이므로 옳지 않은 일이 된다. 그러나 원주민을 기용하지 않는 것도 옳지 않은 일인데 이것은 식민지 속국을 제국주의 본국을 관리하기 쉬운 사냥터로 전락시키려는 의도를 드러낸 것이기 때문이다.

식민지의 총독들은 이런 논리를 이미 잘 알고 있다. 성실하고 자비로운 식민지의 총독들―1919년부터 한국에서 총독으로 재임하고 있는 사이토 마코토야말로 이 표현에 딱 맞는 인물이다―은 필자가 방금 언급했듯이 어떻게 하든 늘 따라붙는 부정적인 비판에 귀를 막아야만 하는 입장에 놓이게 되었고, 식민지 속국의 전반적인 상황을 개선하기 위해 고안된 정책을 매일같이 실행에 옮기는 데서 위안을 얻어야 했다.

이 책의 많은 부분은 한국을 식민지로 지배하고 있는 일본의 통치 체제와 식민 통치로 인해 생긴 변화들을 통계적으로 설명하는 데 할애했다. 책을 집필하는 동안 필자가 견지했던 관점을 독자에게 간략하게 설명하는 것도 필자에게 주어진 의무라고 생각한다.

지난 40년 동안 필자는 인생의 절반가량을 영국, 미국, 캐나다, 호주, 일본, 프랑스, 독일, 덴마크 등의 자주 독립국에서 보냈고, 나머지 절반은 인도, 영국령 서인도제도, 프랑스령 서인도제도, 네덜란드와 영국이 점령한 말레이반도, 프랑스령 인도차이나, 영국령 보르네오 섬, 필리핀, 그리고 여기저기 흩어져 있는 여러 강대국의 식민지 속국에서 보냈다.

이와 같은 경험을 통해 필자는 정부의 형태에 관해서는 어떠한 편견도 갖지 않게 되었다. 국가의 형태와는 상관없이 현명하고 투명한 정부가 통치하는 나라가 있는가 하면 무능하고 부정한 정부가 통치하는 나라도 있다는 것을 직접 체험했기 때문이다. 필자는 군주국에서 개인의 자유가 소중히 여겨지는 반면 공화국에서 그것이 짓밟히는 것을 목격했고 그와 반대되는 경우도 본 적이 있다. 민중이 정치의 주체가 될 때나 전제군주가 다스릴 때나 똑같이 사회의 정의가 무시되는 경우가 있다는 것을 목격하기도 했다. 자주 독립국과 제국주의 강대국의 속국 모두에서 사법부의 결정이 뒷거래에 의해 좌우되는 것도 보았다. 필자가 방문했던 여러 나라에서 나란히 함께 살아가는 각계각층의 사람들 중에는 이런저런 개혁 조치가 시행되기를 바라면서도 정부에 대해 만족하는 사람도 있었고, 동일한 정부에 대한 불만이 너무 커서 정부가 완전히 붕괴되어야만 자신이 희망하는 개혁을 확실히 보장받을 수 있다고 생각하는 사람도 있었다.

이처럼 정부에 대해 강한 불만을 품고 있는 집단이 자주 독립국에 있는 경우 그 구성원들은 개인적인 성향에 따라 이러저러한 명분을 가진 사회주의자, 공산주의자, 노동조합 운동가, 극단적 국수주의자 혹은 무정부주의자가 된다. 하지만 정부에 대해 불만을 가진 집단이 식민지 속국에 있는 경우 그 구성원들은 식민지 본국으로부터 독립을 쟁취하는 것을 목표로 정당을 만들게 된다.

비교정치학을 공부하는 학생들에게 제기되는 가장 흥미로운 문제 중 하나는 식민지 속국에서는 민족주의 정당의 우선적인 목표가 반드시 자주 독립국 지위를 획득하는 것이어야만 하는가이다. 왜냐하면 식민지 속국에서 독립을 추구하는 정당들이 일단 독립만 쟁취하면 다 해결할 수 있다고 생각한 사회악이 이미 오래전부터 자주 독립국으로 존속하고 있는 대부분의 나라에서 여전히 발견되고 있기 때문이다.

강요된 제국주의의 통치에 반대하는 사람들이 자주 독립국들을 가리키며 "이들 자주 독립국에서는 정의, 관용, 정직, 효율적 행정, 사회 평등, 인명과 재산에 대한 적절한 보호, 공평한 경제적 기회가 있으며, 강자가 약자를 착취하거나 부자가 가난한 사람을 착취하는 일이 없다"라고 주장할 수만 있다면, 반제국주의적 주장은 견고한 토대를 가질 수 있을 것이다. 그러나 반제국주의자들도 위에서 언급한 바람직한 현상들이 일반적으로 자주 독립국의 범주에 들어가는 나라에서 항상 두드러지게 나타난다고 거리낌 없이 주장할 수는 없을 것이다. 마찬가지로 모든 나라에서 이런 현상을 찾아볼 수 있다 하더라도, 제국주의의 속국보다는 자주 독립국에서 이런 현상이 더 두드러진다고 주장할 수는 없을 것이다.

제대로 된 정보를 가진 사람이라면 스페인, 멕시코, 중남미 공화국, 러시아, 루마니아, 불가리아—모두 자주 독립국이다—의 전반적인 사회 환경이 우수하다거나, 이들이 버마, 자바, 영국령 기아나, 말레이 연합주, 한국, 필리핀—모두 식민지 속국이다—보다 더 효과적으로 통치되고 있다고 주장하지는 않을 것이다.

자주 독립국이든 식민지 속국이든 실정 가능성은 항상 내재되어 있다. 독립국의 위험 요소는 부정과 무능인데 파벌 정치와 정치조직이 이러한 위험 요소의 만만한 수단이 되는 동시에 견고한 방어막이 되고 있다. 국가의 이익과 정당의 이익 중에서 대개 후자가 자의적 관직 제공과 과장된 궤변의 남용에 의해 사실상 주도적인 위치를 갖게 된다.

식민지 속국에서 좋은 정부를 위협하는 것은 다른 곳에서 나타나는데, 바로 어리석고 무능하고 거만한 식민지 정부 관리들이다. 부정부패 문제에서는 몇 가지 예외적인 경우도 있겠지만 확실히 식민지 속국 정부보다는 자주 독립국 정부가 훨씬 더 심각한 상태이며, 속국에서는 사실 공직에 있는 관리의 부정부패가 거의 발생하지 않는다는 것이 필자의 생각이다. 런던에 있는 인도성과 식민성에 의해 통제를 받는 여러 식민지 속국을 관심 있게 지켜본 지난 25년 동안, 필자는 식민지 속국에서 단순 서기 이상의 직책을 가진 비원주민 출신 관리가 독직을 했다는 이야기를 들은 적이 거의 없다.

정부의 형태가 어떻든 모든 정부가 나라를 효율적으로 통치해야 하는 의무를 지니고 있는 것은 당연하다. 이 같은 의무는 도덕주의에 뿌리를 두고 있는데 지배 권력이 나라를 제대로 통치할 만큼 도덕적 사고의 영향력이 크지 못하면 나라에 적합한 자비롭고 효율적인 통치를 하려는 마음보다 편의주의에 따르려는 충동이 더 커지게 된다.

필자에게는 도덕주의와 편의주의라는 두 가지 요인이 자주 독립국보다는 식민지 속국에서 더욱 효과적으로 영향력을 행사하는 것처럼 보이는데, 이것은 주로 다음과 같은 두 가지 이유 때문이다. 자주 독립국에서는 도덕적 의무가 수천, 아니 수만의 유권자들에게 나뉘어져 있는 반면 식민지 속국에서는 도덕적 의무가 한 사람에게 집중되어 있다. 식민지 총독, 총독, 최고 행정관 혹은 그 직함이 무엇이든 간에 말이다. 자주 독립국의 경우 모든 유권자들은 잘못된 통치에 대한 책임을 다른 사람에게 전가할 수 있다.

정당들은 서로 다른 당에 책임을 전가할 수 있고, 의회의 한 기구가 다른 기구에 책임을 전가하거나, 아니면 두 기구 모두 최고 통치자에게 책임을 떠넘길 수도 있다. 최고 통치자는 책임을 다시 유권자에게 돌리면서 자신은 단지 국민의 종에 지나지 않으며 국민이 특정한 법안이나 행정 조치를 요구했기 때문에 국민의 뜻에 따라 그대로 집행했을 뿐이라고 말하며 책임을 회피할 수 있다. 또 최고 통치자와 의회가 힘을 합쳐 무능하고 부패한 관리들에게 책임을 전가할 수도 있는데, 그렇게 되면 경우에 따라 관리들이 곧바로 징계를 받거나 혁신의 대상이 되거나 직위에서 해고되거나 재임용에서 탈락하게 될 것이다.

그러나 식민지 속국에서는 상황이 전혀 다르게 전개된다. 식민지 총독이 자신이 통치하는 식민지와 본국에 있는 식민성과 맺고 있는 관계는 배의 선장이 자신이 타고 있는 배와 그 배의 선주들과 맺고 있는 관계와 아주 유사하다. 총독은 식민지에서 일어나는 모든 일에 대해 직접적인 책임을 지고 있다. 일이 성공하면 공로를 인정받고, 실패하면 징계를 받아야 하며 어떠한 변명도 내세울 수 없다.

더구나 식민지 총독은 멀리 있는 본국 수도의 장관 자리로 승진하기를 바라고 있다. 승진이나 기타의 보상은 총독이 자신이 담당하고 있는 식민지를 어떻게 통치하느냐에 따라 결정될 것이다. 미리 방지할 수 있었는데도 자신이 다스리고 있는 식민지를 보건 위생, 경제적 번영, 그리고 전반적인 사회 환경 등에서 다른 곳보다 뒤처진다면 승진이나 보상은 요원한 일이 된다. 혹독하고 무능한 통치의 결과로 식민지 원주민들이 총독의 통치에 반대해 반란을 일으키거나 장기간의 실정으로 나타나게 마련인 무관심과 나태함에 빠진다면 승진이나 보상은 거의 기대할 수 없다. 간단히 말해 식민지 통치에 성공하느냐의 여부가 총독 개인의 성공의 척도가 된다는 뜻이다.

총독은 하급 관리자들의 행동과 하급 관직을 임명하는 데 있어 직접적인 책임을 지고 있고, 또한 그들을 승진시키고 해임할 수 있는 권한을 가지고 있기 때문에 식민지의 관리는 총독의 명성을 높이는 공헌을 함으로써 자신도 승진하려는 열의로 가득 차 있게 마련이다.

필자는 심지어 지금과 같은 근대에 식민지 본국 정부가 속국을 무자비하게 착취—벨기에가 식민지였던 아프리카 콩고에서 초기에 보인 행태가 가장 적절한 예이다—하려는 사악한 의도를 품고 행동하지는 않을 것이라고 암시하려는 것이 아니다. 또한 착취가 자행되는 상황이라 해도 식민지 정부의 통치가 처음 의도한 만큼 나쁜 결과를 가져오지 않을 수도 있다는 암시를 하려는 것도 아니다. 그러나 식민지 속국에 대한 무자비한 착취는 통계적 기대치로 살펴볼 때 매년 줄어들고 있다. 국제 관계가 현상 유지되고, 국가의 평판이 지금처럼 중요한 영향력을 미치고, 식민지 본국의 정당들이 현재와 마찬가지로 집권당을 공격하는 데 이용할 재료를 지속적으로 요구하기 때문에 식민지 정부에서 심각한 학대 행위가 있었다는 사실이 제기되면 이 같은 학대 행위에 직접적인 책임이 있거나 그것을 묵인한 본국 정부는 아주 심각한 정치적 위기에 봉착하기 때문이다.

식민지 속국의 정부가 효과적으로 통치하고 있는지 그 정도를 가늠할 때 반드시 고려해야 하는 또 다른 중요한 요소는 최근 유럽에서 발생한 정치적인 사건 때문에 그 중요성이 엄청나게 부각된 것이다. 산업이 발전하고 상업적인 기업과 은행의 규모가 커지며 사회 진보의 단위가 개인에서 공동체로 대체되는 등 여러 가지 변화가 함께 일어남으로써 그 여파로 사회 및 경제 상황이 더욱 복잡해지고 있기 때문에 정부는 날마다 직면하는 여러 문제들을 정치적인 해법, 예컨대 의회에서의 논의나 장시간의 투표 그리고 공직자를 선출하는 국민투표 등을 통해 해결하기보다는 전문적인 지식에 의존해 좀더 요란한 방법으로 해결하는 빈도가 잦아지고 있다는 점이다.

정치가 유능하고 모든 것을 충족할 수 있는 사회사업의 보완책이 될 것이라는 가정은 미국 독립전쟁, 프랑스 혁명, 의회 개혁을 위한 영국의 투쟁과 관련된 주장들을 통해 점점 더 믿을 만한 것으로 받아들여지고 있다. 이러한 움직임은 대략 1760년부터 1890년까지 한 세기에 이은 사반세기에 걸쳐 도처로 퍼져 나갔다. 이 시기에 대중들은 정부의 규제에 대해 강한 반감을 나타냈고, 정부가 이전부터 그래 왔듯이 사회적 진보를 통제함과 동시에 사회적 진보를 위한 가장 강력한 도구가 될 수도 있다는 가능성을 조금도 고려하지 않았다. 사실 혁명 운동과 개혁 운동이 가장 우선적으로 고려했던 것은 정부가 국민을 위해 어떤 일을 해야 하는가가 아니라 정부가 국민에게 어떤 일을 해서는 안 되는가 하는 문제였다.

사실 18세기와 19세기의 자유주의 사상을 가진 정치가들은 현대의 정부가 어느 정도까지 모든 일에 간섭하는지, 요람에서 무덤까지 시민들에게 일어나는 대부분의 일을 어느 정도까지 통제하고 시민들이 한 일에 대해 어느 정도까지 간섭하는지를 알게 되면 엄청난 충격에 휩싸이게 될 것이라고 말해도 지나친 추측은 아닐 것이다.

정부가 규제나 사회사업과 같은 방대한 직무를 맡아야 하는가, 맡지 않아야 하는가 하는 문제에서 여러 가지로 의견이 엇갈릴지도 모른다. 하지만 논쟁과 음모, 사리사욕의 결합으로 힘을 얻는 정치라는 수단이 사회 · 경제적 문제를 효과적으로 해결하는 데 반드시 필요한 용기와 지식 그리고 기술을 제공할 수 있고 제공할 것이라는 믿음이 너무나 완강하게 고수되어 왔기 때문에 오늘날 의회정치는 그것이 실현되는 거의 모든 나라에서 오명을 뒤집어쓰고 말았다.

이탈리아에서 파시즘이 주창되고 다른 나라들이 그 주장을 지지하고 받아들인 것, 미국에서 시정 담당관을 두는 계획을 채택한 것과 야구나 영화 등 일부 거대 산업을 관리하기 위해 서로 다른 이해관계를 조율하고 공동 합의하는 이른바 '일인자 모임'을 결성한 것, 그리고 최근 스페인에 나타난 독재 문제에 이르기까지 이들의 공통된 본질은 개방적인 지도와 통제 체제에 반대한다는 점이다.

비록 필자가 오랜 관찰을 통해 충분한 지식이 없고 충동적이고 무지한 대중에 의해 정부가 좌지우지되는 나라보다는 지식과 연륜이 있는 소규모 공직자들이 권력을 잡고 있는 나라에서 대체로 효율적인 통치가 이루어질 가능성이 크다고 믿게 되었다 할지라도, 어떤 나라가 권력이 집중되고 책임이 확립된 제도에 따라 통치되기만 한다면 그 나라는 제대로 통치되고 있는 것이라고 추론하지는 않을 것이다.

한국의 상황에서도 일본의 식민 지배를 받는 동안 발생한 권력 남용의 사례, 무능력한 공직자의 행태, 그리고 얼마간의 부정부패 사례들을 찾아볼 수 있다. 그러나 한국이 전반적으로 제대로 통치되고 있는지는 입수할 수 있는 자료를 조사함으로써 판단할 수 있을 것이다. 필자는 3년이 넘는 시간을 자료 조사에 투자했고 그 결과를 이 책에 소개하고 있다.

수많은 자료를 수집하고 조사한 끝에 필자는 이전의 왕조시대 및 같은 민족으로부터 지배를 받았던 그 어느 때보다 식민지 정부의 지배를 받고 있는 지금 한국의 통치가 훨씬 더 잘되고 있다고 판단한다. 그리고 대다수 자주 독립국들보다 더 효과적으로 통치되고 있고, 필자가 방문했던 영국, 미국, 프랑스, 네덜란드, 포르투갈의 식민지 속국들만큼이나 잘 통치되고 있으며, 더욱이 전문적인 행정 기술과 한국 국민의 문화적 성장, 경제적 발전 정도를 고려해 보면 앞에서 언급한 식민지 속국들보다 더 효과적으로 통치되고 있다는 것을 알 수 있다.

제 2 장
한국에 대한 설명과 한국의 역사

개요

한국*은 만주에서 거의 정남쪽으로 길게 뻗은 반도이다. 국토 면적은 대략 22만 1,000평방킬로미터이며, 해안선 길이는 1만 7,600킬로미터이다. 서쪽과 남쪽 해안은 들쭉날쭉한 해안선을 따라 섬들이 장식처럼 늘어져 있는 반면 동쪽 해안은 굴곡이 적고 인접한 섬이 거의 없는 것이 특징이다.

---

* 일본은 공식적으로 조선이라는 국호를 채택했는데 이것은 예전에 한반도를 지칭하던 말이다. 이 책에서는 '한국'이라는 명칭을 사용했는데 일반적으로 전 세계에 더 많이 알려진 국호이기 때문이다.

한국은 북쪽으로 압록강 너머에 인접한 만주와 분리되어 있고 동부 러시아와는 두만강을 사이에 두고 나뉘어져 있다. 동쪽은 일본해, 서쪽은 황해, 그리고 남쪽은 대한해협으로 둘러싸여 있다. 한국 동남쪽에 있는 항구 부산과 일본 내해의 서남쪽 입구 역할을 하는 항구 모지는 겨우 217킬로미터 정도밖에 떨어져 있지 않다.

동해에는 중요한 항구가 청진과 원산 두 곳밖에 없는데 둘 다 한반도 북쪽에 위치하고 있으며, 조선총독부는 이곳을 개량하기 위해 500만 엔 이상을 쏟아부었다. 그러나 남해와 서해에는 좋은 항구가 많이 있다. 그중 제일의 항구는 부산으로 한반도 동남쪽 끝부분에 위치해 있다. 식민지 정부는 1,300만 엔 이상을 들여 부산에 현대적인 항구 시설을 갖추었다. 기선이 매일 두 차례 일본을 오고 갔고 배를 타고 온 승객들은 부산에서 남만주철도로 바로 갈아탈 수 있다. 이 열차로 갈아타지 않고도 멀게는 남만주 창춘까지 갈 수 있고, 창춘이나 봉천(지금의 셴양—옮긴이)에서 열차를 한 번 갈아타고 베이징이나 남만주의 다롄까지 가거나, 시베리아 횡단 철도로 갈아탈 수도 있다. 따라서 열차를 이용해 부산에서부터 철도가 연결되어 있는 곳이라면 북부 아시아나 유럽 어느 곳이든 갈 수 있다.

한국의 수도 경성(보통 서울로 불린다)은 부산에서 출발하는 철도의 본선에 있으며, 동시에 서해안에 있는 항구 인천(제물포)과 동해안에 있는 원산과도 철도로 연결되어 있다. 압록강 어귀에 위치한 신의주도 남만주철도가 지나가는 본선에 있으며 육상과 해상 교역의 거점으로서 매년 그 중요성이 더욱 커지고 있다. 서해안에 있는 또 다른 주요 항구로는 평안남도의 중심지 평양에 물자를 공급하는 진남포(지금의 남포—옮긴이), 철도로 충청남도의 중심지인 공주까지 연결되는 군산, 전라남도의 중심지인 광주에 물자를 공급하는 목포를 들 수 있다.

한국은 지형적으로 울퉁불퉁한 산맥이 가로지르는 좁은 평지로 이루어진 나라이다. 동해안을 따라 북에서 남으로 산들이 바다에 이를 만큼 길게 뻗어 있으며, 필자는 지금까지 금강산보다 더 아름답고 인상적인 곳을 본 적이 없는데, 이 산은 원산 남쪽에 자리 잡고 있다. 필자가 본 지역에 한해서는 동해안 전체가 신비한 야생의 모습을 간직하고 있는데, 동해안의 땅을 배경으로 기이한 모양의 울퉁불퉁한 바위와 뚝 떨어져 있는 바위 기둥이 만들어 내는 독특한 색채에 의해 그러한 특징이 더욱 두드러진다. 땅은 짙은 적갈색이고 경작되지 않은 땅은 어린 벼의 선명한 푸른빛을 더욱 두드러지게 한다. 어떤 곳은 암석과 울퉁불퉁한 바위들이 맨살을 그대로 드러내고 있고, 다른 곳에서는 짙은 자색과 진한 황색의 덩굴식물이 암석과 바위를 뒤덮고 있다. 한국의 동해안을 극동 지역의 가장 유명한 관광지 중 하나로 만드는 일은 어려운 일이 아닐 것이다.

대체로 한국의 기후는 아주 덥기도 하고 또 춥기도 하다고 할 수 있다. 봄과 가을은 짧게 지나가고, 낮과 밤의 기온차는 매우 커서 때때로 만주 국경 지역 근처에서는 낮밤의 기온차가 화씨 25도(−3.9℃)에 이르기도 한다. 한반도 남쪽은 기온차가 크지 않은데, 주변 바다가 기후에 어느 정도 영향을 미치기 때문이다. 겨울의 추위는 변화가 심하고 가끔 온화한 날씨가 짧게 지속되기도 하여 사람들은 겨울 기후를 '삼한사온三寒四溫'이라고 말한다.

연평균 기온은 남부 지역은 화씨 55도(12.8℃), 중부 지역은 화씨 52도(11.1℃), 북부 국경 지역은 화씨 40도(4.4℃) 정도이다. 강우량과 강설량은 만주와 몽골에 비해 많지만, 일본 본토에 비해서는 적고, 대다수 지역에서 연간 30인치(76.2㎝)에서 40인치(101.6㎝)를 기록하며, 강수량은 동남쪽에서 서북쪽으로 갈수록 점차 적어진다.

계절에 관한 아래의 설명은 반 버스커크J. D. Van Buskirk 박사의 「한국의 기후와 그것이 노동력에 미치는 영향The Climate of Korea, and Its Probable Effect on Human Efficiency」에서 요약한 것이며, 이것은 1910년 『영국 왕립 아시아학회 한국지회 논문집Transactions of the Korea Branch of the Royal Asiatic Society』 제10권에 발표된 것이다.

다른 온대 지역처럼 한국에도 사계절이 있다. 겨울은 아주 추운데 북부 지역의 추위는 특히 혹독하다. 북부 지역은 9월이나 10월에 서리가 내리며, 만주 국경 지대에는 대략 5개월 동안 일평균 기온이 섭씨 0도 이하에 머무른다. 겨울 내내 개울은 꽁꽁 얼어붙어 있고 혹독한 눈보라가 친다. 중강진 관측소의 보고에 따르면 기온이 화씨로 영하 41도(-40.6℃)까지 내려간 적도 있다. 서울의 일평균 기온은 두 달 이상 영하를 기록하고, 5년 동안 하루 종일 영하로 내려간 날이 평균 28일이었다.

여름은 비가 오는 계절이다. 미국에서 흔히 볼 수 있는 극심하게 더운 날씨는 아니지만, 더위가 오래 지속되기 때문에 평균기온이 동일한 미국의 여러 지역보다 한국에서 여름을 나기가 더욱 힘들다. 정부 관측소에서 발표한 최고 기온은 원산에서 관측된 화씨 103.2도(39.6℃)인데 이것은 예외적인 경우이다. 경상북도 지방의 중심지인 대구가 대체로 가장 더운 날씨를 보이는데, 최고 기온이 화씨 103도(39.4℃)에 이르기도 한다. 남쪽의 해안 도시들은 극심한 더위가 조금 덜한데, 부산은 최고 91.5도(33.1℃) 목포는 95.2도(35.1℃)를 각각 기록했다. 여름철에는 습도가 높은데, 지속적인 더위와 비에 더해 습도까지 높기 때문에 여름 내내 사람들은 대체로 무기력하게 보낸다.

한국에서 봄과 가을은 거의 완벽한 계절이다. 겨울이 끝나고 거의 자각하기도 전에 봄이 다가오는데, 극심한 추위에 이어 더운 날이 시작되는 것이 아니라 햇살이 밝게 비추고 때때로 비가 오며 날이 점차 따뜻해지고 부드러운 바람이 계속 분다. 한국의 남부 지방과 심지어 서울과 같은 북쪽 지역에서도 매년 4월에 짧은 우기가 뚜렷하게 나타난다. 이로 인해 벼농사를 짓는 논에 충분한 물을 공급할 수 있으며 이 지역이 벼농사에 이상적인 곳이 된다. 기온은 차츰 더 높아지고 강수량도 더 많아지면서 여름이 시작된다.

가을은 봄보다 비교적 기온이 더 높지만 날이 청명하고 평온한 것은 비슷하다. 다른 계절에 비해 가을은 조금 더 눈에 띄는 특징을 보이며 그 시작을 알린다. 9월이 되면 조금 갑작스럽게 비가 멈추고 공기가 이전과 달라진 느낌이 든다. 그러나 아주 서서히 가을에서 겨울로 넘어가기 때문에 사람들은 겨울이 언제 시작되는지 쉽게 깨닫지 못한다.

인구

한국의 인구에 대한 다음 자료는 총독부가 수집하여 1924년 12월에 발행한 『조선 행정 연보(1922~1923)The Annual Report on the Administration of Chosen(1922~1923)』에서 가져온 것이다.

구한국 정부에서는 엄밀히 말해 지금까지 제대로 된 인구조사를 한 적이 없고, 인구조사를 실시했을 때도 오로지 세금 부과의 근거를 정하기 위해서였다. 인구조사 담당 관리들은 공식 명부에서 삭제한 가족들이 내는 세금으로 자신들의 배를 채우기 위해 예사로 조사 보고서를 조작하는 부도덕한 관행을 일삼았다. 이런 식으로 집계된 통계 자료는 당연히 쓸모가 없다.

1906년 일본이 한국에 대해 보호정치를 실시하게 되었을 때 한국 정부에 고용된 일본 치안 고문은 이러한 병폐가 원활한 국가 행정 운영을 크게 해친다는 것을 발견했고, 그에 따라 지정된 날짜에 철저하게 인구조사를 실시하도록 각 지역 경찰서에 명령을 하달했다. 이것이 한국에서 시행된 최초의 실질적인 인구조사였다고 말하는 사람도 있을 것이다. 극복해야 할 난관이 여전히 많았기 때문에 처음에 희망했던 것처럼 정확하게 집계할 수는 없었지만 이전 인구조사 결과가 상당 부분 축소된 것이었다는 사실이 드러났다. 지금까지는 인구가 약 500만 명 이상으로 어림짐작되었지만 새로 조사한 결과 거의 700만 명에 이르렀다. 1910년 한일합방 이후 실시된 더욱 철저한 인구조사에 의하면 전체 인구는 1,331만 3,017명으로 집계되었고, 1923년의 예상 인구는 1,762만 6,761명이었다. 전체 인구 중에서 한국인은 약 1,700만 명 이상이었고, 일본인은 거의 40만 명이었으며 다른 민족이 약 3만 2,000명 정도였다. 남성 100명당 여성의 비율은 각각 한국인이 94명, 일본인 88명, 그 외 외국인은 13.7명이었다.

다음 표는 직업에 따른 인구 분포를 나타낸 것이다.

직업	일본인	한국인	외국인	전체
농업, 임업, 목축업	38,573	14,738,126	5,346	14,782,045
어업, 제염업	10,775	213,266	25	224,066
제조업	63,999	353,205	3,517	425,721
상업, 운송업	126,893	984,405	16,080	1,127,378
공무원, 전문직	117,080	325,733	1,576	444,389
기타	20,642	410,561	4,737	435,940
기록 없음	8,531	177,843	848	187,222
전체	386,493	17,203,139	32,129	17,626,761

    표에 따르면 한국인 전체 인구의 80%가 조금 넘는 사람들이 직접 토지를 이용해 생계를 유지하고 있는 것으로 보인다.

    일본 제국 이외의 나라에 살고 있는 한국인 수는 정확히 알려지지 않았지만 가장 최근의 조사에 따르면 150만 명 이상으로 짐작되고 있는데, 대부분 만주와 시베리아에 살고 있고, 나머지는 중국(주로 상하이), 미국, 하와이, 멕시코에 살고 있다. 국외에 거주하는 한국인, 특히 인접한 중국에 사는 자국민을 보호하기 위하여 한국 정부는 1920년 예산에 특별 항목을 정했다. 또한 총독은 만주 지역 일본 영사관들과 협력하여 주요 지역에 학교, 병원, 금융기관 등을 세우고, 멀리 외딴 지역에 사는 병자를 무료로 치료하도록 의사들을 파견했으며, 한국인 공동체 형성을 장려하여 그들에게 금전적 지원을 하고, 천재지변이 일어났을 때 가난한 한국인을 구제하기 위해 필수품을 공급하면서 해외 거주 한국인의 복리를 위해 최선을 다하고 있다.

더욱이 공공연하든 아니든 간에 국외 선동가들의 활동이 3·1독립운동 당시 한국 민중이 저항하게 된 가장 중요한 원인이었기 때문에 일본 당국은 이전보다 더 효과적인 수단으로 법을 준수하는 한국인을 불평분자들의 음모로부터 보호해야 하며 동시에 국외 선동가들도 통제해야 한다는 것을 깨달았다. 따라서 1920년에 만주에 위치한 안둥(지금의 단둥-옮긴이), 셴양, 지린, 젠다오 등지의 일본 영사들은 조선총독부 장관으로서의 역할을 수행할 책임까지 지게 되었다.

한국의 원주민에 대해서는 거의 알려진 것이 없다. 중국의 정치가 기자箕子(은나라의 충신-옮긴이)가 기원전 12세기 한국을 침략했을 때 그는 미개한 동굴 거주자들이 한반도에 살고 있음을 발견했다. 그들은 오늘날 보는 것과 같이 분명 몽골족이었지만, 중국인이나 일본인과는 다른 특징을 가지고 있었다. 한국에 사는 외국인들이 대체로 같은 의견을 가지고 있는데, 한국인은 상냥하고 총명한 민족이며 교육과 사회 발전을 촉진하는 다른 수단들을 받아들이는 능력이 아주 우수하다는 것이다.

필자는 한국이나 일본 본토에서 반한국적 정서를 경험한 적이 전혀 없다고 덧붙일 수 있다. 오히려 필자가 만난 일본인들은 대부분 예전 한국 문화의 우수성에 대해 상세히 설명해 주고 싶어 했다. 그리고 500년이 넘는 세월 동안 실정을 펼쳐 한국인에게 극도로 통탄할 만한 문화 및 경제적 몰락을 안겨 주고 1910년 일본이 한국을 합병했을 때 종말을 맞은 조선왕조가 수립되기 이전 수세기 동안 한국이 일본의 예술, 종교, 철학에 공헌한 점에 대해 감사를 표하고자 했다.

철도

한국 최초의 철도 건설 공사는 서울과 제물포(인천) 간 25마일 (40.2km) 길이의 노선(경인선-옮긴이)이다. 한국 정부는 1898년 미국 시민 제임스 모스James R. Morse에게 이 사업의 허가권을 주었다. 이 노선 은 한국의 수도를 가장 인접한 심해 항구와 연결하기 위해 채택된 것 이다.

경인선 건설 공사가 진행되는 동안 이 노선은 일본 회사로 넘어갔 고, 일본 회사가 공사를 끝까지 책임져 1902년 철도가 개통되었다. 다 음으로 건설된 것은 한반도 동남쪽 끄트머리에 있는 항구이자 한국에 가장 인접한 일본 항구인 모지와는 약 135마일(약 217km) 떨어진 부산 과 서울을 연결하는 철도(경부선-옮긴이)이다. 철도 건설 및 운영권은

1898년 일본 기업 조합에 주어졌고 건설 사업은 1901년 착수되었다.
경부선은 1904년에 완공되어 1905년 1월 1일 개통되었으며, 총 길이
는 268마일(약 431km)이었다.

1904년 러일전쟁의 발발은 철도 건설에 강한 촉진제로 작용해
1905년 말 철도의 총 길이는 636마일(약 1,023.5km)로 늘어났다. 이듬
해 일본 정부는 경부선과 경인선을 사들였고, 일본군 기술자들이 건
설한 두 개 노선(서울—신의주 노선과 마산 지선)을 인수해 전체 철도망
을 정부의 통제와 관리 아래 두었다. 한국이 일본에 합병되었을 때
(1910년) 철도 관리는 총독부 산하 철도국이 맡게 되었다.

이후 철도 길이는 꾸준히 연장되었고 철도를 개선하는 데 많은 비
용이 지출되었다. 더욱 주목할 만한 중요 사업으로는 한국의 철도를
남만주철도주식회사의 철도와 연결하며 압록강을 가로지르는 길이
약 3,000피트(약 914m)의 철교 건설 사업 및 한반도 전체를 남북으로
오가는 간선과 동해의 원산항, 서해의 진남포, 남해의 목포 등을 잇는
지선 건설 사업을 들 수 있다. 그리고 한국에 표준 궤간과 경철로 구성
되는 적절한 철도망을 공급하는 총체적 계획의 한 부분으로 몇몇 다
른 노선들도 계획되어 있다.

1917년 한국 내 모든 국영 철도의 관리권은 영향력 있고 그 일에 아
주 적합한 일본의 남만주철도주식회사에 위임되었다. 계약 조건을 간

단히 말하면 정부는 새로운 철도의 건설과 개수 공사를 위한 계획을 수립하고 이에 필요한 자본을 공급하는 반면 남만주철도주식회사는 이 같은 계획을 이행하고 철도를 적절히 관리 운영하는 책임을 맡는 다는 것이었다. 한일합방 이후 남만주철도주식회사는 정부가 납입한 자본금에 대해 6%의 이자를 지급해야 했지만 1921년 향후 3년 동안 선불한 자본금과 1921년 이후 제공되는 자본에 대한 이자율을 6%가 아니라 4%로 낮추는 것에 대해 한국 정부로부터 합의를 이끌어 냈다. 철도 관리에 있어서 남만주철도주식회사는 총독부의 법률과 규제에 따라 업무를 수행해야 하는데, 이들은 몇몇 세부 사항을 제외하고 일 본 본토에서 시행되는 법률 및 규제와 동일하다.

오른쪽 표는 1922년 3월 31일을 종결 시점으로 10년간 철도 발전의 전반적인 특징들을 보여 준다.

전술한 항목 중 일부에 대해서는 더욱 최근 수치도 있다. 그에 따르 면 1925년 3월 말에 철도 총 길이는 1,300마일(약 2,092km)로 늘어났고 운송 승객 수는 1,748만 7,874명, 운임 수입은 2,902만 7,866엔으로 증 가한 반면 수송 화물 톤수에는 별다른 변동이 없었다.

국영 철도에 더해 노선 길이가 짧은 개인 소유 철도도 많이 생겨났 다. 한일합방 당시에는 민영 철도가 하나밖에 없었고 길이는 5마일(약 8km)이었다. 1914년 정부는 납입자본을 기준으로 특정 비율 이하 수

한국의 철도 개발

	1912년*	1921년*
총자본 †	114,720,385엔	214,906,215엔
건설 및 보수 ‡	8,767,647엔	18,287,156엔
승객 수입금	3,820,185엔	13,361,903엔
화물 수입금	2,816,482엔	11,454,094엔
기타 수입금	180,596엔	3,293,689엔
전체 수입금	6,817,263엔	28,109,695엔
운영 경비	5,012,712엔	21,629,879엔
운송 승객 수	4,399,022	13,821,144
수송 화물 톤수	1,105,362	3,331,381
개통 노선 길이(마일 기준)	837	1,165

* 3월 31일에 끝나는 회계연도를 기준으로 한 것
† 해당 연도까지 투자된 자본
‡ 해당 연도 동안 실시된 것

익에 대해 결손을 보전해 준다는 원칙 아래 이 같은 개인 노선들에 보조금을 지급하기로 결정했다. 1917년까지 수입 결손액은 6%까지 국가 보조금으로 메워졌다. 이것이 1918년에는 7%, 1919년에는 8%까지 증가했다. 이러한 정책은 민간 철도 건설에 현저한 영향을 미쳤다. 1923년까지 개통된 민간 철도의 길이는 333마일(약 535.9km)까지 중가했고 건설 중이거나 계획 중인 민간 철도의 총 길이는 1,340마일(약 2,156.5km)이었다.

1912년부터 1922년까지 10년 동안 민간 철도를 이용한 승객 수는 15만 6,523명에서 199만 5,259명으로 증가했고, 수하물을 포함한 수송 화물 톤수는 4,161톤에서 53만 6,650톤으로 늘어났다. 같은 기간 이들 사업에 사용된 납입자본금은 20만 엔 이하에서 2,600만 엔 이상으로 늘어났다.

도로

1910년 총독부가 설립되기 전에는 나라 전체에서 상태가 양호한 도로가 50마일(약 80km)도 되지 않았고, 거의 모든 여행과 수송이 좁고 깊게 홈이 파인 길에서 이루어졌다. 총독부는 문화 및 경제적 발전을 위해 한반도 전역에 우수한 도로망을 구축하기 위한 계획을 세웠다. 첫 번째 계획은 향후 수년 동안 중앙정부의 세수입으로 약 8,000마일(약 12,875km) 길이의 1, 2등급 도로를 건설하고, 지방정부의 세수입으로 약 7,000마일(약 11,265km) 길이의 3등급 도로를 건설하는 내용으로 이루어졌다. 이 같은 계획에 따라 1923년 말까지 전체 도로 건설 계획의 60% 내지 70% 정도가 완성되었는데, 1, 2등급 도로는 5,000마일

(약 8,047km) 이상, 3등급 도로는 5,000마일에 조금 못 미치는 길이로 건설되었다.

도로의 등급은 폭에 따라 결정되는데, 도로 폭이 24피트(약 7.3m) 이상이면 1등급, 최소 18피트(약 5.5m) 이상은 2등급, 최소 12피트(약 3.7m) 이상은 3등급이다. 현재 개통된 전체 도로 중에 약 4,000마일(약 6,437km)은 자동차로 이용할 수 있다.

거리

『조선 행정 연보Annual Report on Administration of Chosen』의 가장 최근 보고서는 1923년 3월 31일로 회계연도가 끝나는 1년간을 다루고 있다. 이 보고서는 다음과 같이 거리 개선 문제를 다루고 있다.

조선 도시의 도로는 대체로 좁고 더럽고 구불구불해서 통신 시설, 공중 위생 시설, 소방대 설치 등에 큰 불편을 초래하고, 자연히 이들 시설이 발전하는 데 방해가 되고 있어 최근 몇 년 동안 기존 도로를 곧게 정리하고 바닥을 고르게 다지고 폭을 넓히고 또 필요한 경우에는 새로운 도로를 조성하는 등 도로 개선을 위해 많은 사업이 진행되었다.

경성(서울)은 조선의 수도이고 다른 도시들과는 규모와 도로의 구조가 많이 달라서 경성의 도로를 개선하는 사업은 국비로 진행되었다. 개량 대상으로 43개 도로가 선정되었고 13곳의 개량 공사가 1911년에서 1918년까지 8년 동안 300만 엔의 비용을 들여 완성되었다. 이 중 가장 중요한 도로는 폭이 72피트(약 21.9m)에서 90피트(약 27.4m)로 넓어졌고 보도도 만들어졌다. 교통량이 가장 많은 도로는 자갈을 깐 표면에 타르로 포장했다. 다른 도로들은 폭이 최소한 48피트(약 14.6m) 정도로 만들어졌고 이를 통해 도시의 외양과 교통 효율이 뚜렷하게 달라졌다.

두 번째 계획에는 9개 도로가 포함되었는데, 이를 위해 회계연도 1919년부터 6년 이상 약 340만 엔 정도의 예산이 필요하며, 이 사업은 여전히 진행 중이다. 조선은 여러 측면에서 여전히 근대화의 첫 단계에 머물러 있었기에 중요하고 발전 가능성이 큰 도시의 도로 개량을 위한 계획을 지속적으로 수립해야 할 필요성이 매우 크므로, 총독부는 회계연도 1921년부터 매년 예산에 도시계획과 관련된 조사를 위한 항목을 꾸준히 포함시켰고, 이를 위한 작업이 서울, 부산, 대구, 평양 등 4개 대도시에서 시작되었다.

현재 9개 도시에 대한 거리 개량 계획이 수립되어 있고 여기에는 주요 항구도시와 지방 중심지가 포함되어 있다. 이를 위한 비용은 약간의 국고 지원과 지방 세수 지출로 충당될 것이며, 각각 4년에서 7년이 걸리는 사업으로 활발히 진행되고 있다.

적절한 하수 설비는 공중위생에 필수적인 도움이 되므로 거리 개선과 더불어 하수 설비 시설을 확충하기로 결정되었다. 이 사업을 위해 평양시는 11년 동안 58만 엔을, 서울시는 7년 동안 160만 엔을, 대구시는 5년 동안 15만 엔을 지출하기로 약속했다. 필요한 돈의 일부는 국고에서 충당하고 나머지는 공공단체에서 제공하고 있다.

해상운송

구한국 정부는 연안 지역 및 외국과의 정규적인 해상 교통수단을 확충하기 위해 지방 기선 회사에 보조금을 지급할 필요가 있다는 것을 알고 있었다. 이 정책은 한일합방 당시 총독부에 의해 채택되어 지금까지 지속되고 있다. 1923년 초 총독부는 연간 114만 4,371엔의 보조금을 총 2만 톤 정도에 이르는 126개 선박에 나누어 지급했다. 이 보조금 지급은 선박의 지정된 항로와 항해 횟수, 지속되는 운항 시간표 등을 규정하고 있는 계약에 따른 것이었다. 1923년에는 18개 항로가 있었고 이 중 4개 항로는 한국을 일본, 북중국, 블라디보스토크와 연결하는 것이고 나머지는 한국의 여러 항구를 서로 연결하는 것이었다.

우편, 전보 및 전화 통신

1876년 이전에는 우편 업무라는 이름으로 그럴듯하게 부를 만한 것이 아무것도 없었다. 하지만 1876년 부산이 외국과 무역을 시작하면서 부산에서 우체국이 문을 열었고, 이후 일본인 정착민이 점차 늘어나면서 우체국도 점진적으로 증가했다. 우체국은 처음에는 단지 일상적인 우편 업무만 취급했다. 그러나 일찍이 1880년부터 우편환을 이용할 수 있게 되었고 우편 예금 제도도 시작되었다.

1900년에 추가로 소포 우편 업무가 개시되었다. 그사이 구한국 정부는 1896년 통신국에 일본인 자문관을 고용하면서 근대화된 우체국을 구성하였다. 1905년 협정이 체결되고 그에 따라 한국의 우편 업무가 일본 제국 정부의 책임 아래 놓이게 되었지만 이듬해에 새로 수립된 통감부로 책임이 이양되었다. 1910년 한국이 일본에 합병되었을 때 총독부에 통신부가 만들어졌고 이곳에서 모든 우편, 전보, 전화 업무를 관리 감독하게 되었다. 1923년 통신 업무를 담당하는 정규 직원이 거의 1만 1,000명에 달했고, 필요에 따라 수천 명의 임시 직원을 고용하기도 했다.

1910년과 1923년 사이에 한국에서 배달된 보통우편은 53통에서 1억 7,400만 통으로 증가했고 배달된 소포는 100만 개 미만에서 250만

개 이상으로, 우편, 전화, 전보 서비스를 이용할 수 있는 우체국은 395 곳에서 739곳으로, 전화 통화 횟수는 2,300만 통 미만에서 8,200만 통 이상으로 늘어났다는 것은 빠르게 증가하는 통신 서비스 사용의 예증 으로 주목할 만하다.

우체국 저축 은행을 찾는 발길도 꾸준히 늘어났다. 1910년 우체국 에 예금한 일본인과 한국인의 총 저축액은 각각 300만 엔과 20만 엔이 었고, 1922년 각각 1,700만 엔과 275만 엔으로 증가했다.

1910년 정부 소유 신호 관측선과 등대 3곳에 무선 장치가 장착되었 으나, 이 서비스는 아직까지 일반 국민들에게는 공개되지 않았다.

역사적 사실

오늘날의 상황을 이해하는 데 도움이 되고자 근대 한일 관계에 대 해 간단하게 설명하겠다.

1894년 일본이 중국에 전쟁을 선포했는데 주된 목적은 한국의 국 제적 지위를 단호하게 확립하기 위한 것이었다. 사실 한국을 둘러싼 분쟁은 수세기 동안 지속되어 왔고 끊임없이 극동의 평화를 위협하는 문제였다. 2,000년 이상 한국은 어떤 때는 독립국으로 또 어떤 때는 중 국이나 일본의 속국으로 존재했다. 한국은 여러 차례 북쪽으로부터 한족이나 만주족이 세운 중국 왕조나 몽골족 또는 유목 민족의 침략을 받았고, 1592년에는 일본의 섭정 도요토미 히데요시가 중국 정복 계획의 일환으로 병사 30만 명을 파견해 한국을 공격하기도 했다.

이러한 다양한 침략과 공격, 한국 영해에서 빈번히 발생하는 해적질로 인해 한국 당국은 극단적인 쇄국정책을 채택했고, 이 정책은 몇 세기에 걸쳐 아주 엄격하게 실시됐다. 이 같은 상황 때문에 한국은 전 세계에 은자의 나라로 알려지게 됐다. 하지만 역사는 이처럼 철저하게 외부와의 접촉을 거부하는 태도를 영원히 견지할 수는 없다는 것을 보여 주고 있다. 한국의 경우 중국의 종주권 문제 때문에 사정이 더욱 복잡했다. 한국은 중국의 속국이었을까? 이 문제에 대해 한국 측과 중국 측은 때로는 긍정으로 또 때로는 부정으로 대답한다. 요컨대 한국은 중국에 보호를 요구할 경우에는 언제나 종주국은 속국을 보호해야 한다고 제기했다. 그러나 중국이 자국을 위해 종주권의 효력을 주장하려 할 경우에는 중국이 주장하는 종주권이 단지 꾸며 낸 것에 불과하며 연례 조공은 실질적 의미가 전혀 없고 다만 고래의 관습을 보존한다는 감정적 이유에서 행하는 것일 뿐이라고 반박했다.

반대로 중국은 종주권의 효력이 유효하다는 것을 주장함으로써 몇 가지 이점이 있다는 것을 깨달았을 경우 이 점을 한국인에게 아주 명확하게 전달했다. 하지만 1866년과 1871년 프랑스와 미국의 토벌 원정대가 각각 한국을 공격했을 때와 같은 사례에서 종종 그랬듯이, 다른 나라가 자국민에게 끼친 손해에 대해 한국에 보상을 요구할 경우 한국의 행동에 대해 중국이 책임을 져야 한다는 어떠한 종류의 맹약도 맺은 사실이 없다고 종주권을 부정했다.

한국의 상황이나 정세 변화에 따라 가장 초조해했던 나라는 일본이었다. 1875년 일본 군함 한 척이 일체의 사전 경고 없이 한국의 해안 진지로부터 포 공격을 받았다. 일본은 즉각 그 요새를 점령했고 안에 있던 무기와 탄약을 모두 빼앗았다. 일본 정부는 이때야말로 한국과 중국 간의 불분명한 관계에 마침표를 찍을 호기라고 판단했다. 일본은 특명전권공사로 구로다 기요다카黑田淸隆 장군을 한국에 파견해 일본과 한국 간에 조약을 체결하는 임무를 맡겼다. 강화도조약으로 알려진 이 조약은 1876년에 체결되었다. 이 조약에는 양국의 항구를 개방하고 상호 통상을 허가한다는 조항과 일본이 한국의 독립을 공식적으로 인정한다는 내용이 포함되어 있다. 이날부터 근대 한국과 일본의 관계가 시작되었다고 할 수 있다.

1880년 분별 있는 일본 정치가들은 한국의 수도에 일본 정부를 대표하는 공사관을 세웠고, 이로 인해 양국이 더욱 우호적인 관계를 맺을 것이라고 기대했다. 그러나 이 같은 기대는 충족될 운명이 아니었다. 한국 왕의 숙부(부친에 대한 작가의 오류—옮긴이)인 대원군이 이끄는 정파와 왕비의 가문이자 부유하고 권세 높은 민씨 일가가 오랫동안 적대적인 관계를 이어 왔다. 이 같은 집안싸움에 중국은 민씨 가문 편을 들며 개입하여 대원군에 의해 시작된 폭동을 진압하기 위해 한반도에 군사를 파견했다. 수년 동안 한국은 쿠데타와 폭동의 현장이 되었고 이 와중에 일본 공사관은 두 차례에 걸쳐 공격을 받았다. 첫 번째는 1882년 한국 군인들의 도움을 받은 폭도들에 의한 것이었고, 두 번째는 1884년 한국과 중국 군대가 서로 협력하여 공격한 것이었다. 그때마다 일본 공사와 그의 아내, 자식들은 피난을 가야 했다.

중국이 한국 내정에 끊임없이 간섭한 것이 바로 1894년부터 1895년까지 이어진 청일전쟁의 원인이었다. 일본은 1876년 강화도조약을 체결하면서 한국을 독립국으로 승인했고, 상호 조약에 의거하여 한국은 당연히 중국의 종주권을 거부할 의무를 가지게 되었다. 하지만 한국 정부는 1894년 강력한 폭동을 진압하기 위해 군대를 파견해 줄 것을 중국에 요청했다. 6월 초에 중국 군대가 도착하자 일본은 서울에 있는 자국 공사를 보호하기 위해 근위병을 보내 즉각 대응했고, 곧이어 약 5,000여 명의 군대를 한반도에 급파했다. 이로 인해 상황은 더 이상 해결할 수 없는 지경에 이르렀다.

일본은 속국을 방어하기 위해 한국에 군대를 파견했다는 중국의 주장을 인정할 준비가 되어 있지 않았는데도, 중국과 일본이 함께 질서를 회복하고 장래 한국의 평화에 이바지하기 위한 개혁을 착수해야 한다고 주장했다. 하지만 이 주장은 거부됐다. 한편 중국은 한국 국경 근처 압록강의 한 지점으로 8,000명의 군대를 보냈다. 일본 공사는 강화도조약을 제대로 이행하지 않은 것에 대해 한국 정부에 최후 통첩을 보내 사태를 위기로 몰아넣었다. 이것이 6월 20일이었고, 사흘 후 일본은 한국의 왕궁을 점령하고 사실상 임금을 포로로 삼았다.

일본은 8월 1일 중국에 전쟁을 선포했으나 육지와 바다에서는 이미 며칠 전부터 실제로 전투가 벌어지고 있었다. 현 문맥에서 세부적인 전투 사항은 중요하지 않다. 일본은 완벽한 승리를 거두었고, 그것이 어느 정도 수준이었는지는 시모노세키조약의 조항들로 알 수 있다. 한국에 관해 일본은 자국의 주장을 견지해 한국의 완전한 독립을 승인했다.

이후 얼마 지나지 않아 한국의 왕비가 살해되었는데, 그 상황에 대해서는 어떠한 비난의 말도 지나치지 않을 정도였다. 이는 당시 한일 관계뿐 아니라 이후 벌어진 일들에 아주 커다란 영향을 미쳤다. 오랫동안 치밀하게 준비한 후에 1895년 10월 8일 한국인과 일본인으로 구성된 일련의 자객들이 서울의 왕궁 내실에 침입하여 왕비를 살해했다. 증거는 의심할 여지 없이 사건의 주동자 중 한 명이 서울 주재 일본 공사라는 사실을 증명하고 있다. 뿐만 아니라 그 증거는 살인 사건에 대해 예비 조사를 담당한 일본 판사가 제시한 것이었다. 이 판사는 조사 결과를 가지고 누구도 예상치 못한 기이한 판결을 내렸다. 판사는 살해 계획에 대해 설명하고, 자기 앞에 있는 피고 전원을 사건 관련자로 명명했으며, 그 목적이 왕비를 살해하는 것이었다고 언급한 뒤, 자신의 공모자들을 왕궁 밖으로 데리고 나가 이렇게 말했다. "새벽 무렵 전원이 광화문을 통해 궁으로 들어가 즉시 내실로 향했다. 하지만 피고 중 누구도 애초에 계획했던 범죄를 실제로 저질렀다는 것을 증명할 증거는 부족하다." 그런 다음 그는 모든 죄수들을 즉각 방면하였다.

이것은 식민지 역사를 기록한 것 중에 가장 불명예스러운 일화이다. 다만 한 가지 정상을 참작할 만한 것이 있어 다행이었는데, 일본 본국 정부 관료 중 누군가가 이 사건에 관련되었다는 증거가 없다는 점이었다.

일본인은 왕비 살해 사건에 대해 자신들에게 가장 신랄하고 괘씸한 적수였던 여인을 제거하고 일본의 견해를 유연하게 받아들이는 대원군에게 영향력을 부여함으로써 상황의 대체적인 양상이 개선된 것으로 보았다.

중국과의 전쟁을 끝내면서 일본 정부는 중국의 종주권 문제가 명확하게 종결된 상태인 데다 중국이나 러시아 중 어느 한 나라가 일본에 대항해 군사작전을 펼칠 기지로 한반도를 이용하고자 할 때 일본의 도움과 조언으로 개혁이 진행되고 국력이 강해진 한국이 효과적인 완충국 역할을 하리라는 생각에 기뻐했다. 이처럼 가장 우호적인 환경에서조차 한국이 실질적인 독립을 유지할 수 있을지는 극히 불확실했는데, 예상대로 시간이 지날수록 일본의 관점에서 상황이 불리하게 전개되었다.

일본 정치가는 청일전쟁 이후 몇 년간 한국에 대한 자국의 정책에 대해 다음과 유사한 주장을 할 것이다.

중국과 전쟁할 때 일본은 자국의 운명을 저울질해 보았다. 패배한다면─10대1로 수적으로 우세하고 영토와 천연자원 모두 비교할 수 없을 만큼 앞서는 민족과의 싸움에서는 패배할 가능성이 확실히 아주 크다─그 결과를 감수할 준비를 해야 한다. 그것이 영토 손실이나 배상금 지불이 될 수 있다는 점은 의심할 여지가 없다.

일본이 완승한다면─결과적으로 일본은 승리했다─상대에게 평화조약의 대가를 제시하라고 강요하는 것과 같은 성과를 얻게 될 것이다. 이러한 성과 중에 하나가 중국의 랴오둥반도遼東半島를 일본에 할양하는 것이었다. 그러나 조약에 서명하기도 전에 프랑스, 독일, 러시아가 개입했고, 이들은 중국 본토의 어떠한 땅도 일본에 넘기는 것을 용납하지 않았다. 이처럼 강력한 후원을 등에 업은 최후통첩에 대해 일본이 어떤 식으로든 저항하기는 불가능했다. 승리를 거둔 일본 군대는 철수했고 랴오둥반도는 중국에 반환되었다.

　중국 본토 침범 불가 원칙을 핑계로 일본을 랴오둥반도에서 강제로 몰아내며 일본의 '침략'에 대항해 중국을 보호했던 세 나라는 그 원칙을 내세웠던 날로부터 3년이 채 되기도 전에 '침범 불가'한 중국 본토의 여러 곳을 편안하게 점령했다. 독일과 프랑스는 각각 자오저우 만膠州灣과 광저우 만廣州灣을 99년 동안 조차했고, 국제사회로부터 최고의 냉소를 받은 일로서 러시아는 다른 곳도 아닌 바로 랴오둥반도를 25년간 조차하여 이곳을 주로 일본을 쫓아내는 수단으로 활용했다. 영국은 일본을 협박하는 일에는 어떤 식으로든 가담하지 않았지만 자국의 이익을 추구하여 중국 영토를 조차하는 정책을 채택하기에 이르렀다. 영국은 중국 남쪽 지역에서 홍콩과 마주하고 있는 370평방마일(약 958㎢) 규모의 본토 영토에 대해 99년 동안의 조차권을 확보했는데, 이는 프랑스의 광저우 만 조차를 감안해 이루어진 결정이었다. 또 북쪽 지역에서는 웨이하이威海를 조차했는데, 조차 지역은 285평방마일(약 738㎢)이었고 기간은 러시아가 뤼순 항旅順港을 점령하는 동안으로 정해졌다.

　일본은 이러한 술책을 과연 어떻게 해석했을까? 자신들에게 적용하는 것과는 완전히 다른 행동 규칙을 일본에 강요하는 거대한 유럽

강대국들의 결정 외에 다른 것을 볼 수 있었을까? 일본이 그 결정에 동의할 경우 아시아 앞바다에서 일본의 지리학적 위치에 수반되는 모든 이익을 박탈당할 뿐만 아니라 일본이 자국의 급속한 성장과 강하고 단결된 민족의식, 지칠 줄 모르는 산업과 뛰어난 군사적 능력으로부터 (지금까지 유효한 국제 윤리 조항에 따라) 합법적으로 얻어 낼 것으로 기대되는 향후의 모든 이익까지 박탈당할 행동 규칙 외의 다른 것으로 그 같은 술책을 해석할 수 있었을까?

예를 들어 전 세계 곳곳에서 영국의 자국 영토 획득이 절정에 치닫고 있고, 러시아와 독일이 거의 일본 해안이 보일 만큼 가까운 거리에 있는 중국 영토에서 국력을 강화하고 있었다. 게다가 프랑스가 자국의 정치제도를 개혁하고 주둔 병력을 강화하여 인도차이나에서 자국의 통제력을 확대해 나갔고, 미국이 막 필리핀 군도를 손에 넣은 바로 그 시점에서 일본은 과연 자기 부정적 명령의 제약들을 받아들여야 했을까?

그 같은 불합리한 요구에 굴복한다면 존경할 만한 정치 지도자 중 어느 누구도 도저히 동조할 수 없는 일본 국가에 대한 배신이 될 것이고, 그러한 결정을 내린 책임자들은 자국 국민들로부터 그에 합당한 저주를 받고, 애국심을 미덕으로 여기는 모든 사람들로부터 그에 합당한 경멸을 받게 될 것이다.

일본 정치 지도자들은 이렇게 가정했다. 적어도 내 생각에는 한국이 독립국의 지위를 획득할 어떠한 기회가 있었다 하더라도 곧 사라져 버렸을 것이다. 독일, 프랑스, 러시아가 일본이 중국과의 전쟁에서 승리한 열매를 빼앗은 뒤 자신들을 위해 바로 그 열매를 손에 넣음으로써 일본에게 미래의 안보를 확실하게 보장받고 자국의 외교정책에 대한 확실한 인가를 세상에 내놓기 위해서는 무엇보다 자국의 군사력을 키워야만 한다는 뼈아픈 교훈을 가르쳐 주었을 때 말이다.

일본은 배운 것을 그대로 실천에 옮겼다. 청일전쟁 전 수년 동안 일본의 군비는 평균 700만 달러 미만이었으나, 1903년 군비는 어림하여 2,500만 달러를 넘어섰다. 청일전쟁 발발 시에 일본 해군은 7만 5,000톤 미만의 배를 약 50척 가량 보유하고 있었지만 1904년 러일전쟁이 발발했을 때 160척으로 약 30만 톤까지 늘어났다.

1902년에서 1904년까지 나는 극동에 있었다. 라호르부터 웨이하이에 이르기까지 나와 함께 아시아 문제를 토론했던 모든 사람들은 일본과 러시아의 전쟁이 도저히 일어날 수 없는 두 가지 사건 중 하나가 일어나지 않는 한 피할 수 없는 일이라고 확신했다. 하나는 한국에서 권력을 지배하려는 러시아의 명백한 의도를 일본이 묵인하기로 결정하는 것이고, 다른 하나는 러시아가 모든 인적 물적 비용을 감수해서라도 동북아시아에서 부동항을 획득할 때까지 시베리아 횡단 철도로부터 남하 공세를 펼치던 역사적 정책을 파기하는 것이었다.

러시아는 신중한 계획 아래 북태평양을 향해 효과적으로 전진했다. 20세기에 들어서면서 일본은 자국의 강력한 적수가 랴오둥반도를 점령하고 있으며, 중국 영토인 만주를 실질적으로 지배하여 전 세계에서 가장 강력한 해군기지이자 군사기지 중 두 곳을 점유하고 있는 것을 보았다. 하나는 한국의 동북쪽 국경에서 기선으로 몇 시간이면 도착하는 거리에 있는 블라디보스토크였고, 또 하나는 서남쪽 국경에서 몇 시간 걸리는 위치에 있는 뤼순이었다. 이 요새들은 한반도에 의해 분리되어 있었고, 블라디보스토크가 1년 중 여섯 달은 얼음으로 막혀 있었으며, 뤼순은 러시아 해군의 필요와 상업적 요구를 충족하기에는 너무 좁았다. 이러한 점 때문에 한국 황실에 대한 러시아의 외교적 압력과 한국 내 반일 세력과 러시아 간의 친밀한 관계, 한국의 남쪽 항구 지역이나 그 근처의 땅을 구입하려는 러시아의 노력 등을 고려해 판단해야 했다.

눈길을 끄는 지역은 여러 곳 있었다. 뛰어난 부동항인 마삼포(마산)가 러시아에 조차될 수도 있었는데, 그렇게 되면 일본 해안에서 200마일(약 322km) 이내에 위치한 해군기지를 러시아가 갖게 되는 것이었다. 현재 프랑스 회사가 건설권을 보유하고 있고 만주 접경에 위치한 의주에서 시작되는 건설 예정인 철도의 관리권을 러시아가 확보할 수도 있었다. 그렇게 되면 모든 열차들이 북만주 지역에서 한반도 중심까지 연결될 수 있었다. 그 외에도 유사한 기회가 눈에 보였다.

1903년 여름 동안 일본은 러시아가 만주 지역을 통해 한국 국경 쪽으로 꾸준히 전진하는 것에 반대한다는 입장을 확고히 굳혔다. 그리고 러시아 대리인들이 러시아 국기가 서울에 있는 왕궁 위에서 휘날리게 될 날을 준비하면서 한국 내에서 끊임없이 술책을 이용하는 것을 끝낼 시기에 이르렀다고 결정했다. 일본과 러시아는 극동 지역에서 러일 관계와 관련된 광범위한 문제에 어느 정도 합의를 도출하기 위해 협상을 시작했다.

1903년 8월과 1904년 2월 사이에 제안된 하나의 조약을 둘러싸고 10가지 다른 초안들이 논의되었다. 하지만 애매하거나 만족스럽지 못한 러시아의 제안과 대안들로 인해 일본 내각은 이 문제에 대해 평화로운 해결책을 찾기 어렵다는 확신을 갖게 되었다. 자국의 대한국 정책을 고수하기 위해 아시아에서 가장 인구가 많은 나라와 전쟁을 벌였던 일본은 이제 이전과 같은 이유로 유럽에서 가장 인구가 많은 나라와 전쟁을 벌이게 될 것이다. 1904년 2월 5일 협상이 중단되었고 며칠 후 전쟁이 선포되었다.

이 시점부터 한국에 대한 일본의 정책이 완고해졌다. 이처럼 태도가 변화했다는 첫 번째 증거는 1904년 2월 23일 양국 간에 체결된 의 정서였다. 일본은 자국이 한국의 독립과 영토를 보존한다는 사실을 재천명하면서도 의정서에 다음과 같은 합의를 포함했다. "대한제국 정부는 일본 제국 정부를 전적으로 신임하며 시정施政 개선에 관한 일본의 충고를 들을 것." 또는 "제삼국의 침해나 내란으로 인하여 대한제국 황실의 안녕 또는 영토 보전에 위험이 있을 경우 일본 제국 정부는 즉시 필요한 조치를 행할 것이며 대한제국 정부는 일본 제국 정부의 행동이 용이하도록 충분히 편의를 제공할 것……. 일본 제국 정부는 전항의 목적을 성취하기 위하여 필요하다면 전략상 필요한 지점을 점유할 수 있다."

1904년 8월 22일에 조인된 협정에는 한국 정부가 일본인 재정 고문을 두어 재무에 관한 모든 사항에 대해 그의 의견을 물어 시행하고, 일본 정부가 추천하는 외국인 1명을 외교 고문으로 정해 외교에 관한 중요한 모든 업무를 그의 의견을 물어 시행하도록 한다는 의무 조항이 있었다. 이 협정의 마지막 조항은 다음과 같다. "한국 정부는 외국과 조약이나 협정을 체결하거나 기타 중요한 외교 안건, 즉 외국인에 대한 특권 양여讓與나 계약 체결 등에 관해 처리할 경우 사전에 일본 정부와 협의해야 한다."

이 협정의 의미는 대한제국의 이름으로 정부의 권한을 행사하도록 하는 한편 한국을 일본의 보호국으로 만들려는 것임이 명확했다. 뒤

이어 취해진 조치는 결국 뒷날 한일합방으로 이어진 것으로 1905년 11월 17일에 또 다른 조약을 체결한 것이었다. 조약 서문에는 다음과 같은 중요한 조항이 포함되어 있었다. "한국의 부강지실富强之實을 인정할 수 있을 때까지 이 목적을 위해 다음의 조관條款을 약정한다."

조약은 다음과 같은 내용을 담고 있었다. "금후 일본 정부 외무성에서 한국의 외교 관계를 결정하고, 일본의 외교 대표자 및 영사가 외국에 있는 한국의 신민 및 이익을 보호하고, 일본이 한국과 타국 간에 현존하는 조약의 실행을 완수하는 책임을 지며, 한국 정부는 금후 일본 정부의 중개를 경유하지 않고서는 국제적 성질을 가진 어떠한 조약이나 약속을 하지 않으며, 일본 정부는 한국 황실의 안녕과 존엄을 유지하도록 보증한다."

제3조항은 한국 황실과 접촉하는 일본 대표의 성격을 완전히 바꾼 것이었다. 기존의 공사公使는 친히 한국 황제를 알현할 권리가 있는 통감으로 대체되고, 한국의 각 개항장 및 기타 일본 정부가 필요하다고 인정하는 지역에는 영사관 대신 이사관을 설치한다는 것이었다.

이 조약에서 한국의 독립에 대해서는 전혀 언급하지 않았다는 사실을 주목해야 한다. 이것은 아마도 이즈음 일본이 한 가지 사실을 깨달았기 때문일 것이다. 즉 한편으로는 자국이 한국의 독립국 지위를 유지하는 책임을 지면서 다른 한편으로는 한국에서 언제든 자국을 가장 심각한 외교적 난관에 빠뜨릴 수 있는 사건이 발생하지 않도록 할 만큼 충분한 권한을 가질 수 있는 정책을 실현할 수 없다는 점이었다.

1905년 11월 22일 일본 정부는 한국과 조약을 체결하고 있는 다른 국가를 대상으로 선언문을 발표했는데, 새로운 한국 정책에 대한 일본의 명확하고 공공연한 설명이 제시되어 있었다. 그 내용은 다음과 같다.

근린 관계는 일본이 자국의 안전 및 평온과 밀접하게 관련된 이유들로 인해 필연적으로 한국의 정치 및 군사적 문제에 많은 관심을 가지고 영향력을 행사하도록 만들었다. 지금까지 취해진 조처는 단순히 자문을 하는 것이었지만 최근 몇 년 동안의 경험은 자문이라는 수단만으로는 충분하지 않다는 것을 입증하고 있다. 과거 한국의 어리석고 부주의한 행동은 특히 자국 관련 국제 문제라는 영역에서 분규 발생의 가장 빈번한 원인이 되었다. 통제나 규제를 하지 않고 현재의 만족스럽지 못한 상황이 지속되도록 방치하는 태도는 새로운 어려움을 초래하게 될 것이고, 일본은 이러한 위험한 상황을 단호하게 종식하는 데 반드시 필요한 조치를 취하는 것이 바로 국가와 극동의 전반적 평화 회복을 바라는 국민의 열망에 대한 의무라고 생각한다. 그에 따라 그런 목적을 염두에 두는 동시에 일본의 입지를 보장하고 한국 정부와 국민의 안녕을 증진하기 위하여 일본 제국 정부는 한국의 외교 관계에 대해 지금까지보다 좀더 강력하고 직접적인 영향력과 책임을 갖기로 결심했다. 대한제국 황제 폐하의 정부는 일본 제국 정부와 이 같은 조치의 절대적 필요성에 대해 합의했고, 두 정부는 평화롭고 우호적으로 새로운 질서 확립을 준비하기 위해 이에 수반하는 협약을 맺었다. 한국과 조약을 체결한 강대국들에게 이번 조약에 주목할 것을 상기시키며, 일본 제국 정부는 한국의 외교 관계에 관한 책임을 담당하고 각국과 체결된 기존 조약들의 이행을 감독하는 의무를 수행함에 있어서 이들 조약이 유지되고 침해되지 않도록 확인할 것을 선언하며, 또한 한국 내에서 이들 국가의 합법적인 상업 및 산업적 이익은 어떤 식으로든 침해받지 않을 것을 보증한다.

외교 문제와 국내 문제 어느 쪽에서든 새로운 조약은 충분하지 못한 것으로 판명되었다. 한국의 행정제도에 대해서는 두 가지 사정이 합쳐지면서 개혁을 할 수 없게 되었다. 먼저 한국의 관리들은 여러 부문에서 일본 고문관들의 조언을 듣도록 되어 있었지만 그 조언에 따를 의무는 없다는 것이 문제였다. 게다가 이들 관리가 대부분 부패했고 전체적으로 무능했다는 것이 또 다른 문제였다. 1907년 한국 황제가 1905년 일본과 체결했던 조약의 조항을 직접적으로 위배하는 너무나도 분별 없는 조치를 취하지 않았다면 이 같은 사태는 계속되었을 지도 모른다.

1905년의 조약에서 한국은 일본을 통하지 않고서는 어떠한 외교 협약도 체결하지 않기로 약속했다. 1907년 7월 한국 황제의 옥새가 찍힌 문서를 자신들의 신임장으로 제시한 한국인 세 명이 헤이그에 나타나 만국평화회의에 파견된 대표로 인정해 주기를 요구했다. 이 소식이 일본에 전해지자 엄청난 동요가 일어났다. 한국의 문제가 (국제 사회에서) 다시 제기될 수 있는 위험을 내포하고 있는 것처럼 보였기 때문이었다. 여론은 심각하게 요동쳤고 언론은 거의 한목소리로 강력한 행동 방침을 요구해 일본 제국 정부는 강력한 방책을 채택하기로 결정했다.

당시 서울의 통감은 이토 히로부미 후작(한국의 진실한 벗이자 호의적인 사람)이었다. 일본 외무성 각료 하야시 곤스케 자작이 통감과 협의하여 사정에 맞게 직무를 수행할 권한을 부여받고 서울로 파견되었다. 그는 7월 18일 서울에 도착했다. 이토 후작은 통감으로 재직하는 동안 전혀 신뢰할 수 없을뿐더러 한국 내 개혁을 방해하는 모든 수단을 동원해 왔던 대한제국 황제가 왕권을 쥐고 있는 한 한국의 상황이 결코 만족스러운 수준으로 정리될 수 없다는 확신을 갖게 되었다. 다행히 최근 한국 내각이 새로 구성되었는데 그들은 황제와 황실이 정부 운영에 대해 간악하게 간섭한다면 황실이 심각한 결과에 직면하게 될 것이라는 사실을 분명히 알고 있었다. 새로운 내각은 당면한 위기 상황으로 인해 나라 전체의 이익을 위해 그들이 기꺼이 행사할 수 있는 무기를 손에 쥐었다. 심지어 하야시 자작이 도착하기도 전에 내각은 황제에게 왕위를 아들에게 물려주고 퇴위하는 것이 득책이라고 주장했다. 자작이 도착한 다음 날 그들의 주장은 반대 주장을 압도했고, 7월 17일 한국의 법무장관은 황제의 퇴위 성명서를 통감에게 제출했다. 이 사실이 일반에 알려지자 곧바로 서울에서 한국군 중 불온한 어느 한 연대에 의해 심각한 폭동이 일어났다.

일본 대표들과 한국 정부 내각, 한국 정부 내각과 새 황제가 일련의 모임을 가진 후 1907년 7월 24일 한국과 일본은 협약에 조인했다.

이번 협약에서 대한제국 황실은 여전히 인정되었지만, 한국 내 모든 고등 관리의 임면任免은 통감의 동의하에 이루어지고, 한국 정부의 모든 법령 및 규칙은 먼저 통감의 승인을 거친 뒤 제정되며, 통감이 추천하는 일본인을 한국 관리에 용빙함으로써 실질적인 행정 통치권을 일본이 가지게 되었다.

새로운 협약이 체결되고 난 이후 한국의 전반적인 상황을 고려해보면 변칙적인 행정 체계로 인한 위험과 불편을 무한정 감내하겠다는 각오를 하지 않는 한 일본이 합병을 오래도록 유지할 수 있는 방법을 찾기는 어려웠다. 양국 정부가 합병 조약에 대한 협상을 시작했고,

1910년 8월 22일 통감 데라우치 마사타케寺內正毅 자작과 한국의 외무대신 이완용이 조약에 조인하였다.

통감부를 계승한 총독부에 의해 발간된 첫 번째 연보年報에서는 합병 문제를 다음과 같이 다루었다.

일본과 한국 양국 정부는 한국의 시정 개선을 위하여 지난 4년 이상의 기간 동안 최선의 노력을 기울였고, 바라던 목표 달성을 기대하고 있으며, 현재까지 이루어진 개선과 진보는 결코 낮은 수준이 아니다. 그러나 보호국의 체제가 대한제국 황실의 영원한 안녕과 국민의 번영을 보장하기에 충분하지 않다는 사실이 드러났다.

폭도들에게 많은 유화 조치가 시행되었는데도 일부 지역에서는 폭도들과 약탈자들이 여전히 모습을 나타내고 있고, 근절이 힘든 상황이다. 도시 내 한적한 곳이나 산악 지역을 오가는 정부 관리나 개인, 그리고 우편 배달부들은 종종 경찰이나 헌병의 보호를 필요로 하기도 하였다. 심지어 평화로운 기질의 사람들조차 무모한 선동가들의 부추김으로 일본 세무 관리들이 세금으로 징수한 돈을 일본으로 운반하려 한다는 말을 믿고 이들 관리들에게 상해를 입히고자 시도하기도 했다. 맹목적인 분노로 근시안적인 맹신과 잘못된 애국심에 영감을 받은 일련의 한국인들이 1908년 3월 샌프란시스코에서 휴가차 워싱턴으로 향하던 미국 시민이자 한국 정부 고문인 더럼 W.스티브스Durham White Stevens를 암살했다. 다음 해 10월에는 동년 6월까지 한국 통감부에서 업무를 수행한 이토 통감이 북중국을 방문하던 중에 하얼빈 역에서 한국인에게 암살당했다. 이어서 12월에는 한국 정부의 총리인 이완용을 암살하려는 시도까지 있었다. 이 같은 참담한 상황이 여전히 한국에서 계속되고 있고 정부의 대신들이 지속적으로 무장한 경찰의 호위를 받아야 하는 상황인 반면 한국 황실은 불안과 걱정으로 비참한 처지에 놓여 있었다.

이러한 상황에서 일본 제국 정부는 한국 국민에게 혜택을 주는 많은 개혁 조치들이 도입되었는데도 한국에서 실시한 보호정치 체제를 통해 자신들이 추구했던 시정 개선을 실현하기 어렵다는 것을 발견했다. 공안公安과 질서 유지는 아직 불안정했고 의심과 오해의 정서가 여전히 한반도 전역을 장악하고 있으며, 다수의 국민들이 걱정으로 괴로워하고 있었다. 한국 내 일본인과 외국인 대다수는 도시나 항구 혹은 철도를 따라 조성된 도심으로 자신들의 주거지를 제한해야 했고 영구적으로 상업에 종사하기 위해 중심지로 들어갈 수도 없었다.

대한제국 황실의 안녕을 보장하고 국가의 번영을 증진할 뿐 아니라 지난 수년간 뿌리내린 이 같은 악폐를 일소하며 동시에 한국에 거주하는 일본인과 외국인들의 안전과 평안을 보장하기 위해서는 보호정치 체제로는 부족하므로 한국을 일본 제국에 합병하여 제국 정부의 직접 통치하에 두어야만 한다는 사실이 누차에 걸쳐 분명히 제시되었다. 이 같은 목표를 달성하는 데 다른 방법은 없었으므로 일본은 일찍이 1909년 7월에 합병 정책을 구상하였다. 게다가 이후에는 한국의 실질적인 상황이 지속적으로 악화되었고 개선의 희망이 전혀 없었다. 앞서 언급한 스티븐스와 이토 통감의 암살과 총리 이완용에 대한 암살 시도는 한국 내 특정 부류의 사람들로 하여금 국왕과 통감에게 합병 청원서를 제출하도록 유도했고, 그렇게 하여 이 문제는 일본 국민들뿐만 아니라 관리들 사이에서도 공공연한 논란을 야기하는 문제가 되었다. 결국 합병의 필요성은 나날이 증가했고 1910년 8월 29일 합병 조치가 마침내 효력을 발휘하게 되었다.

앞서 언급한 인용문에서 밝힌 목표는 지난 16년 동안 아주 훌륭하게 달성되었고 놀라운 성공을 이루어 낸 몇몇 부분은 이 책에 분명히 드러나 있다. 한국에 총독부가 수립된 후 처음 9년은 비록 그 기간 동안 한국 국민에게 많은 혜택이 주어지기는 했어도 너무나 많은 군사적 가혹함과 단호함으로 통치한 기간이었다. 이 같은 성격의 통치가 새 정부 구성이라는 극도로 어렵고 힘겨운 작업이 진행되는 바로 그 시점에서 실행되었다는 점은 모든 관련자들에게 있어 가장 불행한 일이었다. 이 같은 일을 수행하는 데 있어 당국이 발견할 수 있는 가장 강력한 동맹은 국민들의 우호적인 정서이기 때문이었다.

1919년 3·1독립운동을 진압하기 위해 취해진 조치는 어리석고 잔인하며 변명할 여지가 없는 것이었지만 이 중 몇 가지는 확실히 본연의 목적을 달성하는 것이었다. 그 이후부터 한국은 내부적인 안정과 전반적인 발전의 시기를 맞게 되었고 이것은 이전의 역사에서는 비교 대상조차 찾을 수 없는 수준이었다.

현 문맥에서 나는 독립운동 자체에 대해서는 할 말이 없다. 독립당에는 우수한 학식과 지식을 가진 인사들이 많이 포함되어 있었고 이들은 투철한 민족주의 정신으로 고무되어 있었다. 한국에 대한 일본의 통치가 그것을 전복하려는 시도를 정당화할 만한 수준이었느냐 하는 점은 한국인들이 그 같은 시도를 할 '권리'와는 아무런 관계가 없다. 반란의 '권리'는 정부가 있는 곳이면 어디든 내재하는 고유한 것이며, 그 정부가 내부에서 기원한 것인지 아니면 외부로부터 강제된 것인지와는 별개 문제이다.

이 같은 반란이 일어날 때마다 여기에 참가하는 사람들은 세 그룹으로 나누어졌다. 첫 번째 그룹은 반란이 성공하면 공공의 번영에 이바지하게 될 것이라고 충심 어린 확신을 하고 있는 남녀로 구성되었다. 두 번째는 자신의 이익을 위한 이기적인 의도에서 자신들이 현재의 권력층을 대신하고자 하는 사람들이었고, 세 번째는 혼란한 틈을 타서 이득을 챙길 기회를 노리는 정체불명의 어중이떠중이들이었다.

첫 번째 그룹은 인류가 스스로의 목숨과 재산을 희생해 가며 정직하게 자신의 신념을 수호하는 사람들에게 보내는 존경을 받을 만하며 또한 대체로 받게 된다. 그리고 독립운동에 참가했던 사람들 중에 많은 이들이 이 같은 신실한 애국주의자였다.

내게는 이 같은 반란을 통해 한국이 독립할 가능성이 전혀 없어 보였다. 한국인들은 일본인을 나라 밖으로 몰아낼 수 없었다. 그리고 한국 독립운동의 대의가 일본이 한국을 점령하는 데 강력한 위협이 될 만한 어떤 나라의 지지를 받는다면 그 나라가 일본을 위협하기 위해 취하는 첫 번째 행동은 의심의 여지 없이 아시아를 하룻밤 사이에 전쟁으로 몰아넣게 될 것이고, 한 달 사이 전 세계 균형의 대부분이 와해되는 상황이 초래될 것이다. 한국이 독립국이 될 수 있는 단 하나의 가능성이 있기는 하다. 가까운 미래에 국제연맹이나 이와 유사한 강대국 연합이 모든 식민지 속국을 본래 주민에게 돌려주는 전 세계적인 양도를 규정한다면 한국은 일본이 이 결정에 따르기 위해 기증하는 것들 가운데 하나가 될 것이다. 물론 이것은 지금 논의하기에는 너무나 가능성이 희박한 이야기이다.

나는 한국과 일본에서 학식이 풍부한 인사들이, 예컨대 독립이라는 문제에서 한반도의 궁극적인 지위가 어떻게 될지를 두고 의견이 갈리는 것을 보았다. 두 가지 이론이 제시되었는데, 하나는 한국이 일본 정치제도의 필수적인 부분이 되어 대표를 선출해 제국 내각에 보낼 것이라는 주장이고, 다른 하나는 한국이 궁극적으로는 일본 제국 내에서 자치령 통치권을 부여받을 것이라는 주장이었다.

한국의 독립에 대해 어떠한 정서적 혹은 도덕적 거부감도 가지고 있지 않은 사람으로서 이야기하자면 지방자치의 승인은 물론이고 다른 한편으로는 지방자치의 성공적인 활용에도 유리한 문화 경제적 조건을 구축하고 있는 일본인에게 협조적인 한국 사람들이 자신의 나라를 위해 가장 크게 이바지할 것이다.

지난해 한국에서 들려온 소식은 이런 방향으로 흐르기 시작했다는 희망을 충족할 만한 것이었다. 그것이 어느 정도이든 사이토 총독이 한국 국민에게 품고 있는 인도적이고 호의적인 태도와 6년이 넘는 기간 동안 그가 놀라운 정력과 더욱 놀라운 행정 능력을 무제한으로 발휘하여 얻어 낸 여러 가지 현명한 조치들 덕택이라는 평가는 응당 받을 만하다.

제3장
요약

일본 입장에서 오랫동안 한국의 내치內治는 심각하게 우려할 만한 문제였다. 일본에서 기선으로 몇 시간이면 남쪽 해안에 당도하는 한 나라에서 부패하고 총체적으로 무능한 통치로 인해 위험하고 성가신 일들이 일어나고 있었다. 미국-스페인 전쟁의 원인을 공부할 기회가 있었거나 오늘날 멕시코가 미국과의 관계를 가장 우호적인 방향으로 발전시키기를 바라는 사람들은 이러한 사실을 명백하게 인식하게 될 것이다.

사실 실정의 악영향이 국경 반대편에 있는 나라의 평온에 조금도 위협을 주지 않는다고 여기거나 미국의 영토 확장이나 인도에서 영국의 세력이 신장되고 있는 상황을 보고도 어떠한 교훈도 얻지 못하는 부류의 사람들도 있다. 그러나 지각 있는 관찰자들은 나쁜 정부가 병든 이웃만큼 해가 될 수 있고, 사회불안은 천연두나 황열처럼 쉽게 국경을 넘을 수 있으며, 토착민의 정복 또는 식민으로 이어지는, 영어를 사용하는 민족들의 '영토 약탈'은 대부분 어떤 이유에서건 국가의 안녕을 위협하는 이웃을 자국의 통치권 안으로 끌어들일 필요성에서 비롯되었다는 것을 알고 있다.

한국의 경우 두 가지 이유로 일본에 위협이 되었다. 첫째, 수세기에 걸친 실정으로 인해 한국 국민은 내부 개혁에 대한 국민적 요구를 통해 자국이 독립을 유지할 만큼 충분한 부와 힘을 가진 나라로 발전할 수 있다는 기대를 하기 힘든 상황에 처하게 되었다. 둘째, 첫 번째 이유로 인해 무력이나 책략을 사용하여 러시아나 중국이 한반도를 점유할 수 있고 그로 인해 일본의 국방을 담당하는 개인이나 집단 중 누구도 묵인할 수 없는 전략적 상황이 초래될 수도 있었다.

모든 유용한 증거를 통해 쉽사리 입증할 수 있는 점은, 수년 동안 일본의 대한국 정책이 주로 한국의 독립국 지위를 보장하는 데 초점이 맞추어졌고, 자국을 위해서는 영국과 미국이 전 세계 영사관으로부터 각각 이집트와 라틴아메리카에서 누리는 특별 권익을 암묵적으로 승인받은 것처럼 한국 문제에 있어서는 일본의 권익이 우세한 것으로 간주되어야 한다는 원칙을 여러 강대국으로부터 인정받으려 했다는 것이었다.

한국의 자주 독립국 지위 보장이라는 첫 번째 개념을 지지함으로써 일본은 1894년 중국에 전쟁을 선포했고, 시모노세키조약에서 한국에 대한 중국의 종주권 포기와 한국의 독립을 인정할 것을 강요했다. 한국에서 일본의 권익이 우선한다는 두 번째 개념을 지키기 위해 일본은 1904년에서 1905년까지 러일전쟁을 치렀다. 이것은 러시아가 블라디보스토크 및 뤼순을 점유하고 있고, 이들이 현존하는 가장 강력한 두 곳의 요새로 변환되고 있는 것, 시베리아 횡단 철도가 한국 국경 지대까지 연장되는 것, 그리고 만주와 한국 내에서 러시아의 책략이 끊이지 않는 것 등을 고려하여 벌인 일이었다.

러일전쟁을 종결하면서 일본은 한국과 자국의 이익을 위하여, 극동의 평화와 번영이라는 보편적 이익을 위하여, 시정 개선 문제에 있어서 지금까지는 외교적 압력과 다양한 부문에서의 몇몇 일본인 고문의 활동에 의존했지만 이제는 영국이 말레이 연합주에서 가장 유익한 결과를 낳았던 주재관 제도를 어느 정도 모방한 통감부를 수립하여 한국 정부에 실질적인 영향력을 행사해야만 한다는 결론을 내렸다.

1905년 통감부가 수립됐고 한국을 일본의 보호국으로 만드는 데 실질적인 효과를 거뒀다. 기존 조약에서는 새로운 정책의 결과가 만족스럽지 못했는데, 한국 관리들이 통감의 자문을 따르도록 강제하지 않았기 때문이다. 이 같은 상황은 1907년 한일 간의 협약이 체결됨으로써 개선되었다. 이 협약에 따라 한국 정부는 '시정 개선에 관하여 통감의 지도를 받아야' 하며 '법령 제정 또는 중요한 행정 처분을 내릴 때 사전에 통감의 승인을 거쳐야' 했다.

새로운 제도 아래서 3년을 보낸 결과 한국 관리들의 적대감, 무관심, 무능, 부정 등으로 인해 새로운 제도가 성공적으로 운용될 수 없다는 사실이 드러났다. 한국은 다른 나라와 마찬가지로 양두정치 방식인 권한과 책임의 분리를 따르고 있었고 그 결과 사회불안과 시정 무능이 팽배했다. 그에 따라 1910년 8월 22일 양국의 전권대사에 의해 조인된 조약에 따라 한국 황제는 일본 황제에게 한국 전체 통치에 관한 모든 권리를 영구적으로 양도하게 되었다. 일주일 후 일본 황제는 합병을 선언했고 한국에 총독부를 수립할 것을 명하는 칙어를 발표했다. 1910년 8월 29일부터 일본은 한국 시정을 전적으로 책임지며 완전한 통치권을 갖게 되었다.

한일합방 당시 발표된 일본의 성명서는 회유적인 언어로 표현되어 있었고, 실제로 권력이 양도되었을 때 채택된 조치들은 민심을 달래기 위해 적절히 계산된 것이었다. 한국 황실은 관대하게 부양되었고 전 황제와 황실의 다른 구성원에게 일본 황실의 왕자들과 동일한 특권과 명예를 부여함으로써 한국 황실의 명예를 보존하였고, 많은 한국 상류층 인사들에게 귀족 작위가 수여되었다.

일본 제국 황실은 3,000만 엔(미화 1,500만 달러)을 기부했는데, 이 중 3분의 1은 한국의 귀족, 우수 공무원, 학자, 빈곤한 과부, 홀아비, 고아와 기타 사람들에게 제공되었고, 나머지 1,700만 엔이 넘는 돈은 영구 기금으로 따로 두었는데 여기서 매년 발생하는 이자는 여러 가지 형태로 한국인을 돕는 데 사용했다. 일본 황실이 한국에 기부한 금액은 미국이 필리핀 섬에 대한 권리를 양도받기 위해 지불했던 금액의 4분의 3에 해당하는 액수였다. 하지만 미국의 돈이 스페인 정부에 들어간 반면 일본 제국의 기부금은 한국 국민들에게 돌아갔다는 사실은 주목할 필요가 있다.

한국 총독부가 직면한 문제는 적지도 간단하지도 않았다. 일본의 목적은 근대적 행정제도를 효과적으로 수립하고 한국의 자연 자원을 개발해 통상과 산업을 촉진하는 것이었다. 성공으로 가는 길에서 상상할 수 있는 모든 장애물이 등장했다. 정부는 행정의 모든 절차를 새로 수립해야 했고 행정 사무를 완벽하게 수행해야 했으며, 많은 기술 전문가를 고용해야 했고, 정부 정책을 수행하는 데 필요한 재원을 마련할 수 있는 금융 제도를 고안해야 했다.

한 가지 다행스럽게 생각할 만한 것은 한국 국민 대다수가 유순한 성격을 가졌다는 점이었다. 한일합방 당시와 그 이후에도 일본군 당국은 한국의 상황에 대해 심각하게 우려할 만한 어떠한 근거도 제시하지 않았다. 따라서 외국의 관찰자들은 일본 정부가 왜 육군이나 해군 장교들 중에서만 한국 총독을 임명할 수 있다는 규정을 만들었는지 그 이유를 이해하기가 쉽지 않았다. 일본이 이 문제에 있어서 정책적으로 심각한 오류를 범했다는 사실이 경험으로 입증되었고, 1919년 그 제약이 철회되어 총독직이 민간인에게도 개방되었다.

식민지 총독으로 육군 장교를 선발하는 것은 네덜란드와 영국의 공통된 관행이었지만, 이는 반대할 만한 방침이었다. 실제로 군 사업을 수행하는 능력과 민간 행정 능력이 잘 결합되었던 예가 역사적으로 없었던 것은 아니지만 극히 이례적인 일이었다. 식민지 속국을 통치하는 일은 훌륭한 군인을 만드는 일과는 전혀 다른 기질을 필요로 하는 과제였다. 군사령관으로서의 성공이 전문 지식을 얼마나 가지고 있느냐에 달린 것으로 생각되지만 사실은 수천 개의 상세하고 바꿀 수 없는 규정들 아래 어느 정도까지 규율과 복종을 강요하는지에 달려 있을 것이다. 군사령관의 의무는 명령을 내리고 그 명령이 이의나 항의 없이 준수되는지를 살피는 것이다. 그는 자신의 통치로 어떤 감정들이 드러나는지 고려할 필요가 없다.

반면 민간 행정관은 서로 타협하는 정책을 채택하고 양보의 정신으로 그 정책을 수행해야만 성공할 수 있다. 업무 중 많은 부분은 생산적인 특성을 지니며 성과를 거두기 위해서는 국민들의 호의가 필요하다. 무엇보다 가장 필요한 것은 세련되고 회유하는 인상을 주는 것인데, 군인에게서 가장 기대하기 힘든 것이 바로 이 두 가지 특징이다.

1910년에서 1919년까지 비록 한국 국민에게 많은 혜택을 주었다고 해도 일본의 통치는 군사적 완고함을 드러내면서 상당한 반감을 야기했고, 그로 인해 개혁이 진척되지 못했다. 이러한 일본 통치에 대한 불만은 1919년 3월 1일 한국 민족주의 지도자들이 한국 독립 선언서를 발표하면서 최고조에 달했다.

3·1독립운동에 대한 일본의 무자비하고 혹독한 진압은 전 세계 여론에 충격을 주었다. 일본 내에서도 분노하는 여론이 높아 정부는 이를 달랠 방법을 찾아야 했다. 한국 총독이 소환되었고 총독직에 민간인을 배제한다는 규정이 취소되었으며 비록 민간인은 아니었지만 새로 임명된 총독 사이토 마코토 남작(현재는 자작)은 극동 전역에서 뛰어난 행정 능력과 관대하고 인정 있는 성격, 그리고 인간적인 매력이 두드러진다는 평가를 받았다.

이 책에서 말하는 새로운 한국은 사이토 총독의 현명하고 인정 있는 지도 아래 발전을 이룩한 한국을 의미한다. 미국 감리회 서울 주재 감독인 허버트 웰치Herbert Welch의 글 중에서 몇 단락을 인용해도 좋을

듯하다. 이 기사는 1920년 5월 13일자 『기독교인 회보The Christian Advocate』에 실린 것인데 웰치 감독이 일본의 한국 통치에 있어 비난할 만하다고 판단한 문제에 대해서는 항상 거리낌 없이 비판했던 사람이라는 점을 고려할 때 아래 인용문은 특별히 더 의의가 있다.

사이토 남작이 총독직을 인수한 것과 관련하여 웰치 신부는 이렇게 말하고 있다.

통치의 방법과 태도와 관련하여 이전과 현저히 달라졌음이 곧바로 나타났다. 총독은 태도가 분명하고 꾸밈이 없으며 싹싹하고 사귀기 쉬운 성격이었고 한국에 있는 외국인의 의견을 알고 싶어 했으며 그들을 달래고자 노력하는 모습이 확연히 눈에 보였다. 그의 도착과 함께 수많은 칼과 제복이 빠르게 사라졌다. 총독의 가장 주요한 동료이자 정무총감인 미즈노 박사는 신분이 높고 행정 경험이 풍부한 관리로서 성실함과 솔직함, 그리고 군인 정신과 대비되는, 민간인에 의한 정부 행정의 보급 등과 같은 이상을 총독과 상당한 정도로 공유하고 있는 것으로 보였다.

한편 한국의 입장에서는 지난해의 경험으로 인해 일본 정부라면 무조건 적대시하는 의견이 의심의 여지 없이 더욱 구체화되었다. 많은 사람들이 유일한 목표로 나라의 완전한 자주독립을 주장했고 현 정부나 다른 일본 정부에 의해 이루어지는 개혁 문제에 대해서는 어떤 것에도 전혀 관심이 없다고 선언했다. 다른 한편으로는 가장 이성적이고 통찰력 있는 몇몇을 포함한 많은 사람들은 한국이 즉시 독립국이 될 가망은 없으며 한국 국민을 체력, 지식, 도덕, 정부의 업무를 담당할 능력 측면에서 단련시키기 위해서는 오랜 기간 동안 차분히 노력해야 한다는 확신을 갖게 되었다.

일본 정부가 아직까지 한국 국민의 인심을 얻은 것은 결코 아니며 오히려 15개월 전보다 현재의 민심 이반이 더 심하다는 점을 충분히 고려해야 한다. 반면 분명 고무적인 요인들도 있다. 그중 하나를 나는 총독인 사이토 장군의 성격에서 발견했다. 그는 지난 9월 총체적인 정치적 사면 선언 가능성을 염두에 두고 한국에 왔다. 과거 정치를 청산하고 관대하고 자비로운 정책이라는 토대에서 새롭게 시작하려는 생각이었다. 서울 기차역에서 그를 맞이한 것은 한 광신자가 던진 폭탄이었다. 한국의 대표자들은 즉각 사건과의 관련을 부인했지만 한국 상황에 대한 사람들의 생각에 다소 영향을 미치지 않을 수는 없는 것이었다.

그러나 사실 그런 상황에서 강경하게 대처했다 하더라도 정당하다고 주장했을 사람도 있겠지만, 사이토 남작은 완력을 쓰는 대신 온화하고 호의적인 태도를 유지했다. 나는 그의 성실성을 절대적으로 신뢰하고 있고, 시간만 충분히 주어진다면 한국에서 그가 직면한 어려움이나 일본 본국의 군국주의자나 관료주의자들의 비판이나 반대와 같은 반발에도 한국 국민의 복리를 위해 많은 일을 추진하여 자신의 능력을 증명하리라

믿는다.

이 내용은 사이토 총독이 한국에 머무른 지 겨우 몇 달밖에 되지 않은 1920년에 쓰여진 것이었다. 1922년 내가 한국을 방문했을 때 총독은 3년의 임기를 거의 채워 가고 있었다. 총독은 최근 부총독 혹은 정무총감(공식 문서에서 두 명칭은 거의 구별되지 않고 쓰이는 것으로 보인다)으로 T. 아리요시T. Ariyoshi를 두었는데, 그는 일본에서 가장 전문적이며 크게 인정받는 행정가 중 한 사람이며 관찰해 본 결과 나는 그가 지칠 줄 모르는 일꾼이자 한국 국민에 대해 동정심을 가진 사람이라는 것을 알게 되었다.

1922년 한국에서 극단적 반일주의자의 의견을 배제한 대체적인 여론은 사이토 총독이 공정하고 관대한 행정으로 한국을 통치하려는 진실한 소망을 실천해 왔으며 눈에 두드러지는 개혁을 성취했다는 것이었다. 교육 문제에서는 국민들의 문화적 열망을 아주 관대하게 충족했고 국민들의 정치적 열망에 대해서는 독립이라는 헛된 희망을 조장할 수 있는 것은 무엇이든 단호하게 배척한 반면 지역 자치를 촉진하고 일본인과 한국인 사이에 우호와 협동 정신을 심어 주고자 했다고 여겼다.

한국인, 일본인, 외국인, 공무원과 민간인 등 많은 사람들과 한국 문제를 토의하면서 나는 두 가지 점에서 거의 만장일치와 같은 합의에 도달하는 것을 발견했다. 하나는 최근 한국 국민의 정서에서 지속적으로 반일 감정이 점차 줄어드는 경향을 보인다는 것이었고, 다른 하나는 한국 국민의 전반적인 생활 여건이 놀라울 정도로 성장함으로써 한국이 눈에 띄게 번영하고 있다는 것이었다.

방문한 날로부터 4년이 지난 지금 글을 쓰면서 나는 한국에 대한 가장 최근의 설명들을 고려할 때 한국의 전반적인 상황, 행정조직 및 조직 구성원, 한일 관계의 성격 등이 지속적이고 가속적으로 개선되고 있다는 확신을 가졌다.

다음 장에서는 특정 제목 아래 한일합방 시점부터 가장 최근 자료를 입수할 수 있는 시점까지 한국 성장의 특징을 간단히 요약하여 제시할 것이다. 제시된 통계와 관련하여 공식 회계연도가 4월 1일에 시작되어 다음 해 3월 31일에 끝난다는 사실을 유념해야 한다. 화폐단위는 엔으로 액면가는 미국 달러로 환산하면 50센트에 상당하지만 외환시장의 움직임에 따라 변동한다.

물질적 성장

한국 전체 인구의 82% 정도가 농업에 직접적으로 의존하여 생계를 유지하고 있다. 경작지는 1912년 1,060만 에이커(약 42,897㎢)에서 1923년에는 거의 1,500만 에이커(약 60,704㎢)로 늘어났다.* 같은 기간 동안 농산물 생산량 산정 가격은 4억 3,500만 엔에서 11억 6,900만 엔으로 증가했다. 이러한 증가는 많은 부분 농부들의 상황을 개선하기 위해 정부가 취한 조치들에 기인한 것이다. 이들 조치에는 다양한 농업 자금 대부 기구 구성, 황무지 개간, 관개시설 건설, 농업 방식 개선, 그리고 새로운 농산업 도입 등이 포함될 수 있다.

정부의 첫 번째 조치와 관련하여 1912년에는 미상환 농가 대출 총액이 500만 엔 미만이었지만 1923년에는 1억 3,400만 엔 이상으로 증가했고, 이 증가액의 대부분이 농업 발전을 위한 이런저런 종류의 투자를 반영한다는 사실은 주목할 만하다. 새로운 농산업을 도입한 예로 양잠업을 들 수 있다. 1910년 한국 양잠 생산품의 총 가치는 40만 엔에 불과했지만 1923년에는 거의 2,600만 엔까지 증가했다.

---

* 한 해 같은 땅에서 두 가지 이상의 작물을 경작한 경우 그 지역은 각각의 작물별로 계산되었다.

농업과 밀접하게 연관되어 있는 것이 임업이다. 기존 조선의 법은 산림 보존에 거의 무관심했고 그 결과 한일합방 당시 땔나무와 건축 목재가 심각할 정도로 부족했다. 더욱 문제가 된 점은 나무가 없어진 산허리들이 우기에 내리는 폭우를 더 이상 흡수할 수 없다는 것이었다.

이로 인해 매년 심각한 홍수가 늘어났고 토지의 자연적 수분 공급이 줄어들었다. 일찍이 1907년 일본 통감부는 한국 정부에 조림 사업을 시행하도록 권유했고 1911년 총독부는 새로운 임업 규정을 발표했다. 같은 해 총독은 식목일을 제정했다. 한국의 삼림을 복구하기 위해 합병 이래 1억 개 이상의 묘목이 심어졌다. 정부는 더 나아가 임업 조합을 장려했는데 1925년 350개의 조합이 구성되었고 전체 회원 수는 거의 100만 명에 달했다.

정부는 또한 한국의 어업 발전에도 관심을 보였다. 어업 방식이나 수산물 보존 및 포장 방식 개선을 위한 조치가 취해졌다. 1912년과 1921년 사이 어획량의 가치는 800만 엔에서 4,500만 엔으로, 활어 수출액은 13만 8,000엔에서 700만 엔 이상으로, 수출한 가공 수산물의 가치는 200만 엔 미만에서 1,100만 엔 이상으로 각각 증가했다.

광업 부문에서 총 산출량의 가치는 1912년 약 700만 엔에서 1921년에는 1,500만 엔 이상으로 늘어났다. 주요한 금속과 광물 중에서 금 생산량은 조금 줄어든 반면 다른 것들은 생산량이 눈에 띄게 증가하였

상업, 제조업, 은행업의 10년 동안의 성장

(단위 기준은 1,000엔)

	1912년	1921년
해상 수출	20,985	207,280
육상 수출	356*	10,996
해상 수입	67,115	205,210
육상 수입	467*	27,171
총 무역량	88,101	450,658
회사 법인의 납입자본금	103,720	1,083,551
공장 생산품의 가치	29,362	166,414
공장에 고용된 한국인 수	14,974	40,418
공장에 고용된 일본인 수	2,291	6,330
상업과 제조업 발전을 위한 정부 지출	2,932	8,797
은행 예치금	27,837	171,891
어음교환소 거래액	98,488	852,053

* 1913년 수치

다. 석탄은 50만 엔에서 300만 엔을 약간 초과하는 정도로 증가하였고, 철광석은 15만 6,000엔에서 거의 200만 엔으로, 무쇠는 생산이 전무한 상태에서 500만 엔으로, 정광은 27만 5,000엔에서 거의 500만 엔수준으로 각각 증가했다.

제조업의 경우 구한국 정부 아래에서 통상과 산업 발전이 심각하게 저해된 것을 볼 수 있는데 이는 통화제도의 개탄할 만한 상태, 생명과 재산 보호의 불안정, 안일하거나 부패한 법치, 개발이라는 보편적인 문제와 다양한 산업 분야의 과학적 연구에서 비롯되는 혜택에 대한 정부의 관심 부족 등에 기인한 것이었다. 각각의 문제에 대하여 총독부는 광범위한 개혁을 단행했고 그 결과는 왼쪽의 표에서 확인할 수 있다.

정부

1910년 10월 30일 조선총독부 관제가 일본 제국 황제의 칙령에 의해 공포되었다. 규정에 따라 총독관방總督官房과 5개의 부서가 설치됐는데 각각 총무부, 내무부, 탁지부度支部, 사법부, 농상공부農商工部로 지정되었다. 정부 행정을 유지하기 위해 많은 일본 관리들이 임명되었다. 이들 가운데 한국의 상황이나 한국어에 대해 자세히 아는 사람이 거의 없었기 때문에 행정 당국은 비록 완전한 행정조직이 구성되고 통치가 실시되고 있다 하더라도 한국의 특수한 상황에 더욱 적합한 조직으로 만들기 위해서는 시의적절한 행정조직 개편이 필요하다는 사실을 경험을 통해 깨닫게 되었다.

매년 다양한 개혁이 도입되었으나 3·1독립운동의 발발과 진압이 있은 후, 해군 대장 사이토 마코토 남작이 총독으로 임명된 1919년이 되어서야 일본 황제의 칙령에 의해 전반적 행정 개편을 위해 준비된 계획들이 실행에 옮겨졌다.

새로운 계획을 통해 해결해야 할 문제들을 보면 조선총독부 관제가 최초로 시행된 이후 지난 9년 동안 분명하게 드러난 행정조직 문제의 본질을 당국이 명확하게 인식하고 있었음을 알 수 있다. 총독부가 새로 관제를 개편하면서 추구하고자 했던 공식적인 목표는 다음과 같다.

1. 일본인 관리와 한국인 관리 간의 차별 철폐
2. 법과 규칙의 간소화
3. 국가사업의 즉각적인 처리
4. 지방분권 정책
5. 지방조직 개선
6. 한국의 고유한 문화 및 관습 존중
7. 언론, 회합, 출판의 자유
8. 교육 확산과 산업 발전
9. 경찰 조직 재편성
10. 의료·위생 기구 확대

11. 국민 지도

12. 인적 재능 계발

13. 일본인과 한국인 간의 우호적 관계

1919년 9월 10일 조선인에게 발표한 포고문에서 사이토 총독은 다음과 같이 선언했다.

본인은 휘하의 관리들을 감독하여 그들이 더욱 공명정대하게 업무를 수행하기 위해 가일층 노력을 경주하고, 모든 형식적 절차를 생략함으로써 국민의 편의를 증진하며 국민의 바람이 방해받지 않고 달성되도록 장려할 것이다. 조선인의 임명과 처우에 대해 충분히 고려하여 훌륭한 인재를 적재적소에 배치할 것이며 조선의 제도와 관습 중에서 채택할 가치가 있는 것은 통치의 수단으로서 채택할 것이다. 본인은 또한 시정 활동의 다양한 부문에 개혁을 도입하고 적절한 때에 지방자치를 시행하고 그를 통해 국민의 안정을 보장하고 그들의 전반적인 복리를 증진하기를 희망한다. 정부와 통치를 받는 국민이 서로에게 흉금을 모두 터놓고 조선의 문명진보를 위해 함께 노력하고 개화 정부의 토대를 굳건히 하여서 황제 폐하의 자비로운 관심에 응답하는 것이 가장 바람직한 일이다. 부당하게 불손한 말이나 행동을 하고 민심을 오도하고 치안 유지를 방해하는 자가 발견되면 그가 누구든 가차 없이 법의 심판을 받게 될 것이다. 일반 국민은 이 모든 사항에 대해 전적으로 신뢰해도 좋을 것이다.

이 책에서 행정 부분을 읽는 독자들은 사이토 총독이 약속을 잘 지켰다는 것을 알게 될 것이다. 그는 공정하고 확고하게 관용을 가지고 통치했으며 한국 국민의 문화 및 경제적 이익을 중요하게 고려하겠다는 자신의 약속을 지켰다.

관제 개편으로 시행된 더욱더 중요한 행정 조치로 다음을 들 수 있다. 헌병대를 폐지하고 유죄가 입증된 범죄자를 매질하는 오래된 한국 관습인 태형笞刑을 폐지한 것, 정부 내 고위직에 임명되는 한국인 수를 늘리고 주로 한국인을 자문 위원회에 임명 혹은 선출한 것, 지방행정의 많은 부분을 지방 당국에 위임하고 그를 통해 지방정부 관리의 교육에 기여한 것, 농상공업에 대한 원조와 발전을 장려하기 위해 많은 기금을 지출한 것, 교육 지출의 두드러진 증가로 한국인들이 일본 본토와 동일한 종합적 교육을 한국에서 받을 수 있게 된 것.

앞서 말한 것 중 일부와 한국의 전반적인 발전상을 나타내는 몇 가지 사항을 오른쪽 표에서 볼 수 있는데 이는 통계적으로도 입증된 것이다.

다음은 표에 사용된 용어를 설명할 것이다. '지방행정'은 각각의 도道, 부府, 군郡에 위치하고 있는 총독부의 지방행정 사무소를 의미하

다양한 행정 목표에 사용된 총독부 지출 예산

(단위 기준은 1,000엔. 1엔은 50센트에 해당)

	1918*	1921†	증가 (%)
지방행정	4,440	10,133	128
의료 및 위생	730	1,883	157
교육	2,196	6,100	180
산업 발전	3,573	8,798	146
공공사업	7,341	15,329	108

지방정부 및 기타 공공단체의 다양한 부문에서의 지출 예산

(단위 기준은 1,000엔)

	1918*	1921†	증가 (%)
의료 및 위생	782	1,723	120
교육	4,897	19,382	287
산업 발전	2,139	5,411	153
공공사업	3,210	11,953	272
복지 및 자선	194	383	97

*사이토 총독 부임 이전

†사이토 총독 부임 후 2년 경과 시

고, '공공사업'은 도로 건설, 교량 건설, 공공건물의 건설 및 보수를 포함하고, '산업 발전'은 농업과 제조업 종사자들에 대한 보조금과 전문가 서비스 등의 항목을 포함하며 '지방정부 및 기타 공공단체'는 교육, 위생, 산업 발전, 토목, 사회사업 및 자선사업을 다루기 위해 도, 부, 군, 면面 등지에 구성된 행정단위를 지칭한다. 교육과 공공사업 부문 지출 증가는 사이토 총독의 문화 정책의 실용적인 특징을 나타내는 것이며, 이 같은 지출 증가가 사이토 자작이 총독으로 부임한 후 2년 이내에 이루어졌다는 점도 크게 주목할 만하다.

제4장
정부 조직 1

Ⅰ. 총독부

1910년 8월에 체결된 조약에 의해 효력이 발생한 한일 합병 이전에 일본은 한국 정부에 대해 두 가지 양상으로 영향력을 행사했다. 첫째는 외교적 조언을 제공하는 시기라고 말할 수 있다. 이 기간 동안 서울 주재 일본 공사는 한국 정부에 고용된 많은 일본인 고문의 도움을 받아, 한국인 자치하에서 국내 행정이 처하게 된 개탄할 만한 상황을 개선하기 위해 노력했다. 이 시기는 을사조약 체결로 한일 양국의 새로운 관계가 공식화되었던 1905년 11월에 끝났다.

을사조약으로 인해 한국 정부에 대해 일본은 새로운 양상으로 영향력을 행사했다. 이는 행정 통제와 참여의 시기라고 할 수 있다. 조약의 조항에 따라 일본은 1906년 2월 한국에 통감부를 설치하였고 각지에 부속 공관을 두었다. 통감부의 역할은 1907년 7월에 조인된 협약에 명확하게 설명되어 있다. 조약은 당시 다음과 같이 규정하고 있다.

(1) 한국 정부는 시정 개선에 관하여 통감의 지도를 받아야 한다.
(2) 한국 정부는 통감의 사전 승인 없이 법률, 법령 혹은 규칙을 제정하거나 중요한 행정상의 조치를 취할 수 없다.
(3) 한국의 사법 사무는 여타 행정 사무와 구분하여 처리되어야 한다.
(4) 한국 고등 관리의 임면은 통감의 동의를 얻어 행해져야 한다.
(5) 한국 정부는 통감이 추천하는 일본인을 한국 관리로 용빙備聘해야 한다.

이 같은 합의 아래 한국의 행정이 전반적으로 눈에 띄게 개선되었으나, 중요한 두 부문에서는 제도의 효율성이 나타나지 않았는데, 바로 금융과 법 집행이었다.

금융 문제에 있어 일본은 거의 모든 나라가 간과하는 사실, 즉 초기 행정 투자 비용이 늘어나지 않고서는 행정 개선을 통해 어떠한 이득을 얻거나 목표로 하는 경제 상태를 이룰 수 없다는 사실에 직면하게 되었다. 한마디로 좋은 정부는 비용을 적게 발생시키지만, 적은 비용으로 좋은 정부를 얻을 수는 없다는 것이다.

사법 분야에 있어 한국의 제도는 법률 절차와 담당 공무원 모두가 문제여서 법 집행을 일본인 관리에게 맡기지 않는 한 원대한 개혁은 거의 불가능한 것으로 보였다.

이 같은 난관에 대처하기 위해 일본은 약 1,000만 달러 상당의 무이자 대부금을 준비했으나 한국의 재정 안정을 위해 실질적으로는 총 1,300만 달러에 이르는 돈이 사용되었다. 일본은 또한 법 집행과 감옥 업무를 인계받았고 이들 부서에서 필요로 하는 경비를 일본 재무성이 부담했다.

시정 감독과 참여의 시기는 1910년 한일합방으로 끝났다. 한일합방으로 이어진 정황에 대해서는 제2장의 '역사적 사실' 부분에서 다루었다.

1910년 8월 29일 한일합방과 동시에 조선총독부가 설치되었다. 그러나 1910년 9월 30일 일본 제국 칙령으로 조선총독부 관제를 공포한 다음 날부터 효력을 갖게 되었다.

조선총독부 관제에서는 총독과 부총독을 임명하고 관방官房, 총무, 내무, 탁지度支, 농상공農商工, 사법 등 6개 부서를 두어 총독부를 구성하도록 규정하고 있다. 관리, 행정, 기술, 사무 업무 등에 대한 조항도 만들어졌고, 금융 제도의 토대로서 연간 예산도 규정되었다.

조선총독부 관제는 시행하면서 필요할 때마다 그때그때 개정되었다. 현재 한국 정부 조직을 설명하기에 앞서 조선총독부 설치 이후 첫해 말의 한국 정부 형태에 대해 약간 언급해야 할 것 같다.

정부의 중심은 총독이었고 총독은 두 관청, 즉 조선총독부와 총독부 소속 관서로 분류되는 기관들의 도움으로 공무를 집행하였다. 오른쪽 표는 1911년 말 이 두 관청이 어떻게 구성되어 있었는지를 나타낸 것이다.

중추원中樞院을 제외하고 오른쪽 표에 있는 모든 기관들의 역할은 대체로 기관명으로 짐작할 수 있다. 중추원은 1910년 합방 당시 만들어진 것으로 일본인 총독에게 한국인 자문 위원회를 제공하기 위해 구성되었고, 총독은 행정 조치와 관련된 사항을 위원회와 협의할 수 있었다. 중추원의 부의장 및 모든 회원은 한국의 귀족, 상류층, 관료 등의 계층에서 선발되었다. 중추원 의장과 서기관장, 서기관들은 조선총독부 소속 일본 관리 중 고위급 인사들로 선발했다.

중추원 회원들은 명예 공직을 하사받았으나 정부 관리로 분류되지 않아 공무원 공식 통계에는 포함되지 않았고 이를 토대로 만들어진 오른쪽 표에서도 나타나지 않았다. 1911년 말 중추원 내 한국인 실제

조선총독부 소속 인원(1911년)

	고급 관리	하급 관리	합계
총독부:			
총독 관방	5	5	10
총무부	13	116	129
내무부	26	140	166
탁지부	30	142	172
농상공부	23	66	89
사법부	4	16	20
총독부 합계	101	485	586
소속 관서:			
재판소, 경찰서, 감옥	363	811	1,174
지방정부(도정부)	404	2,321	2,725
철도국	55	405	460
통신국	39	1,005	1,044
토지 조사국	29	1,069	1,098
관립 학교	24	91	115
세관	17	245	262
병원과 의학교	15	28	43
시범 농장	13	52	65
전매국	4	43	47
인쇄국	3	22	25
취조국	6	8	14
영림창	5	16	21
국영 석탄 광산	2	5	7
중추원		2	2
소속 관서 합계	979	6,123	7,102
총계	1,080	6,608	7,688

인원수는 71명이었고, 일본인은 각각 의장 1명, 서기관장 1명, 서기관 1명, 통역관 1명이었다.

지방정부

1910년 9월 10일 공포된 칙령 제357호에 의해 한국 내 지방정부에 대한 조항이 만들어졌다. 전국은 13개 도道로 구분되었다. 조선총독부 지방관 관제에 따라 각 도에 도장관(1919년 관제 개정 이후 도지사로 불렸다.—옮긴이)이 이끄는 도정부를 수립하였고, 도정부는 재무, 의료 및 위생 사업, 경찰, 교육, 항구, 삼림, 공공사업 등과 연관된 지방 사업을 수행하는 데 필요한 행정 인력을 갖추고 있었다.

각 도는 다시 부府, 군郡, 도島 세 구역으로 나누어졌다. 도島에는 한국 연안에 위치하고 있는 거대한 섬들 가운데 두 곳(제주도와 울릉도를 지칭한다.—옮긴이)이 포함되어 있었다. 애초 계획된 것처럼 한국 정부는 아래와 같은 행정 체계로 구성되었다.

    1 총독부

    13도道 정부

    12부府

218군郡

2도島 지역

한국 정부에 대한 책임과 관련하여 일본에 제기된 문제는 극히 복잡한 것이었다. 그것은 힘 있고 '우수한' 종족이 문명 수준이 낮고 신체 능력이 약하며 민족주의 정서가 없는 다른 민족에 대한 지배권을 획득한 경우 볼 수 있는 단순함이나, 조금 유사한 사회·경제적 수준의 두 민족 간 정치적 지배력의 단순 이양 시에 발생하는 단순함과는 종류가 전혀 다른 것이었다.

한마디로 일본이 직면한 문제는 뉴기니 원주민 부족을 지배하는 영국의 문제나 오스트리아로부터 피우메Fiume(아드리아해에 면한 유고슬라비아의 항구도시로 이탈리아는 피우메 영유를 약속받고 제1차 세계대전 때 연합군에 합류했다.-옮긴이)에 대한 통치권을 인계받은 이탈리아의 문제와는 다른 것이었다.

사실 일본이 처한 상황은 현대에서 거의 전례가 없는 것이었다. 아시아 문명을 기준으로 평가했을 때 한국인은 선진화된 민족이었다. 일본과 마찬가지로 한국의 문화도 중국으로부터 많은 영향을 받았다. 하지만 일본과 달리 한국은 서방 세계의 정치·경제적 발전으로부터 거의 영향을 받지 않았다. 19세기 중엽까지 '은자의 왕국Hermit Kingdom'

이라는 표현은 일본과 한국에 거의 똑같이 적용할 수 있었을 것이다. 양국은 각각 고대의 종교, 철학, 문화, 귀족정치, 사회구조를 갖고 있었다. 당시 두 나라를 아시아 내에서의 국가 발전을 토대로 비교했다면 한국 민족이 이웃한 일본 민족에 비해 본디부터 열등하다고 할 수는 없었을 것이다.

현재로서는 어떠한 실질적인 문제에서든 한국과 일본을 동등하게 비교하는 것은 부적절한 일일 것이다. 1858년 이래 일본은 서구화되었다. 그 과정에서 일본이 서구식 발전의 혜택이라고 할 수 있는 많은 것을 얻었다면, 서구식 문명화와 분리될 수 없는 많은 악폐들 역시 일본에 영향을 미치고 있다. 일본이 현재 처한 문제는 바로 서양 국가들의 문제인데 그 해결책은 아시아적 이론과 아시아적 관습이 서구적 현대사회의 필요를 충족하는 것이 아니라 서구의 방식을 받아들이고 그것을 개선함으로써 비로소 찾을 수 있다.

아시아 곳곳에서 많은 시간을 보낸 내 입장에서는 유럽과 아메리카 대륙에서 너무나 당연하게 받아들여지는 확신, 즉 서양 문명이 동양 문명보다 우수하다는 생각을 받아들일 수 없다. 그러나 현재 내 앞에 놓인 문제는 이러한 종류의 어떠한 추론들로도 다룰 수 없는 것이다. 이것은 서구 방식으로 아시아 식민지를 통치하려고 시도한 예로서 한국 내 일본의 행정제도를 설명하는 것이다.

그와 같은 논의를 하기 위해서는 두 가지 다른 주제, 즉 한국을 통치할 일본의 권리와 일본이 실제로 한국을 통치하고 있는 방식은 반드시 별개 사항으로 분리되어야 한다. 일본의 권리라는 주제는 정치적 수완의 한 현상으로서 제국주의적 관점에서 판단할 때 아주 흥미롭고 중요한 문제이지만 식민지 획득 이후에 발생하는 일들을 논의하는 데 중점을 둔 책에서는, 이 책의 서두에서 그랬듯이, 부차적인 문제로 취급될 것이다.

현재와 같이 구성된 한국 정부에 대해 설명하려면 1910년 일본이 국권을 인계받았고, 그 직후 열악했던 당시의 한국 상황에 바로 직면하게 되었으며, 또 그 같은 상황 때문에 일본이 새로이 정부를 수립하고 공공 정책을 공식화하며 행정기관을 설치해야만 했다는 사실에서부터 출발해야 한다.

일본은 반세기 동안 서구화된 헌법의 영향을 받은 자국의 경험으로 이 같은 과제에 접근하면서 당면한 상황이 어려움으로 가득하다는 것을 알게 되었다. 그러나 일본의 국권 인수를 장기적인 관점으로 바라보면 미래에 성공할 가능성을 엿볼 수 있었는데, 적어도 속국을 다스리고 있는 다른 국가들이 성취했던 만큼의 성공은 가능해 보였다.

새로 설치된 총독부가 직면하게 된 최고의 난제는 국가 공공 행정의 현대화와 관련해 과거로부터 어떤 도움도 기대할 수 없다는 점이었다. 기존의 한국 관료 집단은 서구 방식을 따르는 개혁에 대해 대부분 무관심했고 일부는 격렬하게 반대했다. 반론의 여지 없이 오랫동안 조선왕조에서 두드러지게 나타난 실정은 한국의 공공 업무에 전체적으로 악영향을 끼쳤다. 불합리한 조세제도와 화폐가치 하락 때문에 경제는 불안정했고 통신 수단은 형편없었으며 시골 지역에는 도적떼가 들끓었고 금융 제도는 상업과 산업을 발전시키기에 충분하지 못했다. 무엇보다 큰 문제는 수년 동안 아둔한 실정과 억압을 겪어 온 탓에 한국 국민들이 지속적으로 무기력한 상태에 놓여 있었다는 점이다.

일본의 경우 한국 합병을 통해 이익을 얻고자 투자하는 것 외에 다른 동기가 없었다 해도 그 같은 목적은 한국의 총체적인 상황이 개선된다면 결과적으로 성공을 거둘 수 있을 것이다.

이처럼 한국을 총체적으로 개선하기 위한 전반적인 정책은 1910년 8월 29일 통감인 데라우치 마사타케寺内正毅 자작이 발표한 포고를 통해 공포되었다. 통감의 포고로 합병이 공식적으로 공포되었고 이것은 총독부가 설치될 때까지 한국의 시정을 책임지게 될 일본인 고위 관리들에게 시달된 일반적 명령의 형태를 띤 문서를 통해 보완되었다.

이 같은 성격의 문서들에서 항상 발견되는 수사적 표현들을 제외하면 포고문에서는 정부 정책을 다음과 같이 명확하게 약술하고 있다.

(1) 미납된 토지세에 대한 정부 청구권을 포기하고, 만기된 토지세는 20% 삭감하며, 교육 증진과 기근 및 기타 재해 구호를 위한 목적으로 일본 제국 재무성에서 1,700만 엔(약 850만 달러)을 기부하여 국민들을 구제한다.

(2) 전국적으로 법과 질서를 확립하여 생명과 재산을 보호하고 국민들에게 노력하려는 동기를 부여한다.

(3) 통신과 수송 수단을 개선하여 많은 한국인들에게 일자리를 제공하는 한편 물질적 발전을 촉진한다.

(4) 책임 있고 경험이 풍부한 한국인들로 구성된 회의를 만들어 제안된 시정 조치들에 대한 자문을 제공한다.

(5) 서울 소재 중앙 병원 및 3개 자선병원과 합병 이전 일본에 의해 운영되었던 시설들의 업무를 확대하고 보완하기 위해 각 지역에 자선병원(자혜의원慈惠醫院으로 지칭된다.-옮긴이)을 설립한다.

(6) 교육 시설을 확충하고 '청년들의 마음속에 나태함에 대한 혐오와 실무, 검약, 근면에 대한 애정을 심어 줄' 교육정책을 채택한다.

(7) 종교적 믿음의 자유를 보장한다. 합병 포고문에서 이 문제를 다룬 단락은 다음과 같이 구성되었다.

종교적 믿음의 자유는 모든 문명국에서 인정되고 있다. 사실 자신이 진실이라고 간주하는 종교적 신념이 어떤 것이든 간에 그것을 믿음으로써 영적 평화를 얻고자 노력하는 사람들에게 반박할 수는 없다. 그러나 종파적 차이를 이유로 다툼을 일으키거나 종교적 선전이라는 이름으로 정치에 참여하거나 정치적 음모를 획책하는 사람들은 좋은 관습과 풍속을 해치고 공공질서를 어지럽히는 것이며, 이 같은 일은 법에 따라 처리될 것이다. 그러나 좋은 종교는 그것이 불교이든 유교이든 기독교이든 간에 인류의 정신 및 물질적 진보를 목표로 하고 있음이 분명하며 이런 점에서 정부의 시정과 충돌하지 않을 뿐만 아니라 정부가 계획하고 있는 목표를 달성하는 데 분명히 일조한다. 따라서 모든 종교는 공평한 대우를 받을 것이며 나아가 적법한 종교 선전에는 적절한 보호와 편의가 제공될 것이다.

합병 당시 일본인 관리들에게 시달된 명령 가운데 한 단락이 아래에 전부 인용되어 있다. 이 단락을 통해 당시까지 일본인은 한국인을 눈에 띄게 멸시하는 태도를 보였고, 통감이 화해와 발전이라는 자신의 총체적인 정책을 수행해 나가는 데 있어 이러한 태도가 장애물로 작용할 것이라는 점을 잘 알고 있었다는 사실이 드러나 있다.

이번 합병의 목적과 목표는 양국을 결합하는 유대를 강화하고, 분리된 통치권 사이에 불가피하게 존재하는 지역 및 민족적 차별의 모든 원인을 제거하는 것이며, 이를 통해 두 민족의 상호 복지와 행복이 증진될 것이다. 따라서 일본 국민들이 이번 합병을 강대국이 약소국을 정복한 결과로 간주하거나 이와 같은 잘못된 생각하에 거만하고 품위 없는 태도로 말하고 행동한다면 이는 현 조치가 추구하고 있는 참뜻에 반하는 행동을 하는 것이다.

한국 내 일본 이주민들은 지금까지는 자신들이 이국 땅에 살고 있다고 생각했고 종종 한국 국민에게 우월한 태도를 보이는 실수를 범했다. 새로운 제도의 개시와 함께 만약 그들이 자신들의 자만심을 더욱 키운다면, 그리고 막 제국에 편입된 국민들에게 어떠한 종류든 모욕을 준다면, 그들은 악감정을 자극할 것이고 그 결과 모든 면에서 토착민들과 대립하게 될 것이며, 두 민족 간 친밀한 관계를 수립하는 기회는 사라지게 되고, 이는 미래에 헤아릴 수 없는 재난이 될 것이다. 지금이야말로 새로이 국면이 전환되는 적절한 시기이다. 일본인 이주민들은 이 기회를 이용하여 한국 민족에 대한 자신들의 생각과 태도를 바꾸자. 일본인은 한국인이 우리의 형제라는 사실을 항상 기억하고 호감과 우정으로 그들을 대하고 그리하여 상호 협력하고 협동하여 두 민족 모두 제국 전체의 성장과 발전을 위해 자기 몫의 기여를 해야 한다.

한국 정부(조선총독부)의 현 조직

앞에서 간단히 설명했던 정부 조직에서 출발하여 많은 시간이 경과하고 통치 활동이 확대됨에 따라 일상적인 공공 업무를 수행하는 방식을 바꿀 필요가 있다는 지적이 나왔다. 이전 방식과 조직 구성원의 경험이 모두 조직 개편을 위한 지침으로 활용되었는데 이러한 전반적인 개편을 통해 행정제도는 합병 이래 최고 수준의 효율을 보였다.

오른쪽 표에는 앞에서 살펴본 것보다 더 중요한 부문에서 한국 내 행정 업무의 실질적인 발전상이 나타나 있다.

1910년에서 1919년 동안 유지되었던 행정조직에 몇 가지 소소한 변화를 주면서 한국은 사실상 합병 이후 10년 동안 조선총독부 관제官制의 조항에 따라 통치되었는데, 이것은 1910년 9월 30일 공포되어 그 다음 날부터 시행되었다.

1919년 8월 19일 조선총독부 개편에 대한 칙령이 공포되고 당일부터 시행되었다. 개편의 대체적인 목적은 칙어勅語에서 인용된 다음 부분에 나타나 있다.

짐朕은 한국의 현재 발전 상태를 고려할 때 조선총독부 행정조직에서 몇 가지 개정이 필요하다고 확신하며, 이에 그 같은 개정을 시행할 칙령을

다양한 목적의 공공 지출

(단위 기준은 엔. 1엔은 50센트에 해당)

	실질 지출액	실질 지출액	증가액(%)
	1911	1920	
중앙행정	2,771,753	6,306,518	127
지방행정	3,901,735	8,902,995	128
재판소와 감옥	2,372,951	6,816,139	187
학교	2,127,653	19,757,048	820
공중 보건	893,684	2,793,942	212
건설: 건물, 도로, 교량, 철도	14,401,000	35,620,104	147
연구: 주로 산업 및 천연자원	264,553	1,969,010	645

발표한다. 그에 따라 취해진 조치는 오로지 짐이 확립한 정책에 따라 행정 업무를 용이하게 하고 개화되고 효율적인 정부를 보장하기 위한 것이며 이는 한국의 변화된 요구를 충족하기 위함이다.

칙어는 같은 날 발포된, 개정된 '조선총독부 관제'에 의해 효력을 발휘하였다. 개정된 관제에는 최초 조선총독부 관제 발포 이래로 여러 차례에 걸쳐 개정된 내용이 모두 포함되었고, 새롭게 추가된 내용들은 칙어를 실행하는 데 필요한 것이었다. 다음은 1919년 개편된 관제에 의해 확립된 한국 내 정부 조직을 알아볼 것이다. 정부 행정, 즉 각 정부 조직이 수행하는 업무는 다음 장에서 설명할 것이다.

정부의 수장은 총독으로 일본 제국 황제가 친임親任하며 그에게는 한국 내 정무를 통할統轄할 책임이 주어졌다. 1919년까지 총독은 반드시 육해군 대장 가운데 선출해야 했다. 새로운 관제에서는 이러한 제약이 철폐되었고 민간 관료들도 총독에 임명될 자격을 갖게 되었다.

직위상 총독 다음은 부총독인데 때때로 정무총감政務總監으로 불리기도 했다. 부총독의 직무는 자바 섬에서 사무총장이, 영국 왕령 식민지에서 식민성 장관이 수행하던 직무와 유사했다. 부총독은 총독의 심복으로서 공식적으로 총독의 허가를 받지 않아도 되는 문제나 총독의 허가를 받기 직전까지의 모든 행정적인 결정을 관할했다.

총독은 두 개의 행정조직을 통해 한국의 정무를 통할했는데, 하나는 조선총독부이고 다른 하나는 조선총독부 소속 관서이다.

1923년 일본에서 발생한 지진이 경제적으로 가혹한 영향을 미침으로써 일본 제국 전체는 정부 지출을 상당한 수준으로 삭감하는 정책을 채택해야만 했다. 이를 위해 한국에서는 공무원 수를 25% 정도 축소하는 조치가 취해졌다.

조선총독부 조직

(1923년 3월 현재)

중앙 기구

총독관방:

비서과, 참사관실, 조사과, 외사과, 서무부, 토목부, 철도부

내무국:

지방행정과, 사회사업과, 행정 강습소

재무국:

세무과, 관세과, 사계과司計課, 이재과理財課

식산殖産국:

농무과, 산림과—부속기관, 수산과, 상공과, 광무과—부속기관, 토지 조사
과, 지질 조사소, 연료 연구소, 상품 진열관

법무국:

민사과, 형사과, 감옥과

학무국:

학무과, 편집과, 역사 유물 조사과, 종교과, 박물관, 관측소—부속기관

경무국:

경무과, 고등경찰과, 보안과, 위생과, 이출우 검역소移出牛檢疫所

소속 관서

중추원:

서무과, 조사과

도정부:

도지사 비서실, 내치부, 재무부, 경찰부, 부–군–도, 자혜의원, 경찰서

경찰관 강습소

통신국:

서무과, 조사과, 회계과, 토목과, 전기 사업과, 해사과–부속기관, 특수 수력발전 조사과, 우편환 및 저금 조사실, 우체국–부속기관, 고용인 훈련소, 해원海員 양성소

해양 법원

전매국:

서무과, 관리과, 제조과, 부속 사무소

세관:
서무과, 감독과, 관세과, 조사과, 부속 사무소, 해안 경비소

재판소:
대법원-검찰청, 항소법원-검찰청, 지방법원-검찰청, 지방 부속 재판소

교도소-지국

공탁국

벌목 사업소:
서무과, 관리과, 제재소, 부속 사무소

국립 종합병원:
의학부, 약학과, 서무과, 간호사 및 산파 훈련소

정부 자선 보호시설:
양육부, 맹인 및 농아부, 서무과

시범 농장:
시범 농장 지국, 잠사 시험장, 여성 잠사 학교

중앙 시험소
축우 질병 혈청 제조소
수산 시험장
임업 시험장

공무원

임명과 봉급

한국 내 국가 공무원의 임명은 아주 상세한 규약에 따라 이루어지며 이들 규칙과 규정은 대체로 일본 제국의 업무 방침을 따른다. 지원자를 대상으로 하는 하급 및 고급 관리 시험에 대한 규정을 비롯하여 봉급과 수당, 승진, 연금, 휴가 및 공무원의 임명과 사임, 해고에 대한 규정도 명시되어 있다.

공무원은 직위와 등급으로 분류된다. 최고 직위는 신닌Shinnin(친임親任)과 초쿠닌Chokunin(칙임勅任)이고 다음이 쇼우닌Sonin(주임奏任)이며, 조선총독부 소속 공무원 직위 중 가장 낮은 것이 한닌Hannin(판임判任)이다. 동일 직위 내에서 낮은 등급에서 높은 등급으로 승진되고 낮은 직위에서 높은 직위로 승진된다. 쇼우닌(주임) 직위 공무원의 임명, 사임, 해

총독부 소속 인원

아래 표는 총독부 각 행정 부서에 소속된 관리의 수를 보여 준다.
수치들은 1922~1923 회계연도에 근무한 관리의 수를 나타낸 것이다.

	고급 관리	하급 관리	합계
총독부:			
총독관방	52	361	413
내무국	8	32	40
재무국	11	51	62
식산국	48	226	274
법무국	5	20	25
학무국	11	35	46
경무국	24	49	73
총독부 합계	159	774	933
소속 관서:			
중추원	3	9	12
고등 토지 조사 위원회		1	1
임야 조사 위원회	5	6	11
통신국	51	1,502	1,553
전매국	35	401	436
세관	11	345	356
대법원	12	5	17
1심 · 2심 재판소	258	650	908
감옥	22	140	162
관립 고등학교	84	266	350
도정부와 부속 기구	487	4,853	5,340
영림창	11	147	158
국립 병원과 자선 기관	22	47	69
평양 석탄 광산	4	13	17
시범 농장	12	37	49
시험장	10	39	49
경찰관 강습소	5	7	12
소속 관서 합계	1,032	8,468	9,500
총계	1,191	9,242	10,433

고를 위해 총독은 일본 내각 총리대신을 통해 일본 황제의 동의를 받아야 하지만 가장 낮은 직위인 한닌(판임)은 총독 재량으로 임면 등이 이루어진다.

공무원의 전체 봉급은 정규 급료와 (식민지 업무에 대한) 수당으로 이루어진다. 신닌(친임)과 초쿠닌(칙임)직의 연간 총 봉급 범위는 많게는 총독에게 지급되는 1만 2,000엔에서 적게는 지방법원의 검사장이나 전문학교 학장에게 지급되는 6,300엔에 이른다. 쇼우닌(주임)직의 봉급 범위는 1,260엔에서 6,300엔 사이이고, 한닌(판임)직은 고용 성격에 따라 652엔에서 3,840엔 사이로 봉급이 책정된다.

앞서 언급한 급료에 더해 세 종류의 특별수당이 지급된다. 먼저 거주지가 제공되지 않는 경우 거주 수당이 제공되고, 거의 현금 지불 경비와 유사한 여행 수당과 상여금이 지급된다. 상여금 지급률이 정해지지는 않았으나 대체로 한 달 급료의 80%에서 100% 사이이다. 일반적으로 급료가 적을수록 상여금 지급률이 높다.

연금

연금 규정은 너무나 상세하여 이 책에서 자세하게 설명할 수는 없다. 연간 연금은 퇴직 당시의 급료와 근속 연수를 근거로 정한다. 근속 연수가 15년 초과 16년 미만인 퇴직 공무원이 받는 연금은 퇴직 당시 연봉의 3분의 1이다. 매년 근무 연수가 추가됨에 따라 최고 40년까지, 연봉의 150분의 1이 추가된다.

연금은 공공 기금에서 지급되지만 한닌(판임) 직급 이상의 공무원들은 연봉의 1%를 연금 기금으로 내야 한다.

공무원이 15년 근속 후 사망한 경우나 근속 연수가 15년 미만인 공무원이 업무 수행 중 사망한 경우, 혹은 퇴직 후 연금 수령 기간에 사망하는 경우 등을 다루는 특별 규정도 만들어져 있다. 이런 규정에서는 사려 깊은 관용이 나타나는데 다른 정부들도 이 같은 관용을 모방하는 것이 바람직할 것이다. 앞서 언급한 상황에서 지급되는 연금은 부조금으로 분류된다. 금액은 고인이 사망 당시 수령했거나 수령하기로 예정된 연간 연금액의 2분의 1로 정해져 있다. 그러나 공무 집행 중이나 공무 집행으로 인해 사망한 경우 수령 금액은 연간 연금액의 5분의 4로 늘어난다. 전쟁이나 이에 상응하는 사고로 인한 상해나 질병으로 사망한 경우 생존한 수혜자에게 연금의 총액이 지급된다.

고인의 가족들은 부조금을 청구할 수 있는데, 아래와 같은 순으로 우선권을 갖는다. (1)아내, (2)미성년 자녀(상속인으로서 권리 순으로), (3)남편(고인이 기혼 여성인 경우), (4)부친(고인이 입양 자녀인 경우 시부(장인)의 권리가 생부보다 우선), (5)모친(위와 동일한 조건), (6)성년 자녀, (7)조부, (8)조모.

한일합방 당시 한국인 관리의 처우에 대해 특별 규정이 만들어졌는데, 이로 인해 한국인 관리는 일본인 관리보다 불리한 입장에 놓이게 되었다. 사이토 총독은 임명된 직후 칙령에서 발포한 비차별 정책에 따라 한국인 관리의 지위와 봉급에 관한 규정을 철폐했고, 대신 일본인 관리에게 적용되는 것과 동일한 규정을 적용함으로써 그때까지 행정 사무에 방해가 되었던 불만을 제거했다. 동시에 교육 규정도 개정하여 한국인 교사들에게 공립 보통학교의 교장으로 임명될 자격을 주었다. 공립학교 교장직은 1919년 10월까지 엄격하게 일본인으로만 채워졌던 자리였다. 그 이듬해 그때까지 남아 있던, 한국인 판사와 검사의 권한을 제한하던 규정이 폐지되었다.

제 5 장
정부 조직 2

II. 지방행정

1919년 사이토 자작이 총독으로 취임하면서 시작된 새로운 정책 가운데 가장 중요한 요소 중 하나는 행정 분권이었다. 사실 새로운 정책의 핵심은 한국인들이 한국의 정치적 상황과 조화를 이루며 최대한 자신들의 공공 행정 업무에 참여하는 것이라고 할 수 있다.

나는 한국 내 지방자치의 확대에 대해 설명하고 있는 많은 자료를 앞에서 제시했지만, 이 문제는 조선총독부의 영문 보고서 『조선 행정 연보(1922~1923)』에서 아주 상세하고 분명하게 다루고 있으므로, 필자는 사실상 그 보고서를 그대로 가져와 이번 장 전체에서 사용하고 있다.

서론

1910년 한일합방 이전에 한국의 행정구역은 아주 혼란스러운 상태였다. 도道, 부府, 군郡, 면面 외에도 경찰기관이나 금융기관과 같은 여러 지역 기관들이 있었고, 일본 거류민을 위한 거주지, 일본인 자치 지역, 외국인 거류지, 중국인 전용 거류지와 일본인 학교 조합 지구 등이 있었다. 이들 간의 다양한 관계로 인해 지방행정이 통일되거나 효율적으로 운영되지 못했고, 합방 당시 이러한 차이점들이 모두 동시에 조정될 필요가 있었다. 그러나 모든 것들이 불안정한 시기인 과도기에는 급격한 변화를 가능한 자제했다. 특히 거류지 제도 처리 문제는 해결되지 않은 채 계속 남아 있었는데, 관련 당사국 간에 신중한 협상을 거쳐야 하는 문제였기 때문이다. 따라서 총독부가 설치되었을 때 지방 행정조직의 전반적인 개혁을 위해 처음으로 취해진 조치는 모든 지역 거류지와 지역 금융 지구를 폐지하고 대신 각 도에 재무부를 설치하고 도 아래 부와 군의 부윤府尹과 군수郡守에게 재무 업무에 대해 부분적으로 감독권을 준 것이었다. 이 같은 조정이 실시되었을 때 지방 행정조직은 13개 도청道廳, 12개 부청府廳, 317개 군청郡廳 및 4,322개 면사무소로 구성되어 있었고, 각각 도지사, 부윤, 군수, 면장面長이 통솔했다.

부, 군, 면의 행정 경계는 합방 이전과 상당 부분 비슷하게 유지되었지만 지역, 인구, 자원에 있어 눈에 띄는 차이점도 있었다. 특히 면 지역에서 그 차이가 더욱 두드러졌는데 일부 면은 과도한 세금 부담을 지고 있어서 행정 업무를 수행하는 데 있어 상당한 어려움을 겪고 있었다. 신중하게 조사 검토한 후 지방행정의 통일성과 편의성을 더욱 확보하기 위해 일부 면은 통합하고 다른 면은 경계를 재조정하기로 결정했다. 그에 따라 각 부는 인접한 면에서 분리하여 자연적 경계로 범위를 축소했고, 각 군은 인구 1만 명을 수용하는 약 40방리方里*로 제한하고 각 면의 범위는 800가구를 수용하는 약 4방리로 제한하였다. 이처럼 행정구획을 재조정한 결과 부는 이전과 동일한 12부로 유지된 반면 군과 면의 수는 각각 317군에서 220군으로, 4,322면에서 2,504면으로 줄어들었다. 이 같은 조치들은 모두 지방행정을 활성화하고 지방정부의 지출을 줄이며 국민들에게 공평한 세 부담을 보장하기 위해 시행된 것이었다.

한편 제주도와 울릉도는 본토로부터 너무 멀리 떨어져 있었기 때문에 통신의 어려움으로 인해 두 지역의 행정이 원활하게 이루어질 수

* 1방리 = 5.95평방마일(약 15.4㎢)

도	면적 (방리)	전체 면적 대비 비율	행정구역			도정부 소재지
			부	군	면	
경기도	830.83	5.8	2	20	249	경성
충청북도	480.93	3.4		10	110	청주
충청남도	525.59	3.7		14	175	공주
전라북도	553.13	3.9	1	14	188	전주
전라남도	900.41	6.3	1	22	269	광주
경상북도	1,231.16	8.6	1	23	272	대구
경상남도	797.78	5.6	2	19	257	진주
황해도	1,084.82	7.6		17	226	해주
평안남도	967.70	6.7	2	14	165	평양
평안북도	1,844.24	12.8	1	19	193	의주
강원도	2,702.79	11.9		21	178	춘천
함경남도	2,073.36	14.5	1	16	141	함흥
함경북도	1,319.19	9.2	1	11	81	나남(청진)
합계	14,311.99	100	12	220	2,504	

없었다. 이에 따라 1915년 5월, 두 지역은 별도의 행정구역으로 지정
되었고 지역 수장인 도사島司는 지역의 이익을 위하여 모든 필요한 명
령을 내릴 권한을 부여받았을 뿐 아니라 지역 경찰부장의 직책도 맡
게 되었다. 위 표는 현재 지방 행정구역의 구성을 나타낸 것이다.

도지사는 장관으로서의 중책을 맡아 법령을 시행하고 도의 행정을 감독하며 모든 공사公社들을 관리하고 도령道令을 발할 수 있는 권한을 가졌다. 이전에는 도내 경찰 조직인 경무부가 다른 지방 행정조직과는 독립적으로 존재했고 도장관(1919년 관제 개편 이전에는 도장관으로 불렸다.─옮긴이)은 도경무부에 대해 어떠한 권한도 없었다. 비록 도경무부령을 발포하기 이전에 도장관의 승인을 받아야 했지만, 지방경찰청장인 도경무부장이 경찰 사무와 위생 업무에 필요하다고 판단되는 조치를 단독으로 시행할 수 있었다. 그러나 시간이 지나고 지방행정이 발전함에 따라 도장관이 경찰 사무와 위생 업무에 대한 통제권을 가져야 한다는 점이 인정되었다. 1919년 8월 헌병경찰제도가 폐지되었을 때 경찰 통제권은 도지사의 권한으로 양도되었고, 각 도에는 제3부가 만들어져 경찰, 의료, 위생 관리들로 구성되었으며 제3부는 후에 경찰부로 개칭되었다.

통치권이 이양되는 과도기에는 행정 업무의 전반적인 통일성과 일관성을 특히 중요하게 다뤘고 중앙집권 정책이 충실하게 유지되어 도장관의 권한이 조금 제한적이었다. 지방행정이 발전함에 따라 매년 행정 업무가 더욱 증가하였고 이 같은 중앙집권 정책의 효율성이 눈에 띄게 줄어들자 지방분권 조치가 점차 채택되었고 1919년 8월 전반적인 관제 개편 이후 도지사에게 주어지는 권한이 단계적으로 확대되었다.

합방 이후 기존 제도를 개정하는 것과 관련하여 신중한 조사가 이루어졌고, 1914년 3월 관계 당사국들과 합의하여 외국인 거류지를 폐지하는 것이 가능하다고 밝혀졌다. 다음 달 4월에 도시 지역인 부府와 학교 평의회와 관련된 새로운 규정이 시행되었다. 이에 따라 양자는 법인으로 인정되었고, 외국인 거류지의 관구管區는 해당 부府의 관구에 통합되었고 일본 아동 교육과 관련한 모든 사업은 각 부 관구 안에서 조직된 학교 조합에 맡겨졌다. 이런 방식으로 지방행정제도의 조정과 통일이라는 오랜 현안에 있어 만족스러운 성과를 얻게 되었다.

행정제도 개편 결과 지금까지 관계 당사국의 영사 대표들이 담당했던 영대차지권永代借地權 등록 문제와 관련한 모든 사무가 법정에서 다뤄지게 되었다. 영대차지권은 특수 물권이기 때문에 그에 상응한 소유권 규정이 적용되었고, 다른 법률적 권리의 대상이 될 수 있다고 인정되었다. 또한 영대차지권을 보유한 외국인에게는 임대권을 실질적 토지 소유권으로 전환할 수 있는 선택권이 부여되었고 그러한 전환을 원하지 않는 사람들에게는 실질적 토지 소유자와 동일한 수준의 세금과 기타 공공요금을 부담하도록 했다.

지방행정 개편 시행 이후 관공서의 다양한 업무에서뿐 아니라 사회 모든 부문과 제조업, 교육, 통신, 상업 등에서 꾸준한 발전이 이루어졌다. 특히 주목할 점은 지역의 중요성이 최근 확대되었다는 것이다. 따라서 총독부 관제를 개편하는 과정에서 더욱 과감한 행정개혁을 단행하고, 특히 권력의 지방분권화를 목표로 향후 지방자치제도를 굳건하게 확립하자는 결론을 내렸다. 그에 따라 이 같은 목표에 부합하는 첫 번째 조치로 1920년 7월에 기존 지방행정제도가 추가로 개정되었다. 그 내용은 지방 재무와 기타 주요 문제에 관한 조언을 제공하기 위한 것으로 임명이나 선출된 회원들로 구성된 자문 위원회를 공공 법인에 제공하는 것이었다. 이 같은 자문 위원회를 통해 국민의 정서가 지방행정에 반영될 것이고 점차 더욱 완벽한 지방자치 체제로 발전될 것으로 기대된다.

지방 협의회의 구성

1년 정도 신중하게 연구한 끝에 1920년 7월 29일 마침내 개편된 지방행정제도가 공포되었고, 도·부·군·면 행정조직을 위한 자문기관이 구성되었다. 물론 이 기관들을 진정한 의미의 지방자치 기관으로 보기는 힘들었다. 왜냐하면 아직까지는 조선이 완벽한 지방자치제도를 즉각 실시할 수 있는 상황이 아니었고, 국민들이 익숙하게 공무를 처리할 수 있도록 훈련받는 과정이 필요했기 때문이었다. 그런데도 이들 기관이 구성된 것은 올바른 방향으로 나아가는 중요한 출발로 여겨졌다.

지금까지 조선에서 시행된 지방행정제도는 주요 도시 지역에 부府를 두고 농촌 지역에 가장 낮은 지방 행정단위인 면面을 두는 것이었다. 또 한국 아동의 교육을 위해 설립한 '공립보통학교비'라 불린 기구와 일본 아동의 교육을 위한 학교 조합, 그리고 관개를 책임지는 수리조합 등도 있었다. 이 중 학교 조합과 수리조합만이 자치 기구의 성격을 띠고 있었다. 부에는 자체 자문기관이 있었지만, 특별히 지정된 면에도 자문기관이 있었고, 이들은 상대적으로 적은 인원으로 구성되었다. 자문 위원 모두 정부에서 임명한 사람들이어서 실제로 국민의 요구와 생각을 반영했다고 볼 수는 없었다. 또한 부윤府尹은 항상 정부 관료 신분이었고 심지어 면장面長도 정부에서 임명했다. 당시 도정부 지출은 도지사가 단독으로 감독한 반면 공립보통학교비는 부윤 및 군수, 도사島司가 관리했다. 각 도道에는 정원 3인의 자문기관을 두었고 각 부와 군, 도島에는 정원 2인의 자문기관을 두었는데, 자문 위원 모두 정부가 영향력 있는 몇몇 인사 가운데서 임명한 사람들이었다. 자문 위원은 단순 명예직인 데다 그들 역시 국민 정서를 대변하는 사람들이라고 볼 수 없었기에 국민의 의지가 반영될 수 있는 방향으로 지방제도가 개정될 필요가 있었으므로 다음과 같은 방식으로 이루어졌다.

부 자문기관을 개편할 때 자문 위원을 정부에서 임명하는 대신 일반투표로 선출하기로 정했고, 이와 함께 모든 면에 자문기관을 두어 재정이나 중요 사안을 논의하도록 했다. 그러나 한국인들에게 대체로 선거는 생소한 제도였기 때문에, 예외 없이 모든 면에서 투표가 시행된다면 이로 인해 끝없는 논쟁과 혼동을 초래할 수 있었다. 따라서 특별히 선별된 몇몇 면에서만 일반투표로 자문기관의 위원들을 선출하고, 다른 면에서는 자문 위원의 임명을 군수나 도사의 재량에 맡기도록 결정했다. 군수나 도사 등은 지역 내 영향력 있는 주민들의 의견을 고려하여 자문 위원을 임명했다.

이른바 공립보통학교비는 한국 아동에게 초등교육을 제공하기 위한 목적만 수행했다. 그러나 한국 전역에서 한국인들의 보통교육과 관련된 모든 사무를 처리하기 위해 새로운 규정이 만들어졌다. 학교비를 충당하기 위해 당국은 학교세를 부과하고 노동이나 물품을 징발하며, 지대地代를 징수하고 공채를 모집하며 또한 지속적으로 지출 계획을 수립할 수 있는 권한을 부여받았다. 그리고 자문기관으로 학교 평의회가 구성되었다. 도시 지역인 부에서는 일반투표로 학교 평의회 회원을 뽑는 반면 군이나 섬 지역에서는 지역 협의회에서 선출된 후보들 가운데 회원을 임명했다.

또한 도 예산이나 기타 문제들을 논의하는 자문기관으로서 도 평의회를 두었는데, 평의회 회원들은 학식과 명성이 있는 사람들과 부 협

부 지역

	투표자 수	투표 수	비율	선출된 회원 수
일본인	6,251	5,486	88	134
한국인	4,713	3,122	66	56

면 지역

	투표자 수	투표 수	비율	선출된 회원 수
일본인	1,399	1,224	88	130
한국인	1,623	1,198	73	126

의회나 면 협의회에서 선출된 후보들 가운데 도지사가 임명한 사람들로 구성되었다.

개편된 지방행정제도는 1920년 10월 1일부터 시행되었고, 부와 특별 지정한 면 지역의 자문기관 위원들을 선출하는 선거는 다음 달인 11월 20일에 실시되었다. 처음에 한국인들은 조금 무관심한 반응을 보이는 듯했고, 많은 사람들이 선동자들의 선동적인 이야기에 속아 넘어갔다. 그러나 선거일이 다가올수록 일본인의 선거 유세에 자극받아 한국인들도 투표에 많은 관심과 열정을 보이기 시작했다. 많은 사람들이 후보자로 등록했을 뿐 아니라 선거가 무사히 진행되었다. 왼쪽 표는 12개 부와 특별 지정된 24개 면에서 시행된 선거 결과를 나타낸 것이다.

선출된 회원들은 대부분 지역 내 지도급 인사들이었다. 특히 높이 살 만한 사실은 선출된 한국인들이 모두 온건한 사고를 가지고 새롭게 부각된 인물들이라는 점이었다. 또 하나 주목할 만한 사실은 일본인들 간의 합의로 일본인 후보자의 수를 제한했고, 상당수 한국인들이 일본인 후보에게 투표한 반면 선출된 몇몇 일본인들이 자신들 다음으로 많은 표를 얻은 한국인에게 자리를 양보했다는 것이다.

얼마 지나지 않아 특별 지정된 면 외에 다른 면의 자문 위원회 회원들이 임명되었고, 이런 식으로 모든 부와 면의 자문 위원회 회원 선출과 임명이 성공적으로 끝났다. 도 평의회뿐만 아니라 부, 군, 도島 지역의 학교 평의회 회원들에 대한 선거와 임명 모두 1920년 12월 20일 성공적으로 끝을 맺었다. 다음 표는 이들 지방 자문 위원회가 어떻게 구성되어 있는지를 보여 준다.

개편 후 최초로 1921년 2월과 4월 사이에 지방행정 체계 내에서 이들 평의회의 회의가 개최되었다. 각 회의는 참석률도 높았을 뿐 아니라 아주 성공적이었다. 논의는 열정적이고도 순조롭게 진행되었다. 회의가 진행되는 동안 모두 협조적인 태도를 보이며 국민의 뜻을 반

부 지역

	임명된 회원 수	선출된 회원 수	합계
일본인	63	24	87
한국인	56	219	275
합계	119	243	362

영하는 많은 질문과 의견을 당국에 개진했으며, 이에 대해 정부 당국은 극히 성실한 태도로 응했다. 전체적으로 관계자 모두 평의회 회의에 크게 만족했다.

지방행정 조사

이전에 한국에는 지방행정을 조사하고 관리의 학정을 감시하기 위해 암행 임무를 수행하는 관리를 두는 제도가 있었다. 조선왕조 때 뛰어난 제도로 칭송받았지만, 암행어사들이 종종 지방 관리의 비행을 자신의 이득에 이용하면서 권력을 남용하곤 했다. 1907년 사법부와 행정부가 명확하게 분립되면서 관리들은 더 이상 권력을 남용하거나 국민들을 박해할 수 없게 되었다. 그러나 지방 공무가 급격하게 증가했을 뿐만 아니라 사실상 더욱 복잡해졌다는 점과 지역 여건에 더욱 적합한 방식으로 행정을 수행할 수 있도록 도지사의 권한이 더욱 확대되었다는 점을 고려할 때 실제로 지역 상황에 적합하게 행정 업무가 시행되었는지, 도지사들이 공공복리 증진을 위해 기여했는지 등을 판단하기 위해 도지사 업무를 철저하게 감찰할 필요가 있었다. 그와 함께 새로운 행정 정책이 최대한 효율적으로 시행되고 국민 정서를 충분히 파악할 수 있도록 중앙정부와 지방정부 간에 더욱 밀접한 관계를 보장해야 했다. 이와 같은 이유에서 2인의 총감독관과 5인의 특별 비서관, 많은 사무직원들로 구성된 지방행정 조사단이 구성되었다.

지방 재정

현재 도道 세입은 주로 지세와 시가지세市街地稅에 추가로 과세하고 가옥세, 시장세, 도축세, 어업세, 선박세, 차량세 등을 부과함으로써 확보하고 있다. 국고 보조금과 정부 사업에서 발생하는 수익금도 이들 세입의 원천으로 추가되어야 했다. 그리하여 획득된 세입은 지방의 교육, 위생, 공공사업, 산업 발전 등을 위한 지출 경비로 사용되었다. 또한 일본 제국 기부금(총독부는 이를 임시 은사금이라고 불렀다.-옮긴이)의 이자에서 발생하는 약간의 수입도 있었는데 이는 주로 자선사업 용도로 사용되었다. 지방세 지출 범위와 관리는 일본 본토와 동일한 수준으로 시행되었지만, 지방경찰과 지방관청의 지출 경비는 모국과는 달리 재정 상황을 참작하여 여전히 도 예산이 아닌 국고에서 부담했다.

지방 재정 예산은 다음의 표에 나타나 있다.

1925년부터 1926년까지 지방 재정 예산은 세입을 2,256만 7,529엔으로 예비 추정하고 있고 지출 계획은 그 수치와 균형을 이루고 있다. 지출에서 가장 두드러지게 증가한 것은 교육 부문 지출로 700만 엔까지 늘어났고, 공중위생과 병원 부문 지출은 200만 엔까지 증가했다. 후자의 경우가 특히 더 중요한데 공중위생 부문에 대한 지방정부 지출이 1922년 21만 2,000엔에서 1926년에는 거의 10배까지 증가했기 때문이다.

세입 부분에서는 한 가지 항목에 대해 설명할 필요가 있는데 바로 일본 제국 기부금 이자 수입이다. 총 3,000만 엔에 달하는 이 기부금은 합병 당시 일본 제국 재무성에서 한국에 제공한 것이다. 총 1,739만 8,000엔이 생계 수단 제공 사업, 교육 사업, 구제 사업 등을 시행하는 재원으로 부와 군 지역에 할당되었다. 이 기금은 영구적으로 도지사가 관리하도록 되어 있었고, 기금에서 1년마다 발생하는 총 86만 9,900엔의 이자는 위에서 언급한 사업에 각각 6:3:1의 비율로 할애되었다. 이 사업들은 지방의 실제 상황에 맞게 신중하게 선택된 것으로 가능한 한 광범위하게 시행되도록 하였다.

지방 재정 예산

(단위 기준은 엔. 1엔은 50센트에 해당)

항목	1923	1922	1910
세입:			
지세 및 시가지세 대한 추가 과세	4,775,288	4,361,898	605,427
가옥세	4,817,992	4,801,493	
시장세	593,924	581,388	137,535
도축세	664,622	684,630	241,347
어업세	158,181	151,089	
선박세	1,142	3,119	
차량세	541,729	432,238	
제국 기부금 이자 수입	917,439	937,293	
중앙정부 보조금	2,804,691	3,618,778	235,427
이월금	1,714,847	1,360,725	56,390
기타 세입	2,445,735	2,361,005	33,644
합계	19,435,590	19,293,656	1,309,770
세출:			
토목	5,199,480	4,911,100	303,464
산업 발전	4,758,504	4,310,867	104,458
생계 수단 제공	1,481,697	1,340,684	
교육	5,581,195	6,698,395	164,238
위생과 병원	296,273	211,922	35,281
구제와 자선	31,304	33,880	3,600
지방 자문 위원회	81,820	83,671	
사회사업	359,798	485,902	
제국 기부금으로 이월되는 돈	56,317	75,835	
기타 사업	954,611	771,794	135,265
예비금	334,591	369,606	
합계	19,135,590	19,293,656	746,306

세출 부분에서는 지방정부의 지출 사업이 다섯 가지 항목, 즉 (1)토목 사업, (2)공중위생과 병원, (3)구호와 자선, (4)산업 발전, (5)교육에 해당한다는 것을 주목해야 한다. 토목 사업은 주로 도로 건설 및 보수, 강, 항구, 수리, 관개, 개간 등과 관련된 것이다. 공중위생 사업은 주로 종두種痘, 도축 위생 검사, 격리병원 설립, 공중 우물과 거리 변소 설치 등을 담당하고 있다. 구호와 자선 사업은 거리의 병자나 죽어 가는 사람, 가난한 사람들을 돌보는 일이다. 산업 발전 사업은 농업, 양잠업, 임업, 어업, 방직업, 제지업 등과 같은 지역 산업 발전을 담당하며 농업 발전을 위해 일본 본토를 본따서 모든 도道에 육종 연구소를 두었다. 이들 연구소는 다양한 종을 이용한 실험을 진행하고 농부들에게 개량한 종자, 묘목, 가축 등을 배포하고 농업에 필요한 교육을 제공하고 동일한 품질 보증을 위해 수출용 쌀과 콩에 대한 검사를 실시하고 농촌 지역 사람들에게 실질적인 도움을 주는 순회 기술 전문가를 파견했다.

또한 경제 작물로서 미국 면화와 사탕무 재배가 광범위하게 장려되었다. 조선의 기후 환경이 양잠업에 아주 적합하여 공식적인 장려 정책으로 이미 놀랄 만큼 좋은 성과를 냈지만 양잠업의 추가적인 발전을 위해 우수한 종의 누에를 생산하기 위한 종묘장이 설치되었다. 그리고 누에에 해를 입히는 병을 막고 누에씨와 뽕나무의 판매를 관리하기 위한 연구소가 세워졌으며, 더불어 농부들에게 양잠 개량을 위한 적절한 제안을 하기 위해 현장 전문가를 파견했다. 임업과 어업 부문에서는 해당 분야 종사자들을 교육할 많은 전문가들이 특별히 임명되었다. 마지막으로 교육 부문에서는 중등교육 단계인 농업·공업·상업 학교가 설립되었고 일본 제국 기부금에서 나온 보조금으로 초등교육 사업도 실시했다.

원래 일본 제국 기부금으로 시행되는 사업은 세 가지였으나 급변하는 사회적 여건을 고려하여 다양한 사회사업이 추가되었다. 재난 발생 시에는 구호 사업을 시행했는데 피해자들에게 종자 곡물, 식료품, 오두막, 농기계 등을 지급하는 방식으로 원조했다. 교육 사업의 목표는 원칙적으로 초등학교에 보조금을 지급하는 것이었다. 생계 수단을 제공하는 사업은 주로 고정된 직업이나 재산이 없는 사람들을 대상으로 하여 그들이 영구적인 일자리를 얻을 수 있게 하는 것이었다. 예컨대 너무 가난하여 양잠 학교에 입학할 수 없는 사람들에게는 기숙사비를 지급하고 교육 과정을 성공적으로 마친 사람들에게는 자립할 수 있도록 자금을 지원했다. 사회사업으로 공설 시장 설립, 전당포, 목욕탕, 하숙집, 세탁소, 대중식당, 노동 사무소, 병자를 위한 무료 치료소, 고아 보호 사업 등을 대대적으로 시행했다.

부府 지역

합방 당시 도시 행정 지구인 부府는 대부분 개항장에서 발견되었다. 그곳에는 일본인 자치 지구, 외국인 거류지, 기타 여러 지역 조직이 나란히 존재했으며, 각각 독자적인 체계를 구축하고 있었다. 반면 한국인과 관련된 공공 업무 관리를 위한 기관이 없었기 때문에 도시 행정을 수행하면서 많은 난관에 부딪혔다. 1914년 4월 도시 지역인 부에 대한 새로운 관제가 시행되었고, 한국인, 일본인, 외국인이 모두 하나의 동일한 제도하에 놓이게 되었다.

그런 다음 조선의 주요 도시 지역에는 법률상의 관제로 부제府制가 만들어졌고, 국가 행정구역으로 확립된 부와 일치하도록 각각의 사법 관할구가 지정되었다. 부윤府尹은 국가에서 임명했는데 직권상 주민을 대표하며 부의 모든 업무를 관리하고, 부 협의회가 자문기관 역할을 수행했다. 최근까지도 부 협의회 회원은 총독의 승인을 받아 도지사가 임명했으나 조선총독부 관제 개편 결과 시대의 요구에 따라 지금은 일반투표로 회원을 선출하고 부 협의회가 실질적으로 일반 대중을 대표할 수 있게 되었다.

부의 재정 지출은 원칙적으로 지대, 납부금, 공공재산에서 발생하는 수입으로 충당했지만 그것으로는 부족하여 현재 가장 주요한 세입 원천은 지방세가 되었다. 지대 및 납부금 수입, 지방 공채, 국고 및 지방 보조금 순으로 그 뒤를 따르고 있다. 지방세는 시에서 부과하는 시가지세市街地稅에 추가 징수되는 세금과 지방 건물세, 그리고 사업세와 주택세가 주를 이루는 특별세로 구성되어 있다. 이러한 세금을 부과할 때는 주민들 특히 한국인들의 과세 부담이 지나치게 늘어나지 않도록 주의를 기울였기 때문에 전반적으로 불만의 소리는 거의 나오지 않았다. 반면 지방세에서 발생하는 수입이 매년 늘어나 부의 재정이 현재 아주 여유로운 상태라고 해도 무방할 것이다.

한국 내 12부의 연간 세입 총액은 1918년 약 200만 엔에서 1922년에는 약 800만 엔으로 증가했고, 예상 세출도 이들 수치와 균형을 이루었다. 실제로 세입이 세출을 초과했고 1923년에는 총 171만 4,847엔에 달하는 상당한 세입 초과가 나타났다.

부 세입의 가장 주요한 단일 원천은 부세府稅였다. 1922년 가구당 평균 부세는 14.3엔이었다. 그러나 이러한 평균 수치가 실질적인 부세 부담 범위를 반영하는 것은 아니었다. 과세표준이 아주 세밀하게 짜여져 있어서 한국인에 비해 일본인과 외국인이 가구당 더 많은 세금을 납부해야 했기 때문이다. 1922년 가구당 세금으로 외국인은 26.1엔, 일본인은 32.4엔, 한국인은 5.2엔을 각각 납부했다.

부에 의해 시행되고 관리되어야 하는 사업들이 많이 있었지만 주민들, 특히 한국인들에게 갑작스럽게 부담을 늘리는 일은 가능한 한 자제했다. 가장 시급하게 처리되어야 하고 상당한 지방정부 지출을 요구하는 사업들은 공채公債를 모집하여 시행되었다. 부에서 시행한 가장 중요한 사업들은 (1)수도 사업, (2)하수도 사업, (3)종합병원 및 격리병원 설립, (4)사회사업, (5)거리·도로·교량 건설 및 보수와 청소, 도살장·묘지·화장장·시장·공원·부사무소·공공 도서관의 보수 및 관리와 소방대 유지 등이었다.

면面 지역

구한국 정부 시절에는 나라 전체에 걸쳐 면 행정이 아주 혼란스러운 상태였다. 공무와 개인 사무가 제대로 구별되지 않았을뿐더러 지방세 징수와 인구조사 외에는 면의 행정 업무가 거의 이루어지지 않았다. 이에 따라 현 정부는 1910년 출범하자마자 지방 관제를 발포했다. 여기에는 면장面長에 대한 구체적인 규정이 포함되어 있었다. 지방 관제에 따라 면장은 면의 행정 업무 수행에 있어 군수를 보좌하는 역할을 수행했으며, 필수적으로 공무를 수행할 사무실이 제공되었다. 자신의 집에서 일할 경우에는 따로 방을 두어 공무를 집행하도록 했고, 면사무소에는 상임 서기를 임명하도록 하였다. 이후 각 군郡에서는 이따금 면장 회의가 열리고 면 서기 협회가 구성되면서 각 면에 대해 보다 나은 행정관리를 보장할 수 있게 되었다.

이전에는 봉급과 면사무소 경비 외에 지출에 대해 어떤 권한도 면에 부여되지 않아 사실상 공공사업을 수행할 재정적 능력이 없는 상태였다. 면의 발전을 위해 가장 필요한 사업들은 다양한 사설 조합이나 공동 작업의 형태로 시행할 수밖에 없어서 행정적 통일성이 부족한 문제점이 두드러졌다. 이에 따라 1914년 지방 재정 개편으로 면의 수를 반으로 줄였고, 면의 사무 처리와 대중적 여건이 점진적으로 향상되고 있음을 고려하여 1917년 새로운 면 제도가 마침내 시행되었다. 사실 이 새로운 제도의 시행은 지방행정의 역사에 있어서 획기적인 사건이라 할 수 있었다. 왜냐하면 이를 통해 면이 어느 정도 중요한 공공 기관이라는 것을 처음으로 분명하게 인식했기 때문이다.

새로운 제도에 따르면 면은 가장 낮은 행정구역이며, 관할구 내 모든 공공사업을 처리하는 지방관청이며 면장面長이 단독 책임자 역할을 수행한다. 면사무소의 지출 경비는 면세, 수수료, 임차료 등을 통해 확보하지만, 정부에 의해 특별 지정된 면은 면 사업 경비를 위한 채권을 발행할 수 있고, 4인에서 8인의 명예 자문 위원들이 고문으로 임명되었다.

1919년 총독부 관제 개정 이후 기존의 면 제도를 추가로 개편하는 것이 타당하다고 인식되었고, 1920년 7월 추가 개편이 단행되었다. 가장 중요한 개정 사항은 모든 면에 자문기관으로 새로이 면 협의회를 구성하는 것이었다. 면 협의회 회원은 면에서의 지위에 따라 선출 혹은 임명되었고 면의 재정에 대해 논의하는 것이 주된 임무였다.

현재 특별 지정된 41개 면을 포함하여 전국에 총 2,504개의 면이 있다. 1919년 면의 지출 총액은 약 609만 3,000엔으로 나타났고, 이것이 1922-23 회계연도에는 거의 1,665만 4,000엔까지 증가했는데, 주로 면에서 책임지고 있는 다양한 사업을 지속적으로 확대했기 때문이었다. 대부분의 면에서 공통적으로 시행하고 있는 공공사업은 (1)도로와 교량 건설 및 선착장과 강둑 보존, (2)시장 보존과 임업, 광업 부문에서의 모범 사업 시행, (3)묘지·화장터·도살장·격리병원의 보수 및 관리와 급수, 하수도, 청소, 방역 사업, (4)소방대 유지와 홍수 대비 사업 등이었다. 이에 더해 몇몇 면은 선창 및 정박지 보수 관리, 전기 조명 설치 및 구제 사업 등을 지속적으로 수행하고 있다.

일본인을 위한 학교 조합

이전에는 일본인 자치 지구가 설치되어 있던 도시나 개항장을 제외한 지역에서는 일본인 아동 교육을 학교 조합에서 실시했는데, 이들 학교 조합은 1909년 발포된 규정에 의해 마침내 법인으로 인정받게 되었다. 일본인 자치 지구가 폐지되고 새로운 부 제도가 실시됨에 따라 모든 공공사업은 부청府廳에 이양되었다.

그러나 일본 아동을 위한 교육 대책은 해당 지방관청으로 이양될 수 없었다. 지방관청에서는 한국인과 일본인을 동일하게 책임지고 있었지만 두 민족의 상황과 언어가 서로 달라 향후 얼마 동안은 동일한 교육 방법을 적용할 수 없었기 때문이다. 이와 같은 점을 고려하여 학교 법인에 대한 규정이 개정되어 각 도시 부 지역에 학교 조합을 조직하고 이 학교 조합에서 일본인 교육 문제를 담당하도록 정했다.

개정된 규정에 의하면 학교 조합은 일정한 자격을 가진 일본 주민들로 구성되었다. 다른 정부 관청과는 대조적으로 학교 조합은 자치적인 성격을 띠고 선출된 6~18명의 회원으로 구성된 평의회를 두고 있었다. 조합의 관할 지역이 부 지역을 포함하는 경우 부윤이 직권상 학교 조합의 감독자 역할을 맡고, 그 외에는 도지사가 명망 있는 일본 주민 가운데 감독자를 선출했다. 조합 감독 직책은 거의 예외 없이 명예직이었다.

학교 조합은 일반적으로 초등학교를 위해 존재했지만 도시 지역에서는 추가로 여자고등학교와 상업학교, 유치원을 위한 학교 조합들도 있었다. 1922년 3월 말 430개 초등학교, 13개 여자고등학교, 5개 상업학교와 5개 초등 상업학교가 이들 학교 조합의 관리를 받고 있었다.

학교 조합 제도는 비교적 단기간에 설립되었기 때문에 아직까지 재정 기반이 충분히 확립되지 않은 상태였다. 학교 조합의 주요 재원이 조합비에 한정되어 있어서 대부분의 경우 조합을 유지하기가 쉽지 않

	학교 조합 수	조합 구성 인원	예산(엔)	가계당 평균부과금(엔)
1922	401	342,905	5,580,526	25.23
1921	394	322,437	4,418,749	24.38
1920	384	325,483	4,354,070	21.15
1919	363	312,541	2,391,245	11.79
1918	352	304,481	1,863,264	3.93

았다. 따라서 정부는 학교 건립과 비품 구비를 돕기 위해 조합에 특별 보조금을 지급하고 또 경상비 지출로 연 1회 보조금을 제공했다. 1920 회계연도에는 유례없는 물가 상승으로 인해 인건비와 경비가 늘어나면서 조합비 역시 약 80% 정도 인상되었는데, 이로 인해 일반 회계 규모도 상당히 늘어났다. 위 표는 학교 조합들의 총예산과 지난 몇 년 동안 각 가계의 평균 부과금을 나타낸 것이다.

한국인을 위한 지방 교육 단체(학교비)

한국에 있는 일본인 아동의 교육에 대해 학교 조합이 수행한 것과 같은 역할을 한국인 아동 교육에서는 지방 교육 단체인 학교비가 수행했다.

1918 회계연도에 한국 아동을 위한 공립학교는 전국에 총 466곳이

한국 아동을 위한 보통학교

	1922	1921	1920	1919	1918
학교 수	890	753	603	498	466
정부 지출(단위 기준은 1,000엔)	13,309	10,385	8,143	2,514	1,835
학교세(단위 기준은 1,000엔)	6,511	4,766	4,377	527	195
가계당 평균 부과금(단위 기준은 1엔)	2.03	1.49	1.39	0.16	0.06

었고, 이들 학교를 위한 지출은 183만 5,000엔에 달했다. 이 가운데 단지 19만 5,000엔, 즉 전체의 약 10% 정도를 한국인들이 부담하여 각 가계의 평균 부담금은 6센*밖에 되지 않았다. 나머지는 정부 보조금으로 충당했다. 그러나 한국 국민들 사이에서 나날이 증가하는 보통교육에 대한 요구를 고려하여 1919년 '최소 세 개 면당 학교 하나씩'을 기준으로 향후 4년 이내에 학교를 400개 이상 설립한다는 계획이 수립되었다. 이로 인해 정부 지출이 상당액 증가했고 보조금 및 학교세 부담이 늘어날 수밖에 없었다.

위 표는 한국 아동을 위한 초등학교 수와 학교의 재정 상황을 나타낸 것이다.

---

* 1센sen은 0.5센트cent에 해당한다.

1918년부터 1922년 사이 한국인 초등교육을 위한 정부 지출이 거의 8배 증가했다는 점을 주목해야 한다.

초등 이상의 한국인 교육제도에 대한 정보를 알려면 제9장 '교육'을 참조하면 된다.

수리조합

농업은 한국에서 다른 모든 식산공업殖産工業을 이끌고 있었는데, 특히 중요한 것이 쌀 생산이었다. 따라서 농업을 발전시키고 이를 통해 국가의 부를 증대하기 위해 관개사업보다 더 중요한 것은 없었다. 이 같은 생각을 가지고 일본 통감은 이전에 한국 정부를 설득하여 수리조합 규정을 공포하고 조합들은 관개, 배수, 황무지 개간 등의 사업을 시행하게 되었다. 그러나 단순히 당대의 요구에 부합해 만들어진 이 규정은 곧 시대에 뒤처져 더 이상 상황에 제대로 대처할 수 없게 되었다. 그리하여 새로운 규정이 제정되어 1917년 10월부터 시행되었고, 그 결과 수리조합은 민중들의 농업 지식 향상에 맞게 바뀌었고 수리조합 제도도 강화되었다.

새로운 규정에 의해 이들 수리조합은 관개, 하수, 홍수 예방을 목표로 하는 법인으로 인정되었다. 토지, 주택, 기타 재산 소유자들은 필수적으로 회원 제도를 만들었는데 조합 회원이 관리하는 토지는 조합의 업무 현장으로 간주되었다. 조합은 각각 회장과 서기뿐 아니라 재정과 기타 주요 사안에 대해 논의하는 평의회를 두었다. 조합은 신규 사업을 위해 공채를 모집하고 회원들에게 조합을 유지하기 위한 비용을 부과할 권한을 가졌고, 필요할 경우 연합을 결성할 수도 있었다. 1919년 4월, 조합 사업을 장려하기 위해 정부는 수리조합에 보조금을 지급하는 규정을 제정함과 동시에 조합을 돕기 위한 전문 기술자를 파견하기로 했다. 또 1920년 12월에는 토지 개량 사업을 돕기 위한 새로운 규정이 공포되었고 보조금 액수도 증가했다.

1922~1923 회계연도에 현존하는 수리조합 총수는 50개였다. 이들 중 4개 조합은 한일합방 이전에 조직된 반면 나머지 46개 조합 중 38개 조합이 1919년 이후에 만들어졌다. 상세한 내용은 농업에 대한 장을 참조하면 알 수 있다.

제6장
한국의 법과 법원

역사적 사실

1895년 이전 한국에서 시행되던 법률은 중국 법을 본보기로 만든 고유한 제도였고, 현대 서구의 법 개념과 전혀 맞지 않는 사법 규칙과 소송 절차를 구체화한 것이었다.

앞으로 설명하게 될 사법 개혁을 도입하기 이전에 한국에 있던 유일한 성문법은 형법이었다. 당시 독립된 사법부가 존재하지 않아 황제의 행정관이 법을 집행했는데, 이들은 법률 교육을 거의 받지 않았거나 법 원칙에 대한 이해가 부족한 인사들이었다. 자백을 받아내기 위해서뿐 아니라 원하는 증거를 확보하기 위해 흔히 고문이 사용되는 실정이었다.

이 같은 상황에서 법 집행이 총체적으로 부정하게 이루어지고 법의 권한이 일반적으로 그것을 휘두르는 사람들의 부를 늘리거나 그 외 여러 가지 만족을 위해 사용되는 것은 당연했다. 서방 국가와 일본은 중국에서와 마찬가지로 한국에서도 자국 국민에 대한 영사재판권을 주장했다.

최초의 사법 개혁은 1895년 청일전쟁이 끝난 직후 일본인 자문관의 권고로 실시됐다. 한국 황제는 1895년 3월 25일 재판소를 구성하는 칙령을 공포했다. 그것은 왕족의 범죄 사건을 다루는 특별법원, 고등 재판소, 순회재판소, 지방재판소, 그리고 국제적 성격을 띤 사건을 다루는 개항장재판소 등의 설치를 규정하는 내용이었다. 하지만 그 칙령은 제대로 준수되기보다는 위반되었다고 볼 수 있는데, 실제로는 단지 두 개의 재판소, 즉 고등재판소와 서울(한성) 지방재판소만이 설립되었기 때문이다.

일본 통감부는 1910년 『한국의 최근 발전 동향Recent Progress in Korea』이라고 표제가 붙은 책에서 이 같은 허울뿐인 개혁에 대해 언급하며 다음과 같이 말했다.

사법부와 행정부의 분리는 오직 형식적으로만 존재하고 법 집행은 여전히 탐욕스러운 행정 관료들을 만족시키는 주요 수단이 되고 있다.

이 같은 악폐로는 부족하다는 듯 특별 조항을 만들어 부윤과 군수에게 모든 사건에 대해 판결을 내릴 수 있는 권한을 부여했다. 재판소 구성법에도 불구하고 이들 지방 관료들은 법과 무관하게 자신들의 사법적 역할을 수행했는데, 이는 재판소 구성법의 본래 취지를 심히 손상하는 것이었다. 대다수 한국인들은 통치를 하는 사람이나 통치를 받는 사람이나, 사법 절차에 대한 지식이 아주 미흡하며, 법규에 부윤이나 군수가 내린 판결에 대한 상소 청구가 명확하게 규정되어 있는데도, 지방 관료가 자신들에게 내린 판결에 불복하는 소송 당사자들은 종종 법에 정해진 바와 같이 고등법원으로 가는 대신 다른 지방 관료를 찾아갔다. 상소를 받은 지방 관료들이 그에 대해 심리를 열어 주는 경우도 거의 없었다.

경찰서 역시 종종 법원의 일부 기능을 침해했고 군부軍部와 궁내부宮內部는 때때로 임의로 사람들을 체포하거나 실제로 죄수들에 대한 판결을 내리기도 했다. 한마디로 거의 모든 행정 부서가 상벌賞罰을 주었고 무력한 일반 대중을 희생하며 이 같은 권력을 항상 남용했다. 이 같은 복잡한 사법 체계 속에서 한성 재판소와 고등(상고)재판소만이 조금 두드러지는데 이는 이들이 비교적 정규적인 조직이었기 때문이다.

1906년 일본의 통감부 설치로 인해 한국 내 전반적인 통치 상황이 바뀌게 되었는데, 이는 1905년 11월 17일에 서명된 조약의 조항에 따른 것이었다. 일본이 즉각적으로 한국 사법제도의 일부를 개혁하고 한국의 사법부와 심리 재판에 일본인 법률 자문을 배치하여 법 집행을 보장한 것은 사실이나 1907년이 되어서야 법률제도 전체를 완전 정비하는 작업을 실시했다. 일본은 1907년 7월 24일에 체결된 한일협약에 의해 이 같은 일을 수행할 권한을 가지게 되었고, 이 협정으로 인해 한국은 사실상 일본의 보호국이 되었다. 한일협약에서는 사법 사무가 여타 행정 사무와 구분되어 처리되어야 한다는 것과 한국 정부가 통감의 사전 승인 없이 법률, 법령 혹은 규칙을 제정할 수 없다는 점이 분명하게 명시되어 있다.

한일협약에 따라 1908년 8월 재판소가 설치되었고 선발된 한국인 사법 관리들과 함께 유능한 일본인들이 판사, 검사, 서기 등에 임명되었다. 그러나 한국 정부는 사법제도를 적절히 개정하는 데 필요한 재원財源을 충분히 가지고 있지 않았다. 재판소를 설치하고, 불결하고 여러 가지로 만족스럽지 못한 구식 감옥을 대체할 현대식 감옥을 건설하는 데는 많은 지출이 수반될 것으로 예상되었다. 1907년 일본 정부는 당시 숙고되었던 행정 개혁과 사법 개혁을 진척하기 위해 한국 정부가 일본으로부터 약 2,000만 엔을 차용할 수 있도록 조치를 취했다. 6년에 걸쳐 분납하며 무이자에 상환 날짜가 지정되지 않은 차관이었다. 이 돈이 사법부와 행정부 개혁에 필요한 자금으로 충분하지 않으리라는 점이 분명해지자 1909년 7월 12일 새로운 협정이 체결되었고, 한국의 사법 및 교도矯導 행정 전체가 일본에 위탁되었고 이들 업무를 개혁하고 시행하는 데 드는 모든 비용을 일본이 부담하게 되었다.

이에 따라 1909년 10월 한국 정부가 1908년 개혁을 단행하며 설치했던 모든 법원이 통감부 재판소로 변경되었고 추가로 26개 지방재판소가 새로 설립되었다. 또 일본 황제의 칙령으로 사법과 교도 행정 기구로 통감부 사법청이 만들어졌다. 1909년 말 한국에는 고등법원이 1개, 항소법원이 3개, 지방재판소가 8개, 지방재판소 지부가 9개, 구區재판소가 80개 있었다.

한국 재판소의 행정을 일본에 위탁했다 해도 일본법을 한국인에게 적용할 수 있었던 것은 아니며 통감부 재판소들은 한국법에 준거하여 법을 집행해야 했다. 한국에 거주하는 일본인들은 여전히 영사재판권의 대상이었고, 치외법권治外法權을 제공하는 조약을 한국과 맺은 나라의 국민들도 마찬가지였다. 영사재판권은 일본이 한국을 합병하여 한국의 헌법상 위치가 완전히 변화된 1910년에 모두 소멸되었다. 당시 채택된 일반적인 법률 원칙은 일본법이 한국에 적용되어야 한다는 것이었지만 양국의 사회적 여건이 크게 상이하다는 점을 고려하여 재판소들은 민사소송 당사자가 한국인인 경우 적용할 수 있는 일본법이 분명하지 않을 때 한국의 법령을 적용할 권한을 가지게 되었다. 한국인과 다른 나라 국민들 사이에 일어난 민사소송의 경우 관습과 관례와 같은 조건을 공정하게 고려하면서 일본법을 적용해야 한다고 규정되어 있었다.

형법의 경우 살인이나 한국인에 의한 무장 강도 사건을 제외하고는 일본법이 적용되었다. 이 같은 예외를 둔 것은 이러한 종류의 범죄가 당시 너무 빈번하게 발생했고 범행 방식이 극히 잔인하여 이를 억제하기 위해서는 일본법에 규정되어 있는 관대한 형벌보다 한국법 규정을 따라 더 엄한 처벌을 하는 것이 더욱 적합하다는 판단을 내렸기 때문이다.

경범죄의 경우 한국인에 한해 통상 한국식 처벌인 태형이 존속되었지만 죄인이 여자나 16세 미만 소년, 60세 이상 노인인 경우와 선고 당시 병이 들었거나 정신이상인 경우에는 예외로 두었다. 형벌로 매질을 하는 것은 1920년에 완전히 폐지되었다.

새로운 제도가 시작되었을 때 일본인 재판관과 한국인 재판관의 담당을 구분했는데, 한국인 재판관은 재판 당사자가 한국인인 사건만을 담당할 수 있었고, 이러한 제한은 한국인 검사에게도 적용됐다. 이와 같은 구분은 1920년에 폐지되었다.

한국의 법원

한국의 민법과 형법은, 실체법상 또는 절차법상으로 몇 가지 연원에서 파생되었다. 바로 일본 제국 헌법, 일본과 다른 국가들 간의 조약, 합병 당시 그 효력의 존속을 인정받은 구한국 법령, 합병 당시 통감부 법령, 의회에서 통과되고 황제의 재가를 받은 일본 제국 법률로서 처음부터 특별히 한국에서 시행하려고 만든 것이거나 이후에 시행된 것들, 황제의 초크레이Chokrei(칙령勅令), 총독의 세이레이Seirei(제령制令) 등이 그것이다.

제령을 발포하는 총독의 권한은 합병 당시 공포된 황제의 칙령에 분명하게 명시되어 있었다. 지역 상황에 의해 법 제정이 필요한 경우 총독은 법률을 기안할 수 있지만 내각 총리대신을 거쳐 일본 황제의 재가를 받아야 시행할 수 있다. 긴급한 사유가 있을 때는 총독이 제령을 발포하고 즉각적으로 효력을 발휘할 수 있지만 제령 발포 후 지체 없이 본국에 알려 황제의 재가를 받아야 하며, 허가가 보류된다면 총독은 제령 시행을 보류해야 한다. 총독의 제령은 한국에까지 효력을 발휘하는 일본법이나 한국에서 시행할 목적으로 공포되었던 일본 제국 법령 중 어느 것과도 상충될 수 없다.

일본 법령은 부분 혹은 전체로 총독이 제정하는 제령의 내용으로 종종 채택되었다. 한국에서 총독에 의해 제령이 제정되는 과정은 다음과 같다.

초안은 중추원이나 특정 사안과 직접적으로 관련되어 있는 부서가 준비하고, 다른 부서로 넘겨져 협의를 거친다. 처음에 초안을 한 부서가 만들 경우 다음 단계는 중추원에서 협의하는 것이다. 그런 다음 교정을 위해 문서과 책임자에게 넘겨지고, 그는 교정본을 부총독에게 넘겨 검토하게 하고 마지막으로 총독이 최종적으로 승인을 한다. 총독의 승인이 떨어지면 초안은 다시 문서과 책임자에게 넘겨지고 황제의 재가를 받기 위해 도쿄로 전달된다. 도쿄에서는 식민국에서 초안을 수령하여 내각 차관에게 전달하며 내각 차관은 이것을 입법국에 맡겨 논의하게 한다. 그런 다음 내각 차관에게 다시 전달되고 그는 각료 회의에서 검토하기 위해 내각 총리대신에게 초안을 제출한다. 이후 총리대신은 황제에게 보고하고 황제의 재가를 받은 문서는 다시 내각 차관에게 보내져 한국에 전달된다. 그런 다음 총독의 제령은 관보에 실리고 효력을 발하게 된다.

지방의 규칙과 규정은 총독과 13개 도道의 도지사에 의해 행정 명령 Furei(부령府令)의 형식으로 공표된다. 도지사가 발하는 도령道令은 시행 전 총독의 사전 승인을 받을 필요는 없다. 부의 조례條例는 부 협의회와 논의를 거친 후 작성되며 시행 전에 총독의 재가를 받아야 한다.

민사소송

원고는 지방재판소나 그 지소에 신청서를 제출하여 민사소송을 제기하는데, 두 곳의 합의로 판결이 이루어지며 제1심 재판소이다. 이곳에서 내려진 판결에 대한 항소는 제2심 재판소에서 담당하고, 제2심 재판에 대한 상고는 대법원에서 다루는데, 이 같은 상소는 소송 당사자들에게 판결을 공지하고 30일 이내에 제기되어야 한다. 제2심 재판에서는 제1심 재판에서와 마찬가지로 사건의 진상을 조사한다. 대법원에서는 법원 재량으로 사실에 대해 조사할 수도 있지만 일반적으로 상고 사건의 법률적 문제들만을 다룬다.

최근에는 민사소송에서 재판소의 업무가 꾸준히 증가하고 있다. 이는 부분적으로 민사 관계가 복잡해졌기 때문인데 이것은 국가 경제가 발전할수록 자연스럽게 수반되는 현상이다. 또 국민들 사이에 사법행정에 대한 신뢰가 점진적으로 증대한 것도 일부 영향을 미쳤다.

오른쪽 표는 최근 몇 년 동안 제1심 재판소에 제기된 민사소송 건수를 사안별로 나타낸 것이다.

제1심 재판소의 판결 중 약 7% 정도가 제2심 재판소에 항소를 제기했고 이 중 절반 정도가 기각되었다. 제2심 재판소의 판결 중 약 16% 정도가 3심 재판소에 상고를 제기했고 이 중 3분의 2 정도가 기각되었다.

제1심 재판소에 제기된 민사소송 건수

소송 사안	1912	1921	1922	1923	1924
토지	6,827	5,587	5,532	5,750	7,493
건물	695	1,228	1,379	1,640	2,106
현금	21,515	35,997	31,501	36,064	38,322
쌀	2,080	1,893	2,284	2,262	2,843
기타 상품	531	911	838	896	888
기타 문제	3,089	3,431	3,774	4,994	5,340
합계	34,737	49,047	45,308	51,606	56,992

형사소송

모든 형사사건은 검사에 의해 법정에 제기되는데, 검사의 지위는 미국 지방 검사와 대략 일치한다. 검사는 자신이 조사한 내용, 피해자의 고소, 목격자의 진술, 범죄 수사 임무를 담당하는 사람들의 모임인 사법경찰이 수집한 증거 등에 따라 활동한다. 검사는 특별히 선출된 직책으로 일반 경찰서의 경부보警部補보다 직책이 높다.

범행 도중 발각된 사람은 일반 경찰이 체포할 수 있지만 그렇지 않은 경우 검사의 보조자로서 경찰은 검사나 사법경찰이 발부한 영장을 제시해야 한다. 경찰은 도주나 증거 인멸을 막기 위해 용의자를 열흘 미만 동안 구금할 수 있다.

제1심 재판소가 형사사건에 대해 내린 판결의 수와 종류

판결의 종류	1912	1921	1922	1923
사형	81	69	17	30
징역: 무기	44	47	16	26
유기	9,533	16,744	12,892	9,585
금고: 무기	0	0	1	0
유기	19	60	62	66
벌금	846	8,657	12,155	11,576
과료	309	1,162	1,022	1,074
구류	42	53	61	50
태형	4,321	0	0	0
합계	15,195	26,792	26,226	22,407

위 표는 제1심 재판소가 형사사건에 내린 판결의 수와 종류를 보여주고 있다. 징역형에는 중노동이 포함되지만 금고형에는 노역이 없다. 벌금은 20엔을 초과하고 과료科料는 20엔 미만이다. 표에 나오는 구류拘留는 30일 미만 동안 구금하는 것을 의미한다. 태형은 1920년 형벌에서 폐지됐다.

한국의 인구가 약 1,800만 명이고 이 중 일본인과 외국인의 수가 40만 명 미만임을 고려했을 때 표에 나타난 수는 대부분 당연히 한국인이다. 1923년에 중죄, 즉 사형이나 징역, 금고 등을 언도할 수 있는 범죄를 저지른 사람들의 분포는 다음과 같다. 일본인 638명, 외국인 147

명, 한국인 8,922명.

1923년 한국 감옥에 수감된 죄수는 총 8,978명이었고 이 중 5,299명은 1년 이하의 징역을 선고받았다. 전체 인구로 보면 10만 명당 21명에 해당하는 나머지 죄수 3,679명은 다소 중한 죄를 범했다는 것을 짐작할 수 있다. 형벌을 보면 사형 27명, 무기징역 23명, 징역 15년 이상 27명, 징역 10년에서 15년 미만이 71명이었다.

앞에 언급된 수치를 통해 한국인이 법을 잘 따르는 민족이고 일본이 형사재판을 실시함에 있어 판결에 관한 한 한국인에게 관대하다는 추론을 도출할 수 있을 것이다. 미국 내 강력 범죄 확산에 대한 조사가 수많은 주와 시, 민간단체, 대학교수, 연방 정부 그리고 국가 범죄 위원회에 의해 진행되고 있는 요즈음 한국 내 형사재판 행정의 한 가지 특징이 특별히 더욱 관심을 끄는데, 바로 높은 유죄 판결률이다.

1923년까지 12년 동안 형사 법정에서 심리된 사건에서 피고에 대한 유죄 판결률이 95.1% 미만이었던 해는 한 번도 없었고, 같은 기간 평균 유죄 판결률은 96.8%였다. 범죄 혐의로 기소된 100명 가운데 유죄 판결을 받지 않은 사람이 5명 미만이라는 사실은 한국의 범죄 발생률이 크게 개선되는 데 확실히 기여했다.

제1심 재판에서 유죄 판결을 받은 죄인은 제2심 재판소에 항소를 신청할 수 있고 그 판결에 대한 상고를 제3심 재판소에 신청할 수 있다. 1923년에 제2심 재판소에 항소 제기된 형사사건은 2,292건이었고 이 중 939건이 소 취하되었으며 607건이 기각되었다. 565건은 제1심 재판소의 판결이 전부 취소되었고 36건은 부분 취소되었다. 제3심 재판소에 상고 제기된 사건은 196건이었고 이 중 164건이 기각되었으며 7건이 소 취하되었다. 제2심 재판소의 판결은 7건이 전부 취소되었고 1건이 부분 취소되었다.

재판관

1923년 한국의 사법 인력은 일본인 판사 162명, 한국인 판사 37명, 일본인 검사 67명, 한국인 검사 10명, 일본인 서기관장 4명, 일본인 통역관 4명, 일본인 서기관 432명, 한국인 서기관 232명, 그 외 보조 통역관 등으로 구성되었다.

판사는 일본 황제가 직접 임명했고 종신 임기제로 법률로 정한 은퇴 연령까지 재직할 수 있다. 은퇴 연령은 대법원장이 63세, 다른 판사들이 60세로 정해져 있다. 대법원 총회에 의해 임기 연장 결의안이 통과된 이후 총독의 승인을 받아 5년 이하까지 임기를 연장할 수 있다.

한국에서 판사로 임명되는 사람들의 자격을 결정하는 규정은 엄격하고 자세하며, 일본 본토에서 시행되는 규정과 대체로 동일하다. 법원에 의해 금고형을 받은 경우나 동료 판사들로 구성된 특별위원회로부터 징계처분을 받은 경우에만 판사를 면직할 수 있다는 규정을 두어 사법부의 독립성을 보장하고 있다. 변호사 규정에 의하면 한국인과 일본인 모두 변호사회에 가입할 자격이 있다.

사법 관리들의 봉급을 인상함으로써 사법부의 입지는 최근 몇 년 동안 크게 개선되었다. 이 같은 조치는 구한국 정부 때 지급되었던 박봉으로 확보할 수 있는 것보다 더 뛰어난 인재들을 사법 업무 쪽으로 유도하는 효과를 가져왔다. 요컨대 판사와 검사의 봉급은 점진적으로 높아져서 연간 최소 인상액은 500엔에서 1,200엔까지이고 최대 인상액은 2,200엔에서 6,500엔까지였다. 이에 반해 서기와 통역관의 연간 봉급 인상액은 최소 120엔에서 480엔까지, 최대 600엔에서 1,920엔까지였다. 중간 직급 사법 관리들의 봉급도 이와 비슷한 수준으로 인상되었다.

법원

1925년 한국에는 대법원이 1개, 항소법원이 3개, 지방법원이 11개, 지방법원 지청이 46개, 지방법원 출장소가 160개 있었고, 지방법원 출장소는 등기와 공증 업무만을 다루었다.

민사사건이나 형사사건 모두 지방법원이나 지방법원 지청에서 최초로 심리가 이루어진다. 1차 상소는 항소법원에 제기되고 다음이자

마지막인 상고는 대법원에서 심리가 이루어진다. 일본 본토 법원에 한국 법원에서 내려진 판결에 대해 상소를 제기할 수 없다.

일반적으로 지방법원에서는 단독판사제로 재판이 진행되지만 1,000엔 이상의 돈과 관련된 민사소송이나 사건과 관련된 형벌이 사형, 징역 혹은 1년 이상의 금고에 해당하는 형사사건의 경우에는 3인의 판사가 합의로 재판을 진행한다. 항소법원에서는 3인 판사 합의로 재판이 진행되고 대법원에서는 5인 판사 합의로 재판이 진행된다.

사소한 사건은 거의 법원까지 가지 않고 경찰서장에 의해 즉결 처리되고 초범은 대개 경고를 받고 풀려난다. 즉결심판 문제는 제7장 '경찰서와 감옥'에서 다루고 있다.

집행유예

범죄자에게 내려진 판결 중 상당수가 집행유예를 받게 되는데, 일반적으로 형의 집행을 연기하는 것으로 알려져 있다. 징역형이나 2년 미만 금고형을 받은 사람은 형 집행유예 대상이 되는데, 다만 선고 직전 7년 동안 금고형을 받지 않은 경우에만 혜택을 받을 수 있다. 집행유예는 검사의 요청이나 담당 판사의 발의가 있을 때 판결을 선고하는 법원의 허가로 이루어진다. 검사가 집행유예를 통한 구제에 호의적이었다는 점은 1921년까지 5년 동안 내려진 6,709건의 집행유예 판결 가운데 30% 이상이 검사의 요청에 의한 것이라는 사실에서 알 수 있다.

이런 점에서 초범자, 특히 미성년 초범자의 경우, 범죄자의 개인적 상황을 고려할 때 이처럼 관대한 처벌을 내리는 것이 타당하다고 사료되는 사건에서는 처벌하는 대신 주의를 주는 것이 검사의 방침이었다고 할 수 있다.

제7장
경찰서와 감옥

I. 경찰행정

역사적 사실

1894년 이전에는 경찰행정에 대한 모든 권한을 정부가 보유하고 있었다. 경찰 업무는 군사軍事의 한 부문으로 간주되었고 지방 이곳저곳에서 지역 수비대가 지역 경찰의 역할을 담당했다. 수도인 서울에는 포도청(도둑 잡는 관청)으로 알려진 별개의 경찰기관이 있었으나 수도 경찰대의 장長과 다른 직원들은 모두 군인이었다.

한국의 상황을 눈여겨본 사람들은 구한국 경찰 제도에서는 일반 국민들이 경찰의 활동에 대해 기대보다는 두려움을 갖고 있었다는 데 대체로 의견을 같이한다. 인명과 재산을 보호하기는커녕 경찰은 사실상 법과 질서를 보호하기 위한 공정한 기관이라기보다 몇몇 영향력 있는 사람들의 부정한 도구였다.

1894년 한국과 일본 간에 체결된 협약의 조항에 의해 한국 정부는 오랫동안 한국의 경찰행정에 존재했던 극심한 병폐를 제거할 목적으로 많은 일본인 관리들을 고용했다. 일본의 조언에 따라 한국 정부는 경찰 사무를 군軍 행정에서 분리했고 내무부에 경무국을 설치했다. 도 장관들이 각 도의 경찰 사무를 책임지게 되었고 이에 따라 군에서 담당했던 지역 관리 및 경찰 업무 집행이 민간 당국에 양도되었다.

서울에 있는 포도청은 경무청(경찰 업무 관청)으로 이름이 바뀌면서 기능이 확대되었고, 한국인 경찰관 교육을 위한 훈련소가 설치되었다. 사람들은 새로 도입된 다양한 변화들로 구제도의 병폐가 줄어들고 궁극적으로는 완전히 사라질 것으로 기대했다. 그러나 이러한 개혁 조치를 도입한 후 10년이 지나자 행정 방식에 변화를 주는 것으로는 열등한 경찰 인력의 결함을 상쇄할 수 없다는 사실이 드러났다.

그에 따라 한국 정부는 1904년 경찰행정 기반을 단단하게 다지기 위해 노련한 일본 경찰관인 마루야마 시케토시를 경찰 고문으로 고용했다. 마루야마는 일본에서 경부警部 21명, 경사警査 18명, 순사巡査 1,205명을 데리고 와 그들을 수도 경찰서와 도 경찰서에 배치했다. 마루야마는 또 경찰관 강습소의 교육과정을 확대했다.

1905년 일본인 통감이 임명되어 한국에 주재하게 되면서 경찰의 상황이 달라졌는데 일본 영사가 한국에서 관장했던 일체 사무를 통감이 맡아 관리했다. 통감부의 설치는 한국의 행정 법규에 그에 상응하는 변화의 필요성을 제기했고, 그 가운데 적지 않게 중요했던 것이 경찰대에 영향을 미친 것이었다.

지금까지 한국에서 경찰 사무를 담당한 일본 관리와 부하들은 한국 경찰 조직 내에 그와 같은 직책이 없었기 때문에 자문 경찰로 알려져 있었다. 행정의 능률성이라는 측면에서 이 제도는 만족스럽지 못한 것으로 나타났고 1907년 10월 한국 정부는 경찰 자문 제도를 폐지하고 한국에 있는 일본 경찰대의 모든 구성원을 한국 관리로 임명했다.

중앙정부 내 경무총장에게는 각 도의 경무부장에게 명령을 내릴 수 있는 권한과 국민들 사이에서 소요나 폭동 혹은 국가적으로 중요한 여타 사건들이 발생했을 때 지역 경찰서장에게 명령을 내릴 권한이 부여됐다.

일본이 한국 경찰 제도 개혁에 어느 정도 관심을 기울였는지는 경찰대에 대한 지출이 1906년 19만 6,453달러에서 1909년 134만 9,599달러로 증가한 사실에서 대체로 알 수 있다. 1909년 보통경찰대는 일본인 경부 36명, 한국인 경부 11명, 일본인 경사 152명, 한국인 경사

102명, 일본인 통역관 1,924명, 한국인 통역관 57명, 일본인 의사 63명 등 총 5,554명으로 구성되어 있었다.

보통경찰대와 함께 일본은 수년 동안 한국에서 헌병 경찰대를 유지했다. 이 헌병 경찰대는 원래 1894년에 시작된 청일전쟁 후에 전신선을 보호하기 위해 설치됐다. 이후 헌병 경찰대의 기능이 점차 확대되어 철도 보호와 보통경찰 업무까지 포함하게 되었다.

1905년 통감부 설치 이후 나라 곳곳에서 일어난 폭동으로 인해 이 같은 헌병 경찰대의 필요성이 더욱 강조되었다. 폭동으로 인해 당국에 제기된 특수한 문제들은 차치하더라도 시골 지역에서 법과 질서 유지라는 일반적 문제를 해결하는 것도 결코 쉬운 일이 아니었다.

수년 동안 오지 사람들은 무법자들의 활개로 큰 고통을 받았다. 한국인의 협조가 없다면 일본 헌병대의 비적 소탕은 거의 진척이 없었을 것이다. 보복에 대한 공포로 인해 지방 사람들이 당국에 정보를 제공하거나 재판에 증인으로 나서기를 꺼렸기 때문에 비적을 소탕하기가 매우 힘들었다.

이 같은 장애를 최대한 극복하기 위해 한국인들을 헌병으로 등록해 일본 헌병대 사령관의 명령을 받게 했다.

1909년 말에는 일본 헌병 경찰 2,369명과 한국 헌병 경찰 4,392명이 전국 499곳에 배치되어 있었다.

한일합방 이후

1901년 한국은 일본에 합병되었고 일본 제국의 중요한 부분이 되었다. 합병은 1910년 8월 29일에 발표되었지만 경찰 사무 권한은 이보다 2개월 앞서 일본에 완전히 이양되었다.

이후 10년 동안 조선총독부로 인해 경찰 기구는 많은 변화를 겪었다. 궁극적으로는 1919년 헌병대가 해체되고 조선총독부 내 경무국이 설치되었고, 지방경찰에 대한 통제권이 도정부에 이양되었다. 도정부가 경찰을 통제하게 되면서 한국의 경찰행정은 일본 본토의 경찰행정과 동일한 기반 위에 놓이게 되었다.

13개 도에 각각 경무부가 세워졌고 도장관이 공식 책임자가 되었다. 법과 질서 유지라는 일상적 업무에 공중위생과 같은 임무가 더해졌다. 지속적으로 비중이 커지고 더욱 복잡해지는 업무를 수행하는 경찰 병력의 효율성을 증대하기 위해 경찰관 강습소를 대대적으로 확대하고 조선총독부의 직접적인 감독 아래 있는 독립기관으로서의 지위를 부여했다.

다음 표는 1922년 10월 현재 한국 경찰 병력 구성을 나타낸 것이다. 각 도 경무부장 아래 전원 일본인인 경찰부장이 13명, 일본인 경시警視 41명, 한국인 경시 14명, 일본인 경부 377명, 한국인 경부 140명, 일본인 경부보警部輔 730명, 한국인 경부보 268명이었다.

한국 경찰 병력 구성(1922년)

도	경찰 간부		경찰관		합계	총계
	일본인	한국인	일본인	한국인		
경기도	161	60	1,456	1,161	2,617	2,838
충청북도	50	18	391	329	720	788
충청남도	65	25	607	465	1,072	1,162
전라북도	67	25	659	501	1,160	1,252
전라남도	91	36	981	697	1,678	1,805
경상북도	94	37	1,002	768	1,770	1,901
경상남도	101	36	996	658	1,654	1,791
황해도	77	30	799	642	1,441	1,548
평안남도	78	26	762	538	1,300	1,404
평안북도	113	38	1,113	691	1,804	1,955
강원도	87	36	731	628	1,359	1,482
함경남도	93	29	819	568	1,387	1,509
함경북도	83	27	713	514	1,227	1,337
합계	1,160	423	11,029	8,160	19,189	20,772

표의 경찰 병력에 더해 토목 기사 13명, 항만 의사 2명, 수의사 2명, 항만 관리 4명, 항만 관리보 6명, 보조 수의사 3명, 기술 보조 36명과 통역관 4명이 있었다.

1922년 인구가 약 1,700만 명이라고 한다면 주민 818명당 경찰 1명 꼴이었다. 한국의 전체 면적을 8만 5,156평방마일(약 220,554㎢)로 보고 경찰 병력이 전국적으로 고르게 분포되어 있다고 가정하면 4평방마일(약 10.4㎢)당 경찰 1명이 관리하고 있는 셈이었다.

경찰의 즉결심판권

한국의 경찰서장들은 사소한 범죄 사건과 관련하여 즉결심판권을 행사할 수 있었는데, 여기에 해당하는 사건은 대부분 도박, 단순 구타, 교통법규 위반 등이었다. 범죄자가 동의하지 않을 경우에는 즉결심판으로 처리되지 않고, 즉결심판에 동의했지만 판결에 불만을 가질 경우 일반 법정에 항소를 제기할 수 있다. 그러나 이러한 권리가 행사된 경우는 아주 드물었는데, 경범죄를 저지른 초범은 대개 경고를 받고 풀려나기 때문이었다. 경찰서장은 즉결심판에서 징역 3개월과 같은 무거운 형벌을 내릴 수도 있지만 대개 100엔 이하의 벌금을 부과하거나 3개월 이하의 단순 구금을 선고했다.

1921년에는 경찰의 즉결심판에 의해 처리된 사건이 7만 3,262건이었다. 이 중 7만 1,802건에서 피고가 유죄 판결을 받았고, 이 가운데 항소를 제기한 경우는 겨우 54건이었다. 제기된 항소 가운데 42건은 판결이 확정되었고 12건은 파기되었다.

경찰력 비용

아래 표는 한국 경찰 제도의 총비용을 나타낸 것이다. 수치는 보통 경찰대에서 사용된 비용을 나타낸다. 사법경찰은 직권상 범죄를 수사할 권한을 가진 관리들로 이루어졌다. 이와 같은 권리를 가진 관리는 도지사, 도경무부장, 경시, 경부, 경부보 등이었으며 이들의 봉급은 해당 기관의 예산에 포함되었다.

한국 경찰 제도의 비용

(단위 기준은 1,000엔. 1엔은 50센트에 해당)

1915년	4,217	1920년	16,702
1916년	4,173	1921년	22,754
1917년	4,183	1922년	22,265
1918년	4,212	1923년	21,924
1919년	4,840	1924년	22,402

1919년 이후 비용이 현저하게 늘어난 이유는 헌병 경찰 제도가 폐지되고 이들이 보통경찰 병력에 흡수되었기 때문이다. 1924~1925 회계연도의 경찰 제도 비용이 인구 일인당 평균 65센트 미만이었다는 사실도 주목할 만하다.

II. 감옥 행정

구한국 정부에서 감옥은 대다수 동양 국가들의 감옥과 마찬가지로 설명하기 힘들 만큼 끔찍했다. 위생 설비가 부족했고 수감자에 대한 극심한 학대는 흔한 일이었으며 초만원 상태는 거의 믿을 수 없을 지경이었다. 일본이 한국으로부터 감옥 행정을 인수받았을 때 수감자 일인당 평균 평수는 5평방피트(약 0.46㎡) 미만이었다.

합병 이후 매년 감옥이 늘어나고 여건이 개선된 결과 적어도 대형화한 감옥은 다른 나라의 감옥에 필적할 만했고, 미국 내 대부분의 감옥보다 훨씬 나은 상태였다.

이전 행정제도에서 감옥은 한국 정부 내무부의 관할이었고, 대체로 경찰서에 부속되어 있었다. 현재 한국 내 모든 감옥은 총독의 직접적인 통제하에 있고 감옥 행정은 총독부 법무국에서 감독하고 있다. 감옥 행정의 책임은 항소법원의 검사장에 있다. 일반적으로 감옥의 직원은 감옥 소장, 의사, 목사 등으로 구성되어 있고 간수, 기술 전문가, 통역 등이 이들을 보완하고 있다. 규모가 큰 감옥에는 이들과 함께 교사나 약사 등도 있다.

매년 일정 비율(약 10% 정도)의 간수들이 전문 교육기관에서 직무와 관련된 교양 훈련을 받는다. 이에 더해 매년 많은 인원을 선발하여 감옥 행정 개선 업무를 추진할 수 있도록 특별 교육을 실시한다. 1922년에는 40명의 간수가 특별 교육을 받았는데, 이들이 이수한 교육 과목과 시간은 다음과 같다.

형법 50시간, 교도소 관리학 25시간, 교도소 행정 25시간, 회계 30시간, 훈련과 체육 등 45시간, 교도소 법규와 적용 내부 사건 65시간·외부 사건 60시간, 위생 12시간, 교육 10시간.

간수장과 유능한 간수들은 때때로 일본으로 가 더욱 전문적인 교육 과정에 참가하기도 한다.

다음 표는 1921~1922 회계연도까지 10년 동안 매년 감옥에 새로 들어온 수형자의 수를 나타낸 것이다.

표에는 1920년 말까지 태형을 선고받았으나 형 집행 이후에 감옥에 들어가지 않은 한국 남자 죄수들도 포함되어 있다. 태형은 1920년에 폐지되었다. 1915년에서 1920년 사이에 1915년과 1920년을 포함하여, 매년 평균 태형 집행 횟수는 7,210회였다.

한국인이 이른 나이에 성숙해지는 것을 고려할 때 한국에는 청소년 범죄가 거의 없는 편이었다. 1923년 유죄 선고를 받은 8,978명 중에 단지 546명만이 20세 미만이었고, 이들 중 여성의 수는 겨우 80명이었다. 20세에서 30세까지는 3,786명, 30세에서 40세까지는 3,029명, 40세에서 50세까지는 1,191명, 50세 이상은 426명이었다. 감옥 통계 수

신규 수감자 수

	일본인		한국인		외국인		합계
	남성	여성	남성	여성	남성	여성	
1915	1,073	66	13,544	867	366	5	15,921
1916	1,059	52	16,587	990	376	7	19,071
1917	980	49	18,840	1,124	300	4	21,297
1918	890	53	17,863	1,164	344	3	20,317
1919	672	31	20,383	802	159	2	22,049
1920	661	32	13,075	568	125	3	14,464
1921	645	23	13,601	675	150	4	15,098
1922	527	14	10,447	579	122	6	11,695
1923	517	20	7,835	462	140	4	8,978
1924	362	14	8,255	313	99	3	9,046

치에서 가장 놀라운 점은 1924년에 전체 인구 약 1,800만 명 가운데 유죄 선고를 받은 여성의 수가 겨우 486명이었다는 사실일 것이다.

초범

현재의 감옥 법규에 따라 초범자는 감방이나 감옥 작업장에서 다른 수감자들과 분리되어 특별 대우를 받았다. 초범자의 경우 감옥에서의 노동에 대한 임금도 상습범보다 더 많았고 친척들에게 편지를 쓰거나

재범 여부에 따른 수감자 구분

	초범	재범	3회 이상 상습범	합계
1918	16,289	2,633	1,395	20,317
1919	19,038	1,854	1,157	22,049
1920	11,743	1,756	965	14,464
1921	12,545	1,689	864	15,098

직접 만날 기회도 더 많이 가졌다. 특히 초범자들을 교육하고 훈계하는 데 많은 관심을 가졌고, 초범자들은 석방되자마자 가까운 친척들에게 돌아가거나 출옥인 보호 협회 등의 보호를 받았다.

재범

위 표에서 매년 수감되는 수형자의 약 80%가 초범이라는 사실을 알 수 있다. 이 표에 기록된 수치는 남성과 여성 수감자들을 합친 것이다. 그러나 수치를 자세히 살펴보면 거의 모든 여성 수감자가 초범임을 알 수 있다. 1921~1922 회계연도까지 4년 동안 여성 수감자는 총 8,360명이었고 이들 가운데 128명을 제외하고 모두 초범이었다.

사면

일본 관습에 따라 국가적 중대사를 맞이하여 죄수들을 사면하거나 복역 기간을 줄여 주기도 했다. 1910년 한일합방 이래 이 같은 조치는 다섯 차례 시행되었다. 첫 번째 사면은 합방 당시 시행됐는데 죄수 1,711명이 황은皇恩의 혜택을 입었다. 두 번째 사면은 1912년 메이지明治 천황 사망 시에 시행되어 죄수 4,767명이 혜택을 입었다. 세 번째 사면은 1914년 쇼켄昭憲 황태후 사망 시에 시행되어 죄수 8,872명에게 관용을 베풀었다. 네 번째 사면은 1915년 요시히토嘉仁 천황 즉위 시에 시행되어 죄수 10만 208명이 혜택을 입었다. 다섯 번째 사면은 1920년 한국 왕자(의민태자懿愍太子 또는 영친왕英親王으로 불린 고종의 일곱 번째 아들 이은李垠을 지칭한다.—옮긴이)와 일본 공주 나시모토노미야(梨本宮, 일반적으로 이방자李方子 여사로 불린다.—옮긴이)의 결혼식에 맞춰 시행되어 죄수 3,546명의 복역 기간이 줄어들었다. 이들 가운데는 1919년 3·1독립 운동과 관련된 소동에 참가하여 유죄를 선고받고 복역하고 있던 많은 정치범들도 포함되어 있었다.

수감자의 노역

구한국 정부에서는 수감자들에게 작업을 시킨 일이 거의 없었다. 이 문제를 합병 이후에야 신중하게 고려했는데 이는 수감된 죄수들이 강제적으로 무위한 시간을 보낼 때 늘 발생하는 악행들을 방지하고 또 증가하는 감옥 비용을 상쇄하기 위해서였다. 현재 건강하고 신체가 온전한 수감자의 96% 정도가 감옥에서 일을 하고 있다. 이따금 감옥에서의 작업 범위가 넓어졌고 현재는 주로 베 짜기, 제지, 재단, 짚 세공, 벽돌 만들기, 장식장 만들기, 농사일 등을 하고 있다.

일본 정부의 회계 제도에 따르면 수감자의 봉급은 자신이 만든 상품을 판매해서 얻은 수익이든 감옥에서의 노동에 대한 대가로 고용주한테 받은 보수든 간에 국가 세입 계정에 편입되어 합산되었고, 실제로 지급되어 수감자 개인의 재산이 된 임금은 감옥 비용으로 차변에 기입되었다. 최근 몇 년 동안 수감자들에게 지급된 평균 일당은 6센트에서 8센트 정도였다.

수감자의 질병률과 사망률

일반 공중위생 측면에서 한국과 상황이 비슷한 다른 나라들과 비교했을 때 한국 감옥에 있는 수형자들의 질병률과 사망률은 아주 낮다.

1923년까지 5년 동안 감옥의 일일 평균 수감자는 1만 5,220명이었고 감옥 내 연평균 사망 건수는 288건, 감옥 병원이나 병실에서 치료를 받고 있는 일일 평균 환자는 1,083명이었다. 이들 수치는 연평균 사망률이 1,000명당 18.9명이고 질병률은 1,000명당 71.1명임을 보여 준다.

제8장
정부 재정

역사적 사실

구한국 정권에서 국가재정은 두 기관이 관리했는데 하나는 중앙 행정 기구인 탁지부였고 다른 하나는 대한제국 황실의 궁내부였다. 이론상으로 이 두 기관은 세원稅源이 다른 상호 독립적인 관계였지만 실제로는 종종 이 같은 구분을 간과해 때때로 후자가 전자에게 가야 할 세입을 빼앗거나 전자로부터 지출 경비를 강제로 거두어 가기도 했다.

궁내부의 주요 세원은 광업세, 객주나 도고로부터 받는 영업세, 호세 및 매관매직하여 얻은 수입 등이었다. 이후 인삼 전매에 의한 수입도 세원에 추가되었는데 궁내부는 1899년 탁지부로부터 인삼 전매권을 빼앗아 갔다.

궁내부의 또 다른 세원은 화폐 주조에서 나오는 수익이었다. 한국인의 경제법 개념에 대해 흥미로운 점이 하나 있다. 한국에서는 화폐를 주조하고 이를 공인 화폐의 경쟁자로 유통할 수 있는 권리를 개인에게 매도하는 것이 수년 동안 보편화된 관습이었다. 이 같은 관습이 남용된 재미있는 사례로 부패한 관료들이 최고가를 부르는 입찰자에게 개인적인 용도로 사용할 수 있도록 공인 화폐의 금형鑄型을 임대하기도 했던 사실을 들 수 있다.

탁지부에서 징수하는 세금은 주로 지세였고, 과세는 토지 등록 대장 및 토지 평가서를 기준으로 했는데, 후자는 토지의 상태와 산출력, 토지 내 관개시설 등을 고려하여 작성되었다. 지세 징세의 기준 단위는 결結이었고, 이것은 주어진 면적의 토지에서 생산할 수 있는 곡물 수확량을 계산한 수치를 나타낸 것이었다.

1894년까지는 지세를 현물로 지불했으나 그 이후부터는 반드시 화폐로 지급하도록 했고 토지 소유자가 아니라 사용자에게 부과되었다. 지세를 실제로 징수하는 데에는 많은 폐단이 동반되었다. 나라에 손해를 끼쳐서라도 부자가 되고자 한 관리들의 욕망과 세금을 납부하지 않으려는 사람들의 욕망이 등록 문서 위조와 부정한 과표 평가로 이어졌다.

1904년 한국은 일본인 재정 자문을 고용하고 재정 개혁에 관한 그의 결정을 받아들이기로 합의했다. 바로 직후 몇 년 동안 한국의 징세 제도는 기존 세금 징수 방식을 개선하고 새로운 세금을 부과하는 방향으로 대거 바뀌었다. 그러나 한국의 재정 제도를 완전히 정비한 것은 1906년 통감부가 설치된 이후였다.

한국의 재정 개혁 문제는 『1918~1921, 조선의 개혁과 발전에 관한 보고서Report on Reforms and Progress in Chosen, 1918—1921』에 다음과 같이 설명되어 있다.

조선의 재정 상태를 정확히 알기 위해서는 합병 이전 재정 상태에 대한 개략적인 지식이 필요하다. 아주 예전부터 한국 재정에는 굳건한 기반이 없었고 세제와 화폐 제도 모두 극심한 혼동 상태에 놓여 있었다. 세출은 무의미하게 낭비되었고 세입과 세출에 관한 왕실과 정부 간의 구분이 모호했다. …… 각 정부 기관은 돈이 부족한 경우 외에는 언제든지 구애받지 않고 임의대로 예산을 지출했다. 이처럼 관리를 제대로 하지 않은 탓에 계정에 기초가 되는 확실한 세입 기반이 없었고 예산 편성은 단지 웃음거리에 불과한 일이 되었다. 1904년 8월 한국과 일본 간에 체결된 협약에 따라 한국은 일본 정부가 추천한 재정 고문을 임명했고 1906년에는 통감부가 설치되었다. 이후 단일 통화를 보장하기 위해 금본위제를 도입했고, 중앙은행을 설립하여 국가 출납을 담당하게 하는 동시에 태환권을 발행할 권한을 부여했다. 산업 발전을 촉진하기 위한 목적에서 주요 지역에 농업이나 제조업을 위한 은행이나 은행 조합 등을 설립하면서 마구잡이로 국가 재정을 관리하던 방식을 끝내기 위한 분투노력이 시작되었다.

국가 재원에 대한 전면적 조사가 실시되었고, 연간 예산 편성과 적절한 집행을 명하는 회계법이 엄격히 시행되었고, 세입 및 세입 증가를 보장하기 위해 부과되는 세금 관련 규정들이 도입되었으며, 과세 부담을 공정하게 분배하기 위한 제도가 시행되었다. 착취의 폐습에 대항하고 그것을 근절할 수 있도록 징세 제도가 개선되었고 이전에 대한제국 황실 궁내부에서 관리했던 인삼 전매 수익과 다양한 세금들이 이제는 중앙정부의 권한으로 이전되었다. 이에 따라 황실과 정부 재산을 명확하게 구분할 수 있게 되었고 한국 정부의 재정 범위가 크게 확대되는 결과를 낳았다.

위에서 언급한 조치들은 너무나 엄청난 결과를 가져왔는데 1905 회계연도의 빈약했던 재정 상태가—세출(955만 5,000엔)이 세입(748만 엔)을 27% 이상 초과한 사실에서 분명히 나타나듯이—1910 회계연도에는 아주 급격히 개선되어 세입과 세출이 각각 2,396만 엔에 달하여 서로 균형을 이루었다. 1910년 8월 한일합방의 결과로 총독부가 설치되었을 때는 재정 시정 조치가 처음 실시된 이래 겨우 6년밖에 지나지 않은 시점이었는데도 한국의 재정은 굳건한 기반 위에 놓여 있었다.

1910년 한일합방 이후

한국은 1910년 8월에 합병되었기 때문에 1911년 3월 31일에 종결된 첫 번째 회계연도 계정에는 겨우 7개월밖에 포함되지 않았다. 최초의 완벽한 회계연도는 1911~1912년이었다. 그해부터의 조선총독부 세입과 세출 계정이 다음 표에 나타나 있다. 1922~1923 회계연도까지 각 수치는 실질 세입과 세출을 나타내며 그 이후 3년은 추정 수치이다.

추정 예산에서는 세입과 세출이 서로 균형을 이루고 있는데, 마지막 3개년도의 수치에서도 그 점을 확인할 수 있다. 실제로는 거의 대부분 세입은 추정치를 초과하고, 세출은 추정치보다 더 적었다. 표에 나타나 있는 처음 13년을 참조해 보면 각각의 수치는 최종적으로 계산된 것인데 세입과 세출을 비교할 때 매년 상당한 재정 흑자가 나타나고 있음을 알 수 있다. 재정 흑자는 항상 다음 해로 넘겨져 임시 세입이라는 항목에서 합해진다.

표에서 처음 3년 동안 거둔 세입 평균은 5,900만 엔이며 1921년에서 (확정된 계정 수치를 이용할 수 있는 마지막 연도인) 1923년까지 3년 동안의 세입 평균은 1억 6,600만 엔이다. 이 수치를 기준으로 하면 1911~1913년과 1921~1923년 사이 총독부 세입은 181.3% 증가했다. 동일한 기간 동안 (국가의 번영을 좌우하는) 한국의 수출입 무역 액수는 평균 8,800만 엔에서 평균 4억 5,600만 엔으로 418.1% 증가했다. 대략

조선총독부의 세입과 세출

(단위 기준은 1,000엔. 1엔은 50센트에 해당)

	세입			세출		
	경상	임시	총액	경상	임시	총액
1911	25,564	26,720	52,284	25,548	20,624	46,172
1912	28,765	33,362	62,127	28,000	23,781	51,781
1913	31,347	31,746	63,093	31,690	21,764	53,454
1914	35,692	26,355	62,047	32,278	22,822	55,100
1915	38,829	23,893	62,722	34,725	22,145	56,870
1916	44,764	23,438	68,202	36,188	21,374	57,562
1917	46,433	28,470	74,903	31,944	19,227	51,171
1918	59,371	40,740	100,111	34,811	29,251	64,062
1919	73,951	51,852	125,803	39,248	52,778	93,026
1920	71,343	75,000	146,343	64,213	58,008	122,221
1921	93,417	81,717	175,134	91,366	57,047	148,414
1922	100,248	69,112	169,360	96,089	59,023	155,113
1923	90,885	61,828	152,713	94,560	50,207	144,768
1924	102,384	38,440	140,824	106,209	34,615	140,824
1925	143,465	32,583	176,048	136,868	39,180	176,048
1926	149,454	38,553	188,006	140,339	47,667	188,006

적으로 보아 이는 한국 경제 발전에 있어 주요 요소의 가치 증가 비율이 총독부에 의해 거둬지는 세입 증가 비율보다 약 2.5배 가량 더 높다는 것을 의미한다. 총독부의 예산 계정에서 공채 발행 수입이 세입에 포함된다는 점은 주목할 만하다. 세입 수치들은 경상 세입과 임시 세입으로 구분되어 있는데 세금, 대부금, 정부 사업 수익금, 그 외의 다른 재원에 의한 모든 수입액을 포함하고 있다. 세출 수치는 공채 이자 지불금과 대출 상환금을 포함하고 있다.

정부의 세원

총독부의 경상 세입은 두 가지 일반적인 세원에서 발생하는데 바로 과세 수입과 그 외 재원에서 비롯되는 수입이다. 1921년 3월 31일까지 10년 동안 과세 수입에서 비롯된 세입은 2억 1,800만 엔이었는데 이 중 토지세 43.5%, 관세 32%, 담배세 8.5%, 주세 5.8%, 농촌 지역의 호세戶稅 2.8%, 광업세 2.4%를 차지했다. 나머지 5%는 소소한 항목들이 차지하고 있는데 이 중 어느 것도 2%대에 도달하지 못한다.

1911 회계연도에서 1920 회계연도까지 10년 동안 경상 세입 중에 과세 수입을 제외한 다른 수입의 총액은 2억 3,800만 엔이었다. 여기에는 국유철도에서 발생한 수입이 28.6%, 통신(우편, 전보, 전화 등) 수입 18.2%, 수입인지 판매 수입 16.1%, 국유지 임대 수입 6.4%, 정부 전

매 수입 6%, 정부 석탄 수입 5.9%, 정부 벌목 수입 5.3%, 소금·산림·아편·수도 사업 등에서 발생한 수입 4.1%, 인쇄와 도량형度量衡 검사 수입이 3.2%를 차지하고 있고, 앞서 언급한 것 이외에 정부 사업에서 발생하는 수입이 2.3%를 차지하고 있다.

같은 기간 임시 세입은 2억 1,900만 엔에 이르게 되었다. 이 중에서 국채가 59.9%, 일본 재무성 보조금이 34.7%, 정부 자산 매각으로 얻은 수입이 2.2%를 차지하고 있고, 소소한 여러 항목들이 나머지를 채웠다.

위에서 제시된 세입 수치를 그 직후 5년 동안의 수치와 비교해 보면, 다시 말해 1921 회계연도부터 1925 회계연도까지의 수치와 비교해 보면 세입의 원천에 약간의 변화가 있음을 알 수 있다. 1921 회계연도부터 1925 회계연도까지는 세입에서 토지세와 관세 비중이 각각 38.9%와 27.1%로 이전보다 줄어들었고, 애연가들을 위한 양보 조치로 담배세가 8.5%에서 2.5%로 감소했다. 반면 주세는 이전의 5.8%에서 20%로 증가했고, 설탕세는 0.6%에서 4.5%로 증가했다.

경상 세입 중에서 과세 수입을 제외한 다른 수입 항목에서 유일하게 주목할 만한 중요한 변화는 정부 전매 수익금 비중으로 이전 6.0%에서 31.9%로 크게 증가했는데, 이는 1921년 담배 전매 제도가 확립된 덕택이었다.

임시 세입 원천에서는 몇몇 중요한 변화가 있었다. 정부 자산 매각 수익금이 2.2%에서 8.8%로 증가했고, 이전 연도에서 이월된 흑자 비중이 1.9%에서 22.1%로 증가했다. 반면 국채 수입금은 57.4%에서 37.1%, 일본 재무성 보조금도 34.9%에서 28.6%로 감소했다.

1921년에서 1925년까지 5년 동안 연평균 경상 세입은 대략 1억 6,100만 엔이었고 과세에서 비롯된 연평균 세입은 3,700만 엔, 과세 이외 수입에서 비롯된 연평균 세입은 7,100만 엔이었다. 연평균 임시 세입은 5,300만 엔이었다.

같은 기간 한국의 인구 평균을 1,700만 명으로 추정하면 인구 일인 기준 총독부 세입 총액은 9.5엔(4.75달러)이고, 과세 세입은 2.2엔(1.10달러), 과세 이외의 경상 세입은 4.2엔(2.10달러)이며 국채나 일본 재무성 보조금이 중심인 임시 세입은 3.1엔(1.55달러)이었다.

전매와 다른 정부 사업

조선총독부는 담배와 인삼의 제조와 판매를 국가 전매사업으로 시행했다. 한국에서 궐련이 처음 제조된 것은 1903년 한국에 거주하던 일본인이 궐련 제조장을 설치하면서부터였고 곧이어 다른 회사들도 담배 사업에 뛰어들었다. 1921년 총독부 전매국은 기존 연초 회사들을 사들여 다양한 담배와 살담배(칼 따위로 썬 담배, 각연초刻煙草라고도 한다. - 옮긴이)를 제조하기 시작했다. 1923년 담배 제조업은 남녀 각 4,000명과 1,000명의 일자리를 제공했다. 1922~1923 회계연도의 경우 담배 생산량은 35억 개비 이상이었고, 살담배는 89만 7,500파운드(약 407,105kg) 가량 생산되었으며 판매액은 약 1,800만 엔 정도였다.

인삼은 두릅나무과araliaceae family의 다년생초본으로 중국에서는 강장 제와 최음제로 귀한 대접을 받았다. 구한국 정부에서 이미 1899년에 인삼 전매가 시행되고 있었다. 1910년 한일합방 이후 총독부는 과학 적인 재배 방식을 채택해 인삼 경작자 조합에 무이자로 돈을 빌려 주 는 등의 방법으로 인삼 경작을 장려했다. 1911년에 재배되어 판매된 인삼량은 2,120파운드(약 966kg)였고 이들은 모두 12만 엔에 팔려나갔 다. 1922~1923 회계연도에 인삼 판매량은 4만 5,670파운드(약 20,716kg)였고 수입금은 226만 9,664엔이었다.

총독부는 자연 증발 과정을 통해 소금을 제조했는데, 한국 연안 이 곳저곳에 염전이 만들어졌다. 1921년까지는 호렴胡鹽(알이 굵고 거친 천 일염—옮긴이)만 생산되었고 고급 식탁용 소금은 수입되었으나 1921년 에 우수한 품질의 소금을 제조하기 위해 정제소가 세워졌다. 1911년 소금 생산량은 약 600만 파운드(약 2,721,594kg)에 이르렀고 그에 따른 수입은 8만 엔이었지만, 1922~1923 회계연도에는 소금 생산량이 1억 파운드로 증가했고 이로부터 총독부는 86만 엔의 수입을 올렸다.

영림창

영림창營林廠은 압록강과 두만강 연안 약 550만 에이커(약 22,258㎢)의 국유림을 관리하는 특별 정부 기관이다. 영림창은 삼림을 개량하는 것뿐 아니라 삼림의 2차적 이용 방안을 개선하는 등 다양한 사업을 담당했다.

압록강과 두만강 연안 삼림지대의 주요 수목은 낙엽송, 전나무, 박달나무, 미루나무 등 대부분 한대寒帶 지역에서 발견되는 것들로 모두 실리적 측면에서 가치가 크다. 조림에 관해 살펴보면 자연 방식으로 삼림을 가꾸는 동시에 이 지역에 가장 적합한 품종의 묘목들을 특수 종묘장에서 재배해 이식하는 등 대규모 인공 조림지를 조성하는 사업도 시행하고 있다.

삼림을 적절히 보호하기 위해서 영림창은 1919년 계획적인 삼림 훼손 방지를 담당할 60개의 지부를 설치했고, 1915 회계연도 이후 이들 지역에 관리들과 주민들을 위한 삼림 보호 조합들이 생겨나기 시작하여 연말에는 그 수가 232개까지 늘어났으며 124만 5,000에이커(약 5,038㎢)를 포괄하는 지역을 보호했다. 이들 삼림 조합의 활동 결과가 아주 만족스러웠기 때문에 향후 이 같은 기구가 더욱 장려될 계획이다.

한국의 삼림에 대한 더욱 상세한 내용을 살펴보려면 제13장(저자의 실수, 실제로는 제12장에 '임업'에 대한 내용이 있다.—옮긴이)을 참조하면 된다.

이전에는 정부와 계약한 사설 제재소에서 목재를 제공했다. 그러나 이것이 구매자와 영림창 양측 모두를 충족하지 못하는 것으로 판명되자 영림창이 직접 목재 사업을 실시하여 수급을 더욱 만족스럽게 조절해야 한다고 결정했다. 정부는 신의주에 있던 제재소를 매입하여 규모를 확대하고 최신 기계들을 구비했다. 1922~1923 회계연도에는 385만 2,000평방피트(약 357,866㎡)의 통나무들로부터 217만 2,000평방피트(약 201,787㎡)의 목재가 생산되었다.

영림창에서 제공한 목재들은 말뚝이나 침목으로 쓰려고 만주 지역에서 소규모로 구입하기도 했지만 대부분 한국에서 판매되었다. 심지어 한국에서도 처음에는 영림창에서 생산하는 목재를 오직 정부에서만 구매했는데 최근에는 목재의 우수한 품질을 인정받고 신용판매 제도가 도입되면서 일반인의 수요도 증가하고 있다.

1910년의 목재 총 생산량은 20만 평방피트(약 18,581㎡)였고 이 중에 재목이 12만 1,000평방피트(약 11,241㎡), 통목이 4만 8,000평방피트(약 4,459㎡), 입목이 3만 1,000평방피트(약 2,880㎡)였다. 1922~1923 회계연도에 목재 총 판매량은 85만 9,000평방피트(약 79,804㎡)에 달했고, 이 중 재목이 17만 6,000평방피트(약 16,351㎡), 통나무가 11만 1,000평방피트(약 10,312㎡), 입목이 57만 1,000평방피트(약 53,048㎡)였다. 1910년에 목재 사업으로 얻은 수익은 8만 엔이었으나 1920년에는 수익이 85만 엔으로 늘어났다. 1922~1923 회계연도에는 수익이 37만 엔으로 감소했는데 이는 전반적으로 경기가 불황이었기 때문이다.

정부 지출의 목적

총독부 추정 지출 예산으로 정부 지출이 실질적으로 어떤 목적으로 사용되었는지를 명확하게 알 수는 없다. 몇몇의 경우 예산 항목들이 예산을 집행하는 여러 부部나 국局의 지출로 편성되고, 또 예산 지출이 몇 가지 상이한 목적으로 전용될 수도 있기 때문이다. 예를 들어 1921−22 회계연도 추정 예산에는 총독부 지방 사무소들의 지출이 3,298만 엔, 총독부 경찰 부문 지출이 37만 8,000엔으로 지정되어 있지만, 사실 후자는 중앙 경찰행정 비용만을 반영한 것이고 전국적으로 경찰력을 유지하는 데 드는 실제 비용은 '총독부 지방 사무소' 지출 항목으로 지정된 3,300만 엔 중 약 2,300만 엔이 그것이다. 또한 1921~1922 회계연도 예산 가운데 '교육' 항목의 지출은 약 300만 엔으로 나타나 있지만 총독부 예산의 모든 항목을 고려해 볼 때 실질적으로 교육에 지출되는 예산은 600만 엔 이상이었다.

다음 표는 총독부 예산을 지출 목적에 따라 분류한 후 몇 가지 항목

지출 목적에 따라 분류된 조선총독부 추정 지출 예산

(단위 기준은 1,000엔. 1엔은 50센트에 해당)

목적	1920	1921	1922	1923	1924
조선 왕실 유지비	1,500	1,800	1,800	1,800	1,800
중앙행정	5,483	6,936	8,263	7,786	8,227
지방행정	8,503	10,133	10,711	10,711	11,096
재판소와 감옥	6,034	7,117	6,962	7,295	7,561
경찰	16,702	22,754	22,265	21,924	22,402
의료 및 위생	1,765	1,882	1,656	1,735	1,747
교육	4,595	6,099	7,279	5,995	6,017
산업 발전	5,864	8,798	11,757	10,627	11,724
정부 사업	33,570	68,742	57,653	51,241	45,352
보수 및 건설	8,897	8,582	6,298	4,703	4,312
공채 부담금	7,441	9,485	11,700	12,797	13,568
예비금	2,500	2,500	2,500	2,500	3,250
도로 건설 및 기타 공공사업	7,108	6,743	7,914	6,182	4,621
기타	4,351	900	2,142	1,083	1,018
총액	114,313	162,471	158,990	146,379	142,695

으로 다시 합쳐서 만든 것이다.

표를 통해 매년 지출이 가장 많은 단일 항목은 '정부 사업'이라는 것을 알 수 있다. 정부 사업에는 정부 철도 사업, 총독부 인쇄국(1923년 폐지), 연초 전매, 인삼 전매, 소금 제조, 아편 판매(이전에는 전매국에서 담당했으나 현재는 경무국에서 담당하고 있다), 도량형 제조와 판매, 삼림, 형무 사업, 제재소, 통신(우편, 전보, 전화), 수도 사업(1922년 지방관청으로 이관), 평양 석탄 광산 사업(1922년 일본 해군에 사업권 이양) 등이 포함된다.

'지방행정'과 '교육' 항목과 관련해서는 사이토 총독의 지방분권화 정책에 따라 사용된 지출의 대부분을 지방 재정에서 담당하고 있다는 사실을 유념해야 한다. 이들 지출에 대한 내용은 제5장에서 살펴볼 수 있다. 여기에서는 1910년 100만 엔 미만이었던 지방 재정 예산 총액이 1923~1924년에는 1,900만 엔 이상으로 증가한 점을 언급하는 것으로 충분하다.

한국의 국채

한국의 국채에 대한 다음의 설명은 조선총독부가 발표한 『조선 행정 연보(1922~1923)』의 주요 부분에서 발췌한 것이다.

구한국 정권에서는 정부가 합법적으로 발행한 국채가 없었다. 국고 신용도가 너무 좋지 않아 이와 같은 계약이 성사될 수 없었고, 국민의 복지를 증진하기 위해 수립된 계획들은 그것을 이행하여 조금이라도 성과를 거둘 만한 자금이 부족하다는 이유로 수립과 거의 동시에 보류되었다.

1904년 한국 정부 당국은 일본인 자문관의 제안에 따라 행정제도를 근본적으로 개편하여 당면한 무력한 처지로부터 벗어나 국가 발전을 위한 기반을 구축하기로 결심했다.

그러나 한국 정부는 목표 달성에 필요한 자금을 조달하기 위해 국채 발행에 의존하는 방법밖에 없다는 것을 깨달았다. 이로써 한국 역사상 최초로 1905년 도쿄에서 200만 엔의 국고 채권이 발행되었고 국채 판매 수입은 연차 결산 보고서 정산에 사용되었다. 그 이후로 통화 제도 조정, 산업 발달 사업, 화폐유통, 그 외 한반도 발전을 위해 착수된 다양한 계획과 사업을 시행하기 위한 자금을 조달하기 위해 몇 차례 더 국채가 발행되었다. 발행된 국채 총액은 3,219만 658엔에 이르렀고 이 중 150만 엔은 통화 유동자금으로 일본 제국 정부가 무이자로 빌려 준 것이고 나머지는 연리 6%에서 6.5%로 여러 일본 은행과 한국 은행이 빌려 준 것이었다.

1908년 이후 행정 개선에 필요한 지출 증가분을 충당하기 위해 일본 제국 정부로부터 모두 합쳐 1,328만 2,623엔에 이르는 차관을 무기한 무이자로 제공받았다. 한편 이 같은 차관의 조정을 위해 공채 특별 계정이 만들어졌고 1910년 8월 28일, 즉 합병 전날까지 200만 엔의 국고 채권이 변제되었으며, 같은 날 한국의 국가 채무 순 잔액은 4,559만

106엔이었다.

합병의 결과로 통화 유동자금으로 제공된 차관(150만 엔)과 행정 개선 목적으로 제공된 차관(1,328만 2,623엔) 등 일본 제국 정부에서 제공한 차관을 상환할 필요가 없어졌고, 1911년 3월에 공포된 법에 따라 통화 조정에 의해 발생한 채무는 제국 정부 통화 조정 기금 특별 계정으로 넘어갔다. 동시에 총독부는 조선은행(1909년 설립된 한국은행이 합병 이후 1911년에 조선은행으로 명칭이 바뀌었다.—옮긴이)으로부터 209만 4,677엔을 차입하여 도로 건설, 지방 토목 사업 보조, 평양 석탄 광산 확장 등에 사용했다. 1910 회계연도 말 총독부의 부채 총액은 2,117만 5,422엔으로 급감했다.

1911년 이후 정부 세입은 한반도 발전을 위해 반드시 필요한 사업들을 지속적으로 추진하는 데 드는 지출을 충당하기에 부족했다. 그에 따라 항만 사업, 도로 및 철도 건설과 보수 등에 필요한 자금을 조달하기 위해 공채를 발행하기로 했다.

조선사업공채법朝鮮事業公債法에 의해 1911년 총독부에서 발행하는 공채의 최대 한도 금액은 5,600만 엔으로 정해졌다. 그러나 평양 석탄 광업소 확장과 다른 정부 사업이 진척되면서 공채 최대 한도 금액은 9,600만 엔으로 늘어날 수밖에 없었다. 그런데도 그 액수조차 여전히 부족한 것으로 여겨져 공채 최대 한도 금액이 1918년 3월에는 1억

6,800만 엔, 1919년 3월에는 1억 7,800만 엔으로 각각 늘어났다.

지난 몇 년 동안 문화정치에 따른 사업을 실시할 필요가 있다는 의견이 대두되면서 공채 최대 금액이 실제로 매년 증가했다. 1920년 8월에는 국립 병원, 경찰서, 감옥, 염전 등을 늘리기 위해 2억 650만 엔까지 증가했고 1921년 3월에는 담배 전매 실시에 필요한 보상금을 지급하기 위해 공채 발행을 허용하면서 2억 3,060만 엔으로 늘어났으며, 1922~1923 회계연도 말에는 3억 9,370만 엔까지 증가했다.

총독부의 연례 보고서 『조선 행정 연보(1922~1923)』에 제시된 것 외에 이후 통계치를 보면 1910년 합병 이래 1925년 3월 31일까지 체결된 차관의 총액은 약 4억 4,300만 엔이었고, 이 중 1억 800만 엔은 차환 거래를 위한 것이었다. 같은 기간 1억 8,900만 엔이 상환되었고 1925년 3월 31일자 미지급 채무액은 2억 5,400만 엔을 기록했다. 이는 인구 일인당 약 14.5엔(7.25달러)의 부채를 지고 있는 것과 같다. 여러 종류의 대부금에 대한 금리는 금융시장의 상황에 따라 매년 변동했다. 금리 평균은 5%에서 5.5% 사이였고 3년에서 5년이 만기인 단기채권이 대부분이었다.

제 9 장
교육

현재 한국의 교육제도가 준수하고 시행하고 있는 원칙은 고故 메이지 천황이 1890년 10월 30일에 공포한 교육 칙어에서 제창된 몇몇 일반 지침에서 기인한 것이다. 이 칙어는 원래 일본 국민을 계도하기 위해 발표된 것이었지만 1911년, 즉 한일합방 다음 해에 적용 대상이 새로운 속국으로까지 확대되었다. 핵심적인 교육 원칙은 아래에 제시되어 있다.

부모에게 효도하고 형제간에 우애하며, 부부는 화목하고 친구는 서로 믿으며, 공검하게 자신을 지키고, 이웃을 박애하며, 학문을 닦고 기예를 배우고, 지능을 계발하고 덕을 이루고, 나아가 공영과 공익을 추구하고,

위급한 상황이 발생하면 국가를 위해 용감하게 자신을 바쳐야 한다.

교육제도는 칙어에서 정립된 이상적인 모델을 지향하는 시민 창조를 목표로 하고 있는데 실제로 미국 공립학교에서 담당하고 있는 업무 범위를 훨씬 넘어서는 책임을 맡고 있다. 사실 칙어에는 미국 공립학교의 주된 목적이나 적어도 미국 공립학교의 주요한 실질적 기능, 즉 학교교육 지침과 동일한 의미를 가진 단어가 단지 여섯 개 포함되어 있을 뿐이다.

1916년 1월 4일 총독부가 한국 교사들에게 공포한 고시에는 교육 정책의 세 가지 주요한 목적이 나타나 있다.

(1) 충효를 세우는 것이 교육의 본의本義가 되어야 하며, 특히 도덕심 함양에 더욱 관심을 기울여야 한다.
(2) 분반으로 나누어 가르칠 때는 반드시 실용성을 고려해야 한다.
(3) 강건한 신체의 발달을 위한 노력이 경주되어야 한다.

고시에서는 이들 원칙을 상세히 설명하면서 첫 번째 원칙을 충실히 따름으로써 황제에게 충량한 신민, 부모에게 착한 자식이 되고, 사회적 성공과 사업의 번창으로 이어지는 근면하고 검약하는 습관을 몸에

익히게 되며, 이로써 국가의 번영을 증진하게 될 것이라고 밝히고 있다.

교육이 애국 및 도덕적 목표와 함께 실용적 목표에도 부합해야 한다는 필요성을 고시에는 다음과 같이 나타내고 있다.

교육의 목표는 국가의 요구를 충족할 수 있는 실용적인 인재를 육성하는 것이다. 헛된 논쟁에 골몰하여 세상에 거의 도움이 되지 않는 사람이나 근로나 노동을 싫어하고 그 실행을 간과하는 사람이 어떻게 입신하여 출세하고 국익을 증진할 것이라 기대할 수 있겠는가?

따라서 교육에 종사하는 사람들은 지식 활용의 원칙, 국민 복리의 증진, 유용한 지식 전수에 가장 먼저 관심을 기울여야 하며, 이를 통해 국가의 요구를 충족하는 실용적 인재들이 제국 안에서 예외가 아니라 통례로 자리하게 될 것이다.

고시는 더 나아가 교사들이 지도 요강으로 삼을 아홉 가지 규칙을 제시하고 있다. 이 규칙들은 부록 부분에 다시 나온다. 규칙의 요점은 다음과 같다.

개별 학생의 특성을 세심하게 고려하고 개별적 특성과 상황에 맞게 지도해야 한다. 시대의 요구와 국민의 일반적 상황이 조화를 이룰 수 있는 교육을 실행해야 한다. 기존 교육 방식만을 고수하는 것은 해가 되므로 교사들은 신체적, 도덕적, 지적 교육을 실시할 다양한 방식을 고안해야 한다. 모든 기회를 활용하여 습관적으로 타인에게는 관대하나 자신에게는 엄격하고, 근면하고, 검약하고, 정직하고, 신뢰할 수 있는 학생이 되도록 지도하여야 한다. 다양한 교육과정이 상호 조화를 이루어 각각 서로 보완되어야 하고 서로 상충하지 않아야 한다. 교육의 총체적 목표는 광범위한 분야에서 표면적 지식을 얻는 것이 아니라 제한된 분야에서 전문적 지식을 제공하는 것이어야 한다. 학생들의 관심을 불러일으키고 건전한 교육 방식을 세우는 데 모든 노력을 경주하여야 하며 이를 통해 학생들은 학교에서 교육받은 내용을 스스로 연습을 통해 보완하려는 마음을 가질 수 있을 것이다. 체육이나 경기를 통해 강건한 신체를 만들어야 한다. 교사는 위엄과 애정을 겸비해야 하고 모범과 교훈을 결합하여야 하며, 즉각적인 결과뿐만 아니라 이후의 일까지 고려해야 한다는 것을 깨달아야 한다. 교육의 유익한 결과는 학문적 가르침에서만 기인하는 것은 아니므로 교사들은 교사 간 협의회를 자주 열고 지역사회 원로들과 우호적인 관계를 유지하면서 교육 목표 확대를 지향하여야 한다.

교육제도의 역사적 발전

오늘날과 같은 한국의 교육제도는 조선왕조를 창시한 태조太祖가 수도 서울에 대학(성균관을 의미한다.—옮긴이)을 설립함으로써 이후 지방에도 학교가 세워지는 계기를 마련한 1398년에 시작되었으며 이러한 더딘 발전 과정이 지금과 같은 결과를 만들었다.

조선왕조의 세 번째 통치자인 태종太宗이 통치하는 동안 성균관 입학을 준비하기 위한 학교 네 곳이 서울에 세워졌다. 이들 기관은 모두 정부의 관리 아래 있었는데 정부는 농지 제공과 농지 운영에 필요한 노동력을 제공함으로써 학교들을 유지했다.

대학과 이들 학교에서 실시한 교육은 중국식 모델을 토대로 했는데, 다시 말해 주요 교과목은 공자의 어록을 배우는 것이었고 학생들이 얻게 되는 주요한 보상은 벼슬자리와 영구히 공직에 임용될 자격이 주어지는 최종 문과文科 시험에 합격할 가능성이었다.

국립학교 이외에 지방 전역에 서당이라 불리던 사립학교도 많이 있었는데, 이곳에서는 오로지 한자를 읽고 쓰는 것만 가르쳤다. 위에서 언급한 교육제도는 급격한 변화 없이 약 500년 동안 지속되었다. 만약 이 같은 교육제도가 유교 학자 이외의 다른 학자를 배출했다면 인구의 대부분인 농민의 필요를 충족했을 것이다. 농민들로부터 나온 개혁 방안들은 강력한 국가 보수주의와 서방 세계의 현대적 진보로부터 거의 완벽하게 고립된 상황에 의해 모두 좌절되었다.

1894년 청일전쟁 당시 한국 왕은 중국이 역사적으로 한국에서 누려 온 종주권이 폐기되었음을 선언했고, 일본은 중국이 수세기 동안 한반도 문제에서 행사했던 영향력을 자연스럽게 계승하게 되었다. 한국의 교육제도도 이후 10년 동안 새로운 시기를 맞이했다. 일본은 이 기간 동안 한국 행정을 전반적으로 개혁하려는 노력의 일환으로 한국 학교에 대한 연구를 시작했다.

서울 주재 일본 공사의 조언에 따라 한국 왕은 교육제도를 전면적으로 개편할 것을 약속했다. 그러나 개편 작업은 거의 성공을 거두지 못했는데 한일 양국의 전반적인 사회 상황에서 비롯되는 많은 차이점을 고려하지 않고 일본에서 시행 중인 방침을 거의 똑같이 따른 새로운 규정을 제정한 것이 실패의 한 원인이었다. 또 새로운 규정들을 효과적으로 시행할 능력 있는 한국 교사들이 사실상 없었다는 점도 부정적으로 작용했다.

1905년 일본의 보호정치가 실시되면서 상황은 새로운 국면을 맞이했다. 을사조약의 조항에 따라 한국 정부는 행정 업무를 수행할 일본인 교육 자문관을 임명했다. 교육 개혁 목표 달성을 지원하기 위하여 일본 통감인 이토 히로부미는 교육 당국이 임의로 사용할 수 있도록 총 50만 엔을 제공했다. 이 돈은 다양한 공공사업 촉진을 위해 1906년 일본산업은행으로부터 차입한 500만 엔 가운데 일부였다.

학교 운영과 교과과정 부문에서 생긴 많은 변화를 생략하면 이 당시에 진행된 교육 개혁의 대체적 특징은 다음과 같이 요약할 수 있다.

(1) 여성 교육. 지금까지 한국 정부에는 여성 교육에 대한 대책이 거의 없었고, 한국 여성들은 다양한 기독교 선교 단체들이 설립한 학교에서 주로 교육을 받았다. 하지만 1908년 정부에 의해 여자고등학교가 서울에 세워졌다.

(2) 상업 교육. 1904년 농상공업 학교가 세워졌고 1906년에는 사립 상업학교가 세워졌다. 후자는 오쿠라 기하치로大倉喜八郎 남작이 관용을 베풀어 설립한 곳으로 그는 이 학교에 20만 엔을 지원했다. 새로운 정책에 따라 공립학교 3개가 설립되었는데 각각 상업학교, 농업학교, 실업학교였다. 이 같은 작은 시작에서 출발하여 약 6년 동안 10개의 공립 농업학교 또는 임업학교가 세워졌고 2개의 공립 상업학교도 세워졌다.

(3) 사립학교 감독. 보호정치가 실시된 후 처음 몇 년 동안 대중들은 교육 시설 확대를 강력하게 요구했다. 이 같은 요구는 정부의 재정 상황을 고려할 때 정부가 충족할 수 있는 범위를 훨씬 초월한 것이었다. 그 결과 수백 개의 사립학교가 전국 곳곳에서 생겨났고 지역들은 경쟁적으로 이 같은 흐름을 주도했다.

이 같은 급속한 발전은 몇 가지 폐단을 낳았기 때문에, 정부는 이에 무관심할 수 없었다. 이들 학교에 자금을 대기 위해 많은 이해 당사자들이 수상한 방법을 쓰기도 했다. 실질적인 학교라기보다는 이름뿐인 학교들이 적지 않았고 이곳들은 배움이 아니라 오락의 중심지가 되었다. 또 다른 학교에서는 학생들에게 제공되는 교과서가 건전한 교육이라는 목표에 전혀 적합하지 않은 것으로 밝혀지기도 했다.

이에 따라 1908년 사립학교령이 공포되면서 모든 사립학교를 정부가 직접 감독하게 되었다. 1910년에 학무국에서 수집한 공식 통계에 의하면 사립학교 수는 2,220개이고 이 중 미션스쿨이 823개였다.

다른 장에서 설명하고 있는 여러 사건들 때문에 한국은 1910년 8월에 일본에 합병되었다. 한국 정부의 모든 공식적 권한이 소멸됨과 동시에 교육제도에 대한 권한은 새롭게 설치된 총독부가 전면적으로 행사하게 되었다.

새 정부에서 발표한 첫 번째 연례 보고서의 상당 부분이 교육에 관한 것이었다. 아래 인용 부분에는 전반적인 교육정책에 대한 총독부의 공식적 관점이 나타나 있다.

지금까지 한반도의 교육행정은 별개의 두 관청에서 시행했다. 한국인의 교육은 통감의 지침에 따라 구한국 정부의 학무부가 담당했고 한국 내 일본 아동의 교육은 통감부 지방부가 관리했다. 합병 이후 총독부가 설치되자 한국인과 일본인 모두를 포함하는 교육행정 전체가 총독부 내무부에 있는 학무국의 동일한 관리하에 놓이게 되었다.

그러나 지금까지 한반도에서 유지된 이중 교육제도, 즉 한국 아동과 일본 아동을 따로 분리하여 교육하는 제도는 차후에도 지속되어야 한다는 결정이 내려졌다. 이는 한국인과 일본인 간 생활 수준의 차이로 인해 통합 교육이 불가능하기 때문이다. 사실상 일본 본토에서 실시되는 교육과 동일한 한국 내 일본 아동 교육은 가까운 장래에 개혁할 필요가 없었던 반면 한국 아동을 위한 교육제도는 일본의 보호정치 기간 동안 어느 정도 개선되었는데도 현재의 여건을 충족하기 위해서는 추가적 개혁이 필요했다. 하지만 교육제도의 재편성은 많은 심사숙고를 필요로 했는데 합병 시에 성급한 개혁을 단행하면 좋지 않은 결과가 나타날 가능성이 있기 때문이다.

1년이 지난 후 1911년 8월에 공포된 칙령에 따라 한국인을 위한 새로운 교육제도가 시행되었고 같은 해 10월 총독부령이 반포되어 한국인이 교육을 받는 학교에 적용할 수 있는 규칙과 법규들이 제시되었다.

합병 직전인 1909 회계연도와 합병 직후인 1911 회계연도 사이에 한국인을 위한 교육 시설이 얼마나 확충되었는지는 다음 수치들을 보면 판단할 수 있다. 한국인을 위한 공립학교는 1909년에 139곳, 1911년에 280곳이었다. 한국인 학생 수는 1909년에 1만 6,506명, 1911년에 3만 201명이었다. 교사 수는 1909년에 731명, 1911년에 1,295명이었다.

교육제도의 현 상황

한국 교육제도의 현 상황은 몇 가지 요인들이 함께 영향을 미친 결과를 반영하고 있다. 이들 요인 중에 특히 지속적으로 증가하는 교육 부문 지출, 지난 5년 동안 현 총독인 사이토 자작에 의해 추진된 점진적 문화 정책의 시행, 1920년 임시 교육 조사 위원회의 활동, 1922년 조선교육령의 개정 반포, 합병 이후 급속한 경제 발전 덕택에 한국인들의 전반적인 사회 여건이 두드러지게 진보한 점 등은 더욱 중요한 영향을 미쳤다.

한국인들, 특히 대도시나 대도시 인근 지역에 거주하는 사람들의 생활수준이 점진적으로 향상된 것과 그들 사이에서 교육 기회에 대한 열의가 더욱 높아짐으로써 한편으로는 한국인을 위한 학교의 수가 크게 증가했고 다른 한편으로는 한국인과 일본인을 별도의 학교에서 교육하는 원칙이 바뀌기 시작했다.

당국이 더 이상 일본인 학교와 한국인 학교를 구분할 수 없다는 판단을 내릴 정도로 한국인과 일본인이 함께 배우는 공학共學이 보급되고 있었다. 전문학교, 보통학교, 실업 및 상업 학교는 한일 학생이 함께 공부하는 공학만으로 규정했다. 초·중등 교육 단계의 학교들은 현재 '습관적으로 한국어를 사용하는 학생들을 위한' 학교와 '습관적으로 일본어를 사용하는 학생들을 위한' 학교로 구분되고 있다. 따라서 한국인들이 일본인을 위해 설립한 학교에 다닐 수 있고 일본인이 한국인을 위해 설립한 학교에 다닐 수도 있다. 학교 운영과 관련하여 한국의 학교는 세 가지로 구분되었다. 관립 학교는 조선총독부가 직접 관리하는 학교이고, 공립학교는 지방관청, 한국인 학교비, 일본인 학교 조합에서 관리하는 학교이며, 사립학교는 일반 교육을 목표로 하는 학교와 종교적 특성을 가진 학교로 나눌 수 있는데 사설 단체나 개인이 관리했다.

사립학교는 공식적으로 두 가지 주요한 그룹으로 분류되었다. 한 그룹은 국가 교육제도의 요건을 완전히 따르는 학교들로 구성되었는데, 이들 학교에는 관립학교와 동일한 특전이 주어졌다. 정부 문서에서는 이들을 간단히 정규학교Regular School로 설명하는 반면 비공식적인 문서에서는 대체로 공인학교Recognized School로 부른다. 사립학교의 또 다른 그룹은 공식적으로는 각종학교 혹은 비표준 학교Non-standardized School로 불리고 비공식적으로는 비공인 학교Non-recognized School로 불리는 학교들로 구성되어 있다. 이들은 지정 학교Designated School와 미지정 학교Non-designated School 두 종류로 분류되는데, 전자는 정규교육제도의 요건을 완전하게 충족하지는 못해도 동급의 관립학교와 동일한 수준이라고 정부가 인가한 설비와 능률을 갖춘 학교이다. 이들 학교의 졸업생들은 한국 내 고등교육기관 입학과 관련하여 관립학교 졸업생들과 동일한 특전을 받는다. 미지정 학교는 위에서 언급한 인가를 받지 못한 학교들이다.

한국 내 학교와 관련한 수치들을 제시하기 전에 총독부 공식 간행물에서 제시된 통계 수치와 일본에서 기독교 선교 연합Federation of Christian Missions이 발간한 『일본, 한국, 대만에서의 기독교 운동The Christian Movement in Japan, Korea, and Formosa』에서 제시된 수치들이 크게 다르다는 사실을 언급할 필요가 있다. 그 이유는 총독부 공식 문서에는 예전의 데임 스쿨Dame-school(여성들이 자택을 개방하여 운영한 사립학교—옮긴이)과 유사한 사립교육기관인 서당이 학교로 분류되기에는 부족하다는 판단 아래 포함되지 않았기 때문이다. 반면 선교회 통계 수치에는 기본적인 교육 조직인 서당도 포함되었다. 선교 보고서는 수행된 모든 활동에 대해 설명하고 있으므로 이는 지극히 당연한 일이다. 게다가 총독부 공식 문서에는 '보통학교'나 '고등보통학교' 등에 총독부 규정을 기반으로 명백하게 인가된 공식 지위를 가진 학교들만을 포함하고 있는 반면 선교회의 간행물에서는 관립 학교들이 지정받은 대로 수행하는 활동과 대체로 유사한 교육 활동을 벌이는 학교들도 모두 포함했다. 총독부와 선교 연합회는 이 문제를 논의해 왔고 교육 자료의 용어 통일을 검토하는 중이다.

이 장에 제시된 통계 수치는 공식 자료에서 빌려 온 것이다. 1914년 지방 교육 단체인 학교비에서 관리하는 '보통학교' 항목에서 학교비라는 기구가 당시에는 존재하지 않았음을 주목해야 한다. 또 학교를 유지하는 데 드는 비용은 제국 기부금, 수업료, 분담금, 중앙정부와 지방정부의 보조금, 한국인에게 할당되는 부과금(당시에는 한국 아동만이 이들 보통학교에 다녔다) 등에 의해 마련되었는데, 당시의 부과금은 1920년 설치되어 현재 시행 중인 학교비 부과금과 유사한 근거로 진수되었다.

1925년에 공립 중학교, 고등보통학교, 여자고등보통학교의 관리 권한이 지방단체로 이양되었다. 총독부는 이들 학교에 부속된 모든 부동산과 다른 자산들을 무상으로 양여한 데 더하여, 최근 몇 년간 정부가 지출했던 연간 세출의 80%에 달하는 보조금을 다양한 지방단체들에 학교 운영 및 관리비로 지급했다. 즉 개략적 수치로 9개 중학교를 위한 보조금으로 53만 엔, 14개 고등보통학교를 위한 보조금으로 65만 6,000엔, 2개 여자고등보통학교를 위한 보조금으로 10만 8,000엔을 각각 지방단체에 제공했다.

한국 내 학교와 교사의 수

관리 주체와 학교 종류	학교		교사				
	1914	1924	1914		1924		
			일본인	한국인	일본인	한국인	외국인
총독부:							
소학교	0	1	0	0	20	0	0
보통학교	2	3	0	0	18	10	0
중학교	2	9	37	0	217	0	4
고등보통학교	2	14	55	19	261	36	1
여자고등보통학교	1	2	17	6	35	10	0
농업학교	0	1	0	0	14	1	0
실업학교	0	1	0	0	27	2	0
전문학교	1	5	16	1	169	8	2
사범학교	0	1	0	0	37	2	1
대학 예비 과정	0	1	0	0	16	0	0
지방관청 :							
농업학교	15	20	65	24	128	34	0
상업학교	2	13	12	3	111	13	3
공업학교	0	1	0	0	18	1	0
임업학교	0	4	0	0	19	6	0
초등 농업학교	53	6	96	84	13	7	0
초등 상업학교	4	7	10	5	39	9	0
초등 공업학교	1	7	3	2	33	70	0
사범학교	0	13	0	0	113	22	0
지방 교육 단체(학교비):							
보통학교	381	1,087	487	1,280	1,904	4,588	0
각종학교	0	159	0	0	124	348	0
학교 조합:							
소학교	264	442	722	0	1,757	0	0
중학교	0	1	0	0	8	0	0
여자고등학교	6	21	63	0	251	0	4

상업학교	4	2	39	0	32	2	0
각종학교	1	0	11	0	0	0	0
개인이나 사설 단체:							
소학교	0	1	0	0	1	0	0
보통학교	20	51	28	74	26	258	4
고등보통학교	2	8	7	11	42	141	11
여자고등보통학교	2	5	15	12	30	36	8
상업학교	1	3	12	2	32	9	4
전문학교	1	3	14	0	18	36	21
각종학교:							
일반학교	776	374	147	2,571	230	1,223	3
종교학교	473	271	32	2,052	61	1,163	115

1911년에서 1924년까지 위의 표에 나타난 학교의 학생 수는 11만 789명에서 54만 2,679명으로 증가했고, 학생 수가 가장 두드러지게 증가한 곳은 보통학교로 2만 121명에서 36만 1,710명(거의 대부분이 한국 아동이다)으로 늘어났고, 소학교 학생 수는 1만 5,509명에서 5만 6,049명(거의 대부분이 일본 아동)으로 늘어났다.

위의 수치에는 두 종류의 기관, 즉 유치원과 서당의 학생들은 포함되지 않았다. 유치원에 다니는 아동 수는 1911년 606명에서 1924년에는 4,510명으로 증가했고, 같은 기간 서당에 다니는 아동 수는 14만 1,604명에서 25만 6,851명으로 늘어났다. 서당은 한국인이 운영하는 초등 사립학교로 이곳에서는 중국 고전과 붓글씨 외에 다른 것은 거의 가르치지 않았다.

이 책이 인쇄소에 보내지는 시점에 새로 설립된 대학(경성제국대학을 말한다.—옮긴이)의 확정된 교과과정이나 이 대학에 입학한 학생의 수가 몇 명인지 상세한 설명은 찾을 수 없었다.

학교 교과과정

보통학교, 공업학교, 상업학교, 고등보통학교 등 학교의 종류에 따라 당연히 교과과정도 달랐다. 여기에서는 6년 과정인 보통학교의 표준 교과과정에 대해 설명한다.

수신 : 전 학년 일주일에 1시간이며 올바른 품행의 요지를 교육

국어(일본어) : 1학년은 일주일에 10시간, 2~4학년은 12시간, 5~6학년은 9시간

조선어 : 1~2학년은 일주일에 4시간, 나머지 학년은 3시간

산술, 분수, 비율, 주판 사용법으로 이어지는 단계적 교육과정 : 1~2학년은 일주일에 5시간, 3~4학년은 6시간, 5~6학년은 4시간

일본 역사 : 5~6학년 일주일에 2시간

지리 : 5~6학년 일주일에 2시간

이과 : 4~6학년 일주일에 2시간

도화 : 4학년은 일주일에 1시간, 5~6학년 중 남학생은 2시간, 여학생은 3
　　시간

창가 : 전 학년 일주일에 1시간

체조, 교련, 운동 : 남학생과 여학생의 수업 내용이 다르며, 평균적으로 전
　　학년 일주일에 2시간

재봉 : 4학년 일주일에 2시간, 5~6학년 일주일에 3시간

수공 : 1~3학년 과정에서는 일주일에 1시간 수업할 수 있고 4~5학년은 2
　　시간

　1~3학년은 일주일에 1시간 도화 수업을 받을 수도 있다. 지정된 시
간만큼 외부 실습을 통한 교육을 실시할 수 있다.

교사의 봉급

　전문학교나 대학의 학장은 연간 4,500엔 내지 5,200엔의 봉급을 받
았으며, 일본인일 경우 추가로 봉급의 40%에 해당하는 식민지 수당을
받았으며, 공식 거주지가 제공되지 않을 경우에는 600~700엔의 임대
수당이 제공되었다.

　전문학교와 대학교의 교수나 사범학교, 실업학교, 중등(고등)학교
교장은 12호봉號俸에 해당하며 연간 1,200엔 내지 4,500엔의 봉급을 받

왔다. 일본인일 경우 봉급의 40%에 해당하는 식민지 수당과 312~396엔의 임대 수당이 제공되었다.

모든 학교의 다른 교사들은 주임직의 11등급 중 하나로 분류되거나 판임으로 인정되었다. 주임 직책 교사들은 연간 1,100엔 내지 3,800엔의 봉급을 받았으며, 일본인일 경우 봉급의 40%에 해당하는 식민지 수당과 312~396엔의 임대 수당이 제공되었다. 판임 직책 교사들은 연간 480~1,920엔의 봉급을 받았으며, 일본인일 경우 봉급의 60%에 해당하는 식민지 수당과 156~264엔의 임대 수당이 제공되었다.

학교 내 종교 문제

한국 학교에서 종교교육을 실시하는 문제는 자주 열띤 논쟁을 불러일으켰던 주제이지만 논쟁 과정에서 참고할 만한 정보는 턱없이 부족했다. 진실은 아주 단순한 것이고 문제의 진리를 깨닫고자 하는 사람에게는 이해하기 쉬운 것이다. 1911년 조선교육령이 시행되었고, 이를 토대로 1915년 새로운 규정들이 발포되었다. 이에 따라 총독부로부터 관립 학교와 동일한 교과과정을 가진 학교로 승인받고 자교 졸업생에게 관립 학교 졸업생과 동일한 특전을 부여하고자 하는 사립학교는 정규 교과과정의 일부로 성경을 가르치거나 종교 행사를 치를 수 없게 되었다. 공공 정책상 이 같은 규칙을 두는 것은 건전한 교육제도를 구성하는 데 필수적이었고 명백한 근거도 있었다. 공립이든 사립이든 정규교육제도 내의 모든 학교는 보통학교나 고등보통학교 등으로 등급이 명확하게 정해지고 각 학교에 맞게 지정 교과과정이 규정되고 개별 과목에 대한 주당 수업 시간이 지정되었다.

　사립학교가 규정된 교과과정을 바꾸고 그것을 허가받는다면, '보통학교 졸업생'이라는 설명은 다양한 교과과정만큼이나 다양한 해석을 할 가능성이 있음이 자명했다. 학교 등급을 위해 규정된 교과목을 가르치고 교사나 학교 설비 등의 측면에서 총독부의 필요요건을 충족한 학교는 공식적인 교과과정 외의 시간을 활용한다는 전제 아래 교내에서 자유로이 성경을 읽고 종교교육을 하고 종교 행사를 치를 수 있다. 또한 이들 학교는 총독부로부터 등급 승인을 받을 수 있고 부수적 특권도 유지할 수 있다.

　1923년에 공포된 새 규정들은 이전보다 한 걸음 더 나아갔다. 이에 대해 남감리교회Methodist Episcopal Church, South의 한국 선교회에서 회계를 담당했던 앨프레드 W. 왓슨Alfred W. Wasson 목사는 1923년 7월 『한국 선교현장The Korea Mission Field』(한국복음주의선교공의회General Council of Evangelical Missions in Korea의 공식 간행물로 선교 활동 보고서 격인 월간지(1905~1941)—옮긴이)에 기고한 '새로운 교육령의 중요성Significance of the New Educational Ruling of the Governor-General'이라는 글에서 다음과 같이 분명히 밝히고 있다.

새로운 교육령은 교회 학교들이 정부로부터 다양한 종류의 승인을 받을 수 있는 방법을 제공하고 있다. 이에 따라 학교들은 종교교육의 자유를 무제한 누릴 수 있게 될 것이고 동시에 정부로부터 완전한 승인을 받은 관립 학교 등과 동일한 몇 가지 특권을 누릴 수 있게 된다. 오해를 피하기 위하여 실제로 정부로부터 완전한 승인을 받은 미션스쿨들이 정규적이고 체계적인 종교교육을 실시하고 있다는 사실을 덧붙일 필요가 있다. 이는 비밀리에 실시되는 것이 아니며 법을 위반하는 것도 아니다. 이는 당국의 완전한 이해와 동의하에 실시되고 있으며 규정 교과과정 이외의 시간에 실시되는 한 법을 위반하는 것이 아니다.

이전 정권에서는 정부 방침에 순응하는 학교에 단지 특별 임시 허가만 내주어 학교 건물에서 예배를 올리고 정규 교과목 외에 종교교육을 실시할 수 있었다. 사이토 자작의 정부는 일반적이고 영구적으로 이 같은 허가를 내주었다.

교육재정

교육행정에 사용된 개인 혹은 관청의 지출은 총독부 중앙과 지방 사무소의 지출에 통합되었으며 국고에서 충당되었다. 위에서 언급한 항목 이외의 교육 지출은 총독부와 세 개의 공공단체, 즉 지방관청, 학교비, 학교 조합에서 담당한다. 총독부는 제국대학에서 초등학교에 이르기까지 관립 학교를 지원한다. 또 지방관청에 교육 보조금을 지급하고 교과서 편집 비용이나 학생들을 일본이나 해외로 유학 보내는 비용, 다양한 특별 목적의 단기 교육과정을 제공하는 데 소요되는 비용 등을 지급한다.

지방관청은 사범학교, 실업학교, 중등학교를 지원한다. 지방관청은 다른 지방단체들의 교육 사업을 보조하고 다양한 종류의 사회 · 교육 발전 사업의 비용을 부담한다. 지방관청의 재원은 지방세, 총독부 보조금, 일본 제국 기부금 수입, 재산 수입, 사용료, 기부금, 지방 대부금과 몇몇 소소한 출처 등을 통해 마련된다.

학교비는 주로 한국 아동을 교육하는 보통학교의 비용을 부담한다. 학교비의 재원은 한국인들의 부과금, 총독부와 지방관청의 보조금, 재산 수입, 사용료, 기부금, 지방 대부금과 몇몇 소소한 출처 등을 통해 마련된다.

학교 조합은 소학교, 중등학교, 주로 일본인을 대상으로 설립된 실업학교의 비용을 부담한다. 학교 조합은 일본인들이 내는 부과금과 기타 학교비에 지급되는 것과 유사한 출처들로부터 재원을 마련한다.

다음 표는 1919~1920 회계연도에서부터 1923~1924 회계연도까지 한국 내 교육 부문 지출 총액을 보여 주는데, 비교를 위해 1913~1914 회계연도의 지출액도 함께 표시하고 있다. 이 수치에는 총독부 중앙과 지

교육 부문 공공 지출

(단위 기준은 1,000엔. 1엔은 50센트에 해당)

지출 목적	1913–14	1919–20	1920–21	1921–22	1922–23	1923–24*
총독부:						
직접 지출	550	1,536	2,493	4,155	4,172	5,033
보조금	(686)	(1,755)	(2,968)	(3,596)	(4,052)	(2,861)
지방단체:						
직접 지출	428	789	725	1,271	2,049	3,091
보조금	(269)	(1,737)	(3,458)	(3,873)	(3,953)	(2,489)
지방 교육 단체(학교비):						
직접 지출	1,157	3,214	8,157	10,245	13,306	13,903
학교 조합:						
직접 지출	555	2,391	4,354	4,419	5,581	5,331
지출 총액	2,690	7,930	15,729	20,090	25,108	27,358

* 예산 추정치

방 사무소의 교육행정 직원 및 사무소 관리 비용은 포함되지 않았는데, 이 비용은 국고에서 충당된다. 수치들은 1,000엔을 기준으로 표시되어 있다. 괄호가 없는 수치는 해당 기관의 교육 부문 직접 지출을 나타낸 것인 반면 괄호 안의 수치는 해당 기관이 그의 부속기관에 제공한 교부금(보조금)을 나타낸 것이다. 당연히 모든 보조금들은 하위 부속기관에 대한 직접 지출에 사용된다. 따라서 각 연도의 지출 총액은 괄호가 없는 수치인 각 기관의 교육 부문 직접 지출을 모두 더한 액수와 같다.

일본인과 한국인 모두 예외 없이 수업료를 낸다. 보통학교의 평균 수업료는 한 달에 약 25센트 정도이며 소학교는 25~50센트, 고등보통학교와 중학교는 1.25달러, 여자고등보통학교는 75센트, 여자고등학교는 1.50~2.25달러, 실업학교는 1.00달러, 전문학교와 대학 예비 과정의 1년 학비는 각각 17.50달러와 25달러이다.

1923년 한국인들이 부담하는 학교비 부과금은 인구 일인당 평균 약 20센트 정도였고, 한국 내 모든 학교 조합의 일본인 인구를 기준으로 할 때 일본인들이 부담하는 학교 조합 부과금은 평균 3.30달러였다.

제 10 장
보건, 위생 및 사회 사업

역사적 사실

청일전쟁 종결 후 1906년 통감부가 설치되면서 한국이 사실상 일본의 보호국이 되었을 때 일본 관리들의 관심을 끌었던 문제 가운데 하나는 공중위생이었다. 당시 그와 관련된 모든 것들이 개탄할 만한 상황이었기 때문이다. 일찍이 1897년에 한국 정부 내무부에서 일본 전문가의 조언을 받아 예방접종 실시와 한반도에서 때때로 유행했던 콜레라, 장티푸스, 이질, 디프테리아 등을 예방하기 위한 다양한 규정을 공포했던 것은 사실이다.

그러나 이러한 규정들은 구한국 정부에서 공포했던 다른 많은 규정과 마찬가지로 전혀 효과적으로 시행되지 못했다. 따라서 통감부가 가장 먼저 취한 조치 중 하나는 일본인 의사 50명을 고용하여 그들을 지방 곳곳의 경찰서에 배치한 것이다. 의사들의 특별 임무는 예방접종과 전반적인 공중위생 조치를 감독하는 것이었다.

1906년 이전에 구한국 정부는 병원과 의학교를 각각 한 곳씩 운영했고, 다른 몇몇 병원들은 외국인 선교회나 한국 내 여러 일본인 정착촌의 자치 당국에 의해 유지되었다.

이들 병원은 설비와 환자 수용 시설이 만족스럽지 못했을 뿐 아니라 부족했다. 그리하여 통감부의 조언에 따라 세 개 국립병원과 의학교를 하나로 통합하여 수도인 서울에 대한의원이라는 의료 기관을 만들었다. 일본인 군의총감軍醫總監 사토 스스무佐藤進 자작이 대한의원 창설 위원장으로 임명되어 병원 건물, 설비, 직원 고용 등의 문제를 책임졌고 이후 초대 병원장이 되었다.

한국에서는 전염병 발병이 잦았는데 특히 콜레라, 장티푸스, 이질, 천연두가 자주 발생했다. 1910년 이전에는 이러한 전염병을 예방 혹은 통제하기 위한 조치가 거의 취해지지 않았다. 그러나 1910년 7월 한국의 경찰행정권이 일본 통감부에 이양되었고 일본 공중위생 경찰 조치들이 점진적으로 전국에 도입됐다. 1910년 8월 한일합방으로 총독부가 설치되면서 크게 개선된 공중위생 및 의료 제도를 실시하기 위한 대략적인 계획이 수립되었다.

사람들이 위생행정의 세부 사항에 대해 무지하거나 관심을 보이지 않는 곳에서 이 같은 조치들을 아주 급속히 진전시키며 실행할 수는 없다. 국민 건강 증진은 초기에 비용이 많이 들고 아주 숙련된 의사와 어느 정도 국민들의 자발적인 협조가 필요한 일인데, 이러한 국민들의 협조는 세밀한 규정을 엄격히 시행함으로써 얻을 수 있다.

지배 세력이 자신이 다스리는 국민의 보건 증진을 위한 사업에 착수할 경우 거의 대부분의 사례에서 사업에 대해 강한 불만이 표출되고 종종 그것이 폭력적인 저항으로 표현되기도 했던 것을 볼 수 있다. 사업에 드는 비용으로 국민들이 지나치게 세금을 많이 내고 있다는 비판이 나왔고 규정의 엄격한 시행으로 국민들은 통치자들이 자신들을 박해하고 있다고 외쳤다.

다행히 한국인들은 대체로 보건과 공중위생 부문에서 일본이 실시하는 사업의 중요성을 제대로 이해했고, 그에 따라 여전히 해야 할 일은 많이 남아 있었지만 향후 사업 진척의 성패는 단지 사용 가능한 재정을 얼마만큼 확보할 수 있는가에 달려 있었다.

총독부가 매년 발간한 『조선의 개혁과 발전에 관한 연례 보고서』에서는 보건과 공중위생 문제에 한 장章을 할애하고 있으며, 다음 설명은 보고서 내용에서 따온 것이다.

일본의 보호정치가 실시되는 동안 위생행정을 위해 몇 가지 조치가 시행되었으나 그와 조화를 이룰 규정들이 없었기 때문에 제한적인 성공밖에 거둘 수 없었다. 따라서 1911년에 음식물과 기타 항목을 규제하는 일본법이 한국에까지 확대 적용되었고 필요한 행정적 규정들이 발포되었다. 위생행정 조치의 통일성을 확보하기 위해 서울에 있는 국립 병원과 지방 자혜의원의 업무를 제외한 모든 위생 관련 사무는 총독부 경무국에서 집중적으로 맡았다. 경무국은 한반도에서 판매되는 식료품이나 약품의 견본을 분석하는 업무를 주로 하는 화학 실험실을 갖추게 되었다. 동쪽의 일본해와 서쪽의 황해 두 개의 바다와 면한 기다란 해안선이 있고 북쪽에는 각각 만주와 동부 러시아와의 국경이 되는 두 개의 강이 흐르고 있어 역병이나 기타 전염병이 도래하는 것을 방지하기 위한 검역을 제대로 시행하기가 무척 어려웠다.

이것은 총독부 초기 시절인 1911년 당시 만주 지역을 휩쓴 역병이 한국에까지 퍼지는 것을 막기 위해 취해진 조치에서 잘 나타나고 있다. 당시의 조치는 총독부가 처음부터 공중위생 문제와 관련하여 자신의 책무가 무엇인지를 이해하고 있었음을 보여 준다.

1910년 만주 하얼빈 지역으로부터 전염병이 유행한다는 보고가 들어왔을 때 모든 지방 경무부장과 수도 경성의 경찰서장에게 예방책을 채택하라는 지시가 내려졌다. 중국 배가 끊임없이 드나드는 압록강 유역과 황해도 해안 지역에서는 검역 체계가 가동되었고 사람들에게 쥐를 잡도록 장려했다. 전염병이 발생한 지역에서 들어오는 중국인은 10일 동안 격리되었고 압록강 어귀 한국 지역인 신의주와 국경에서 120마일(약 193km) 떨어진 평양에 철도 운송을 위한 검역소가 설치되었다.

1911년 1월 전염병이 국경에서 한국 쪽으로 50마일(약 80km) 안쪽 지역까지 퍼지자 더욱 긴박한 조치가 필요했다. 민간 고위 공무원과 의무감들로 구성된 전염병 방지 위원회가 만들어졌고 중국인 노동자들이 결빙한 강을 건너오는 것을 철저히 차단하기 위해 압록강 남쪽 강둑 지역에 1,000명 이상의 경찰과 헌병을 보내 순찰하도록 했다. 이들 순찰대에는 추가로 경찰 보트와 기선 등이 제공되었고 이들은 압록강 어귀에서 중국 당국과 협력하여 활동했다. 두만강이 이어지는 동북쪽 국경 지역에서도 유사한 조치가 취해졌다.

이와 같은 엄격한 예방 조치 덕택에 전염병은 국경 지역에서 더 이상 퍼지지 않았고 한국인이 발병한 사례는 단 한 건도 없었다. 콜레라의 경우 지난 15년 동안 전염병으로 발생한 사례는 크게 줄어들었고, 콜레라가 심각하게 발발한 경우도 1919년과 1920년 두 해뿐이었다. 1919년에는 콜레라로 인한 사망자가 1만 2,000명이었고 1920년에는 1만 3,000명이었다. 반면 1921년에는 콜레라로 인한 사망자가 단 한 명

한국 내 전염병

연도	콜레라		이질		장티푸스		천연두		성홍열	
	환자	사망자	환자	사망자	환자	사망자	환자	사망자	환자	사망자
1912	122	7	1,945	400	1,593	252	1,142	164	40	7
1913	1	1	1,388	309	1,956	373	226	35	70	13
1914			1,396	343	2,402	425	140	12	336	121
1915	1	1	1,344	316	2,596	415	48	8	614	156
1916	2,066	1,253	1,189	306	2,365	437	48	6	223	48
1917			2,096	592	2,397	599	48	5	237	31
1918			1,126	267	3,750	703	330	111	125	12
1919	16,803	10,009	1,522	407	3,266	642	2,180	675	124	21
1920	24,229	13,568	974	253	2,140	422	11,532	3,614	371	106
1921	1	1	978	311	2,535	485	8,316	2,527	717	209
1922	40	23	1,932	529	3,801	768	3,673	1,160	585	139
1923			1,195	296	2,839	541	3,722	1,120	1,008	242

으로 보고되었고 1922년에는 사망자가 23명이었으나 1924년에는 한 명도 없었다.

전염병

위 표에는 1912년부터 1923년까지 12년 동안의 전염병 발생 정도를 나타낸 것이다. 그중 가장 위험한 질병인 콜레라에 관해서는 1921년에서 1923년까지 발생 건수가 41건, 사망자 수가 24명에 지나지 않는다는 점을 주목해야 한다.

이 통계는 공식적인 수치이지만 의학 보고서에 따르면 보고서에서 누락된 경우나 한국인들이 전염병에 걸린 사실을 숨기는 경우가 있기 때문에 통계치가 정확하지 않을 수 있다는 점도 참작해야 한다. 통계 자료와 관련하여 장담할 수 있는 것은 이용 가능한 최선의 자료를 사용했다는 것이다.

일반적 사망 원인

1919년부터 1923년까지 5년 동안 한국의 연평균 사망자 수는 36만 9,000명이었고, 이것은 연간 평균 사망률이 인구 1,000명당 약 21명인 수준이다.

1923년에 발생한 사망 원인을 사망자 수가 많은 순으로 나열해 보면 신경계 질환으로 인한 사망이 7만 2,086건, 소화기 질환으로 인한 사망이 5만 3,320건, 호흡기 질환으로 인한 사망이 4만 6,691건, 전염병에 의한 사망이 3만 4,302건, 감기로 인한 사망이 3만 3,022건, 노환으로 인한 사망이 1만 8,935건, 순환계 질환으로 인한 사망이 1만 4,899건, 체질성 질병에 의한 사망이 1만 789건, 정신병에 의한 사망이 9,820건, 비뇨 생식기 질환으로 인한 사망이 9,576건, 피부 질환으로 인한 사망이 8,128건, 이비인후과 질환으로 인한 사망이 7,717건이었다. 앞서 언급한 사망 원인이 전체 사망자의 89%를 차지했으며 나머지 11%는 최대 2% 미만인 다른 사망 원인들로 이루어졌다. 이어지는 부분은 총독부가 발행한 영문 보고서 『조선 행정 연보(1922~1923)』에서 요약한 것이다.

위생 설비

이전에 한국의 위생 상태는 아주 나빴는데 현대적 의학 지식과 기술을 가진 한국인 의사가 거의 없었고 병자들은 대개 무당들에게 맡겨져서 의학적인 치료를 받지 못했다. 공중위생 사업은 전혀 시행되지 않았고 심지어 식수조차 비위생적인 경우도 많았다. 결과적으로 다양한 전염병이 끊임없이 발생했는데 폐디스토마와 기생충성 질환이 특히 심각했다. 그나마 언급할 만한 의료 기관은 경성과 다른 도시 지역에서 소수의 일본인 의사와 외국인 선교 의사들이 운영하는 몇몇 의원밖에 없었다.

그에 따라 보호정치 초기 시절에 이 같은 비위생적인 환경을 개선하기 위해 실시된 첫 번째 조치가 경성에 대규모 병원인 대한의원(한국종합병원)을 설립하고 지방에 몇몇 자선병원을 세운 것이었다. 그와 함께 공공 산업 기금 가운데 일부를 주요 도시의 상수도 설치 사업에 사용했다. 총독부 통치하에서는 기존 의료 기관을 확대하는 추가적 조치가 실시되었다. 경성에 있는 국립 병원(앞서 언급한 대한의원)이 확장되었을 뿐만 아니라 각 도에 자혜의원慈惠醫院이 설립되었고, 합병 당시 지급된 일본 천황의 하사금 덕택에 도시에서 멀리 떨어진 지역에도 자선병원이 세워졌다. 접근하기 힘든 오지에 의사들을 파견하여 순회하며 병자를 치료하도록 했고, 환자 요양에 적합한 기후로 알려진 전라도 남쪽 해안의 소록도에 나병 환자를 위한 격리병원을 설치했다. 이와 같은 인도적 사업과 더불어 전국적으로 경찰과 공중 보건의가 잘 배치되어 있었기 때문에 도움이 필요한 병자들에게 적절한 의료 시술을 제공할 수 있었다. 총독부의 선행은 여기에서 그치지 않았다. 외딴 국경 지역에 사는 한국인들에게까지 관심을 기울여 의료 시설이 부족한 곳에 순회 의사들을 파견하거나 병원 설립이 가능한 곳에 자선병원을 세웠고 몇몇 규모가 큰 자선병원에는 의사들을 특별 임명했다.

여러 가지 위생 개선 사업이 시급하다는 것을 인식한 정부는 먼저 식수 개선 사업에 착수하여 경성의 상수도 시설을 매입하여 확장하고 인천, 평양, 진남포에 새로 상수도를 설치했다. 한편 부산, 목포, 군산, 원산을 비롯한 많은 도시 지역에 실제 비용의 절반 이상을 제공하여 각각에 적합한 상수도 시설 확충을 보조했다. 전국적으로 공공 우물을 파는 데 재정 지원을 제공하기도 했다. 동시에 전염병과 우역牛疫 예방을 위한 조치를 적시에 시행하기 위해 국고에서 매년 상당한 금액을 지출했다. 국민들에게 예방접종을 더욱 강력하게 실시한 덕택으로 이전에 한국에서 가장 전염성이 강했던 천연두가 현재는 예전보다 훨씬 낮은 발병률을 보이고 있다. 게다가 당국은 불순물 처리나 다른 비위생적인 문제를 해결하는 데도 게을리하지 않아 공중위생 여건이 크게 개선되는 성과를 거두었다.

구한국 정부에서는 공중위생 증진을 위해 어떤 조치도 취하지 않았지만 총독부 설치 이후에는 대중적으로 필요성이 제기되는 상황일 경우 여러 가지 위생 규정들이 입안되고 시행되었다. 지금까지 의사, 치과의사, 사립 병원, 식료품, 약품, 도살장, 주택 청소, 폐품 수집, 매장지, 소각장, 전염병 예방, 소독, 검역 등과 관련된 규정들이 중요하게 시행되었다.

의료 기관 확대

앞서 언급했듯이 중요 도시에 자선병원들이 설립되었고 여러 지방에 공중 보건의가 배치되었다. 1919년 말 병원과 의사 수는 각각 20개소, 216명이었다. 국민의 편의를 도모하기에는 병원과 의사가 부족한 것으로 판명되어 총독부는 1920 회계연도에 추가 예산을 편성하여 병원 확대 및 의사 증원을 위한 사업을 실시했다. 그 결과 1920년 말에는 모두 24곳의 자선병원이 정상적으로 운영되고 있었다.

국립 병원과 지방 자선병원에 대한 국민의 신뢰가 꾸준히 높아지고 있었지만 그러한 신뢰를 받기에 적합한 모습을 갖추기 위해서는 여전히 해야 할 일이 많이 남아 있었다. 이에 따라 1919 회계연도에서 1923 회계연도까지 250만 엔의 비용을 들여 병원을 더 많이 세우고 의료 인력을 늘리는 계획이 수립되었다. 추가적으로 고찰한 결과 이 같은 계획도 여전히 부족하다는 점이 명확해져 1920년 459만 엔의 추가 비용을 들여 기존 계획을 확대하고 계획 완료 시기도 1926년까지 연장하기로 결정했다. 지방에 자선병원 13개를 추가로 설립하는 계획도 수립되었다.

처음에는 한국에 배치된 위생 전문가들이 몇 명밖에 되지 않아 전염병 조사와 예방 작업이 만족스럽게 수행되지 못했다. 그에 따라 1920 회계연도에 위생 전문가 13명과 보조원 26명이 추가로 지방에 배치되었고 30명의 공중 보건의가 오지에 파견되었다.

중앙위생회

공장, 학교, 상수도 증가와 함께 공중위생과 관련된 사업이 증가했고, 그에 따라 오래지 않아 정부를 위한 공중위생 자문기관이 설립되었다. 1920년 7월 14일 정무총감을 위원장으로 하는 중앙위생회Central Health Society 구성을 위한 규정이 반포되었는데, 위원들은 정부 관리나 개인들 중에 선출했고 1921년 10월에 첫 번째 총회가 개최되었다. 이와 동시에 거의 같은 방식으로 전염병 조사와 예방을 위한 특별위원회도 구성되었다.

위생 조사

식품, 음료, 용기, 약품을 공식적으로 관리하기 위해서는 위생 조사가 필수적이라는 것을 인식하면서 1913년부터 도정부들이 점진적으로 위생 연구소를 갖추기 시작했고 현재는 모든 도에 위생 연구소가 설치되었다.

1926 회계연도에 공식 위생 조사 주요 대상 품목은 총 6만 5,005건이었고, 이 중 5만 5,302건은 만족스러운 판정을 받은 반면 9,254건은 건강을 해치는 것으로 판정받았다. 부정적 판정을 받은 주요 품목 중에 2,294건은 특허 의약품 견본, 156건은 술, 4046건은 음료, 274건은 용기였다.

세균학 업무

이전에 한국은 거의 연중 내내 전염병이 출현해 어려움을 겪었지만 전염병의 원인을 규명하기 위한 조사 작업이 시행된 적은 한 차례도 없었다. 반면 총독부는 1920년까지 콜레라 예방을 목적으로 모든 도 정부 산하에 세균 검사실을 설립하여 실험 등을 실시했다. 다만 다양한 예방 백신과 혈청을 만드는 작업은 경성에 있는 연구소에서만 실시되고 있는데 매년 이 연구소에서 제조된 몇 가지 백신과 혈청이 든 작은 약병들이 대량으로 싼값에 혹은 무료로 지방으로 보내졌고 백신과 혈청에 대한 수요는 지금도 날로 증가하고 있다.

아편 관리

옛날부터 한국에서는 아편을 피우는 것이 어느 정도 유행했다. 특히 국경 지대에서 아편 흡연이 두드러졌고 전국적으로 아편 피해자들이 많았다. 그에 따라 1905년 구한국 정부는 아편과 아편 파이프의 수입, 제조, 판매를 금지했고 이를 위한 특별 조항을 형법에 추가하여 공포했지만, 효과적으로 법을 집행하기가 쉽지 않았다. 합병 이후 총독부는 아편을 통제하기 위한 모든 조치를 가능한 한 엄격히 실시했고, 1912년 3월에 발포된 새 형법에 이전과 마찬가지로 아편 관리를 위한 특별 조항을 포함했다. 아편 상습 사용자들에게는 처음에는 어느 정도 온건한 방법을 적용하여 점차 치료할 수 있도록 하자, 그들의 숫자가 차차 줄어들었다. 1914년 9월 정부는 경찰과 다른 공무원들에게 향후 아편 흡연을 절대적으로 금지하는 조치를 시행하는 것과 관련된 지시를 내렸고, 과거의 경험을 토대로 치료를 받는 마약 상용자들을 반강제적인 방식으로 교육했다. 이는 매우 효과적인 것으로 판명되었으나 한국이 중국에서 밀수되는 많은 아편의 해악에서 벗어나기는 여전히 불가능했고, 국경 지역에서는 사람들이 아편을 만들기 위해 비밀리에 양귀비를 재배하기도 했다.

아편 흡연을 금지하는 법을 엄격히 시행한 결과 모르핀과 코카인의 사용이 증가했고, 약제사와 불법적 약품 판매를 더욱 엄격히 관리할 새로운 법규를 반포할 필요성이 제기되었다. 1920년 일본은 국제 아편 조약을 준수하고자 아편 알칼로이드(아편의 주성분을 이루는 알칼로이드를 통틀어 이르는 말로 코데인, 모르핀, 테바인 등이 있다.─옮긴이)와 다른 마약에 대한 제반 문제를 재고했다. 모든 마약류 약품의 수출입을 다루는 규정들이 반포되어 이들은 모두 정부의 승인을 받아야 하는 대상이 되었다.

1919년 아편 생산량은 1만 7,000파운드에 달했으나 1920년에 342파운드로 줄었고, 1921년 5,900파운드로 다시 늘었다가 1922년에 3,600파운드, 1923년에 3,060파운드로 각각 줄어들었다.

나병 환자 구제 사업

한국에는 나병 환자들이 많이 있는데 처음으로 이들을 구제하기 위해 노력을 기울인 사람은 선교 의사들이었다. 구한국 정부는 이들에게 아무런 관심도 기울이지 않았다.

총독부 설치 이후 나병의 유행은 특별 조사 대상이 되었는데, 조사 결과 1916년 나병 환자 정착지로 소록도가 선택되었고, 시간이 지나면서 한국 내 모든 나병 환자들은 치료를 위해 이곳에 격리되었다.

1924년에 소록도 자혜의원에는 의사 3명, 간호사 13명, 직원 16명이 있었다. 나병 환자들은 대풍자유大風子油와 대풍자유에 들어 있는 에틸에스테르로 치료했다. 하루에 치료받는 환자 수는 1918년 76명에서 1921년 192명으로 늘어났다.

병원

1923년 한국에는 총 101개의 병원이 있었다. 이 중 국립 병원이 25개, 지방 자선병원(자혜의원)이 23개였다. 공공단체가 운영하는 병원이 9개, 일본인에 의해 사설 기관으로 운영되는 사립 병원이 41개, 한국인이 운영하는 사립 병원이 7개, 다양한 외국인 선교회에서 운영하는 병원이 19개였다.

가장 규모가 큰 병원은 조선총독부의원(1907년 3월에 설립된 대한의원이 1910년 9월 조선총독부의원으로 개편되었다.—옮긴이)과 세브란스병원이며 모두 경성에 있다.

1920년 총독부는 전국적으로 병원 설비를 대대적으로 확충하기로 결정하고 이를 위해 약 300만 달러를 배정했다. 이 사업은 1927년에 완료될 예정인데, 그렇게 되면 지방 자혜의원 13개와 앞서 언급한 병원들의 부속병원 2개가 추가로 설립되고 내과 의사 52명이 의료진에 추가로 합류하게 된다.

1923년 조선총독부의원의 입원 환자 치료 사례는 총 10만 1,749건이었다. 이 수치는 치료받은 환자 수가 아니라 일별 치료 건수를 나타낸 것이다. 다시 말해 입원 환자는 매일 별개의 건으로 계산되어 환자 수에 포함된다는 것이다. 이 가운데 9만 5,168건은 유료 환자(일본인 6만 8,245건, 한국인 2만 6,923건)를 치료한 것이고 6,581건은 무료 환자(일본인 2,336건, 한국인 4,245건)를 치료한 것이다.

같은 해 조선총독부의원을 찾은 외래환자 수는 일별 치료 건수를 기준으로 24만 7,091명이었다. 이 가운데 16만 136건은 유료 환자(일본인 12만 7,606건, 한국인 3만 2,530건)를 치료한 것이고 8만 6,955건은 무료 환자(일본인 2,866건, 한국인 8만 4,069건)를 치료한 것이다.

1923년 지방 자혜의원들의 입원 환자 치료 사례는 23만 5,444건이었고, 이 가운데 유료 환자 치료가 13만 3,014건, 무료 환자 치료가 10만

2,430건이었다. 이들 병원을 찾은 외래환자 수는 일별 치료 건수를 기준으로 175만 5,093명이었고, 이 가운데 90만 1,561건은 유료 환자를, 85만 3,093건은 무료 환자를 치료한 것이다. 이들 수치는 진료소에서 치료받은 횟수를 나타낸 것이며, 각각의 치료는 개별 사례로 계산된 것이다.

세브란스연합의학전문학교

아래 설명은 『세브란스연합의학전문학교 일람(1925~1926)Severance Union Medical College Catalogue (1925~1926)』에서 발췌한 것이다.

세브란스연합의학전문학교는 한국 최초의 개신교 선교사 앨런H. N. Allen 박사가 확립했던 사업을 직접 계승한 곳이다. 앨런 박사는 1884년 한국에 왔는데, 민영익(명성황후의 조카로 갑신정변 때 중상을 입었다.—옮긴이)의 생명을 구해 준 보답으로 고종이 왕립 광혜원Royal Korean Hospital을 설립하고 앨런 박사를 책임자로 임명했다. 앨런 박사와 헤론J. W. Heron, 빈튼C. C. Vinton, 애비슨O. R. Avison은 병원을 성공적으로 이끌어 갔다. 1894년 북장로교 선교회는 정부로부터 병원 운영권을 인수받았고 그때 이후 병원은 선교 기관의 특징을 분명히 드러냈다.

1900년에 정규 의학교 입학이 처음 시작되어 1908년 졸업생이 배출되었다. 의학교가 계속 유지된 것은 루이스 세브란스L. H. Severance와 그의 자식들인 아들 존 세브란스John L. Severance, 딸 프렌티스F. F. Prentiss 여사의 후원 덕택이었는데, 그들은 이곳에 15만 달러 이상을 기부했다.

세브란스연합의학전문학교는 조선총독부 법률하에 법인이 되었고 관리 위원회는 선교회 · 교회 · 졸업생 대표들로 구성되었다. 학교는 1917년 5월 학무국으로부터 '전문학교'(전문대학에 해당)로 인가받았다. 1922년 교육제도가 개편되었을 때 새 교육령하에서 재인가를 받았으나 의사 개업 면허를 취득하기 위해 졸업생들은 여전히 국가고시에 합격해야 했다.

그러나 1923년 2월 사이토 총독은 정부가 학무국을 통해 세브란스연합 의학전문학교에서 실시하는 모든 시험에 대해 인지하고 학교의 정규 과정을 마친 졸업생에게 추가 시험 없이 의사 면허를 허가하도록 지정했다. 이 같은 조치는 총독부 아래서 학교가 완전한 인가를 얻고 모든 불이익이 사라졌다는 것을 의미한다.

현재 미합중국 장로교회Presbyterian Church in the U. S. A., 감리교회Episcopal Church, 미국 장로교회Presbyterian Church in the U. S., 남감리교회Methodist Episcopal Church, South, 캐나다 장로교회Presbyterian Church in Canada, 호주 장로교회 Presbyterian Church in Australia 등 6개 선교회에서 협력하여 학교와 병원 업무를 능동적으로 수행하고 있다.

1914년에서 1924년까지 10년 동안 의학교 부속병원에서 한 해 동안 치료받은 외래환자 수는 2만 7,000명에서 7만 1,000명으로 증가했고, 입원 환자 수는 1,387명에서 1,968명으로 늘어났다. 1924년 전체 입원 환자 중 27.3%가 무료 환자였고, 환자 수 대신 입원 기간을 기준으로 하면, 전체 일별 치료 사례 중 43%가 무료 환자였다. 외래환자 부문에서는 치료 사례 가운데 38.6%가 무료 치료였다.

세브란스연합의학전문학교와 병원은 시설을 확충하고 직원을 늘릴 기금이 부족한 탓에 현재 수행하고 있는 아주 유능한 업무에 방해를 받고 있다. 이들 기관을 방문한 사람은 누구나 이곳이야말로 그럴 만한 능력을 가진 사람들로부터 가장 많은 후원을 받을 가치가 있다고 생각할 것이다.

의료업 종사자

한국에서는 어떤 식으로든 의료 행위와 관련되어 있는 사람은 모두 경찰에 의해 엄격한 통제를 받는다. 서양식 의료업에 종사하는 내과의 및 외과의와 관련된 규정들은 사실상 일본 본토에서 시행되는 규정들과 동일하지만, 완전한 자격을 갖춘 의사가 거의 없는 멀리 떨어진 벽지에서는 예외적으로 완전히 합법적인 요건을 갖추지 못한 사람에게도 의료 허가증을 발급했다.

1923년 한국에서 공인 자격증을 가진 의사는 1,202명이었고, 지방에서 인허장을 받은 의사는 86명, 한의학교 출신 한의사는 5,183명, 종두 의사는 1,581명, 수의사는 373명, 특허 의약품 판매상은 2만 7,923명이었다. 특히 마지막 수치가 관심을 끄는데 1918년 수치와 비교하여 4,600명이 늘었기 때문이다.

인구 동태 통계

다음 표는 1919년부터 1923년까지 5년 동안 해당 항목의 공식 통계를 나타낸 것이다.

인구 1,000명당 출생자, 사망자, 결혼자, 이혼자 수

		1919	1920	1921	1922	1923
출생자 수	일본인	23.37	23.25	24.25	24.72	22.89
	한국인	27.78	27.71	29.85	34.02	40.69
사망자 수	일본인	21.93	26.06	19.57	22.36	18.88
	한국인	22.91	23.35	19.80	21.44	20.60
결혼자 수	일본인	1.91	1.85	2.03	2.26	2.30
	한국인	8.53	8.34	9.12	11.27	14.80
이혼자 수	일본인	0.60	0.20	0.19	0.27	0.23
	한국인	0.58	0.47	0.42	0.42	0.50

사회복지사업

한국을 합병할 당시 고 메이지 천황은 새로 자신의 국민이 되는 한국인들을 위해 일본 제국 국고에서 3,000만 엔을 책정하여 하사하기로 했다. 이 하사금 가운데 1,739만 8,000엔은 영구 기금으로 지정되어 지방 각지에 배분되었다. 연간 약 90만 엔에 달하는 이자는 한반도 전역에서 다양한 형태의 사회복지사업에 사용된다.

제국 기부금 기금에서 나오는 이자로 후원하는 사업은 빈민에게 생활 수단 제공, 교육, 홍수나 가뭄 피해자 구제 세 가지로 구분할 수 있다.

빈민 생활 수단 제공 사업은 양잠, 직물·종이·목탄 제조, 어업 등에 관한 내용을 가르치는 순회 교사 고용을 포함하여 실제로 사업의 범위가 넓다. 재원의 일부는 양잠업, 임업, 목축업, 어업 등에 필요한 기구를 제공하고 다른 사회복지사업을 실시하는 데 사용된다.

교육 사업은 보통학교 교육 증진을 위해 지방에 보조금을 지급하는 것이다.

홍수 및 가뭄 피해자 구제 사업은 재난을 당한 사람들에게 식료품, 씨종자, 농기구, 건축자재 등을 제공하면서 도움을 주는 것이다. 재난 구제 사업이 필요하지 않은 경우에는 지방 예산 가운데 여기에 할당된 금액은 다음 번 사용을 위해 축적된다. 1912년 메이지 천황이 사망했을 때 20만 엔에 달하는 제국 기부금이 두 번째로 제공되었고, 그 다음 해 쇼켄 황태후의 사망에 즈음하여 11만 5,000엔의 제국 기부금이 세 번째로, 1915년 요시히토 천황의 즉위를 기념하여 20만 엔의 제국 기부금이 네 번째로 제공되었다. 이 기부금은 총독부에서 관리하고 있고 여기서 나오는 이자는 필요할 때마다 지방정부에 배당되어 구제 사업에 사용된다.

앞서 언급한 것 이외에 각각의 공공 기구는 다양한 사회 구제 사업을 실시하고 있는데, 필요한 재원은 지방정부 재정에서 가져온다. 주로 빈민을 위한 무상 의료, 도나 시 당국이 관리하는 공설 시장 설립, 노동자와 실업자를 위한 숙박소 건설, 무료 공중목욕탕과 상담소 관리, 공인 전당포 관리 등에 돈이 지출된다.

이러한 제도들은 일상적 공공 자선이라 지칭될 만한 다양한 요구 사항을 충족하도록 고안되어 있다. 그러나 한국은 때때로 엄청나고 광범위한 재난을 당하기도 하는데, 이런 경우에 정부는 특별 구제 대책을 시행해야 한다.

이와 관련하여 주목할 만한 사건으로 1919년에 거의 전례 없는 혹독함을 보인, 지독했던 가뭄이 발생했던 것을 들 수 있다. 당시 정부는 신속히 대응하여 기아로 인한 인명 손실을 막았다. 정부는 총 1,000만 엔의 경비를 들여 구호 대책을 실시했는데, 식료품 구입과 분배에 400만 엔, 피해민에 대한 보조금으로 360만 엔, 실직 노동자에게 일자리를 주는 토목 사업에 240만 엔이 지출되었다.

총독부가 직접 관리하는 주요 사회사업 기관들은 다음과 같다.

(1) 서울(경성)에 있는 자선 보호소(제생원으로 지칭된다.—옮긴이).
이곳은 약 325에이커(약 1.3㎢) 정도의 부지를 소유하고 있다.
보호소는 두 지역으로 구분되는데, 고아들을 보호하고 양육
하는 곳과 맹인과 농아의 훈련을 담당하는 곳이다.

보호소에서 보통학교 과정을 마치고 건강 상태가 적합한 고아
들은 대체로 보호소 농장에서 일하는 농민으로 훈련된다. 고
아들에게 용기를 주고 보호소를 떠날 때 새로운 삶을 시작할 수
있는 재원을 제공하기 위해, 각자 해왔던 작업의 종류, 작업 시
간, 생산품의 가치, 전반적 행동 기록 등을 토대로 하여 수당을
제공한다. 1921년 일인당 평균 수당은 37.63엔이었다. 맹인들은
주로 안마사 훈련을 받고 농아들에게는 수예를 가르친다.

(2) 동해 원산 근처 영흥에 위치한 총독부 직속 소년원(감화원).
이곳은 1923년 10월에 문을 열었고 연간 예산은 약 3만 5,000
엔으로 책정되었다. '감화원'이라는 단어가 주는 부정적인
느낌을 피하기 위해 영흥학교라고 부른다. 1925년 65명의 비
행 청소년들이 이곳에 수용되었다. 이곳에서는 학생들의 도

덕적 · 지적 · 신체적 능력 계발을 위한 모든 조치가 취해지며 학생들에게 몇 가지 수공 작업을 가르치기 위한 노력을 아끼지 않는데, 이는 이곳에서 나가 스스로 생계를 유지할 수 있도록 하기 위해서이다.

(3) 소록도 나환자 병원. 이에 대한 내용은 앞의 나병 환자 구제 사업 부분에 언급되어 있다.

1925년에 이들 기관과 관련하여 발생한 지출은 경성 제생원이 8만 8,899엔, 영흥학교가 3만 5,571엔, 소록도 나환자 병원이 5만 4,489엔이었다. 이와 같은 직접 지출에 더해 총독부는 전반적 사회복지사업에 3만 4,000엔, 전과자 보호에 1만 엔, 사립 나환자 병원에 3만 6,400엔 등을 국고에서 보조금으로 지급했다.

다양한 종교 단체나 자선단체, 종교인이나 자선가들에 의해 많은 사회복지사업이 (지난 수년 동안 실시되었고) 현재 실시되고 있다. 이처럼 사설 단체나 개인이 하는 사회사업 중 대다수는 총독부로부터 보조금을 받는데, 1922년 초에는 96곳의 단체 및 개인이 보조금을 받았다. 이들 단체와 협회는 다음과 같이 구분된다.

무료 치료 병원 18곳, 원가 치료 병원 2곳, 맹인 및 농아 학교 1곳, 사망 군인 가족 구제 단체 1곳, 노동자 숙박소 1곳, 사회 조사 협회 1곳,

고아 및 빈곤 아동 구제 협회 14곳, 재난 피해민 구제 협회 1곳, 여행 중 병들었거나 죽어 가는 사람을 구제하는 협회 11곳, 사회사업 증진 협회 1곳, 상담소 1곳, 일반 빈민 구제 협회 17곳, 나환자 관리 및 치료 협회 3곳, 전과자 보호 및 부조 협회 23곳, 공제조합 1곳.

앞에서 언급한 단체 중 대다수는 일본인, 미국인, 호주인, 영국인, 프랑스인, 캐나다인 등 다양한 국적을 가진 기독교인들에 의해 유지되고 있다. 이처럼 다양한 사회사업을 후원하는 사람들이 매년 기부하는 액수는 25만 달러를 초과한다. 하지만 이는 선교사들과 그 외 여러 사람들이 제공하는 막대한 무료 봉사에 추가되는 부분이다.

제 11 장
한국의 경제 발전 1

I. 농업

역사적 사실

1910년 일본이 한국 합병을 결정했을 때 직면해야 했던 군사적인 문제는 없었다. 한국인들은 사실 훌륭한 군사적 전통을 가지고 있었지만 그것은 아주 먼 과거의 일이었다. 조선왕조에서는 중국을 모범으로 따랐고 평화주의 성향이 강했다.

합병 당시 일본이 즉각적으로 필요로 했던 것은 한국인들이 일본의 통치를 평화적으로 수용할 수 있도록 보장하는 것이었다. 한국인들이 기존의 자치제도를 유지하는 것보다 현대화된 일본의 통치를 받음으

로써 국가의 안녕과 번영을 더욱 보장받을 수 있다는 생각에 익숙해
질 수 있도록 한국 정책을 수립하는 것이었다. 적어도 대중에게 한국
인(토착민) 자치제도는 지극히 공상적인 것에 불과했다. 실상은 상류
층에 의한 잔인하고 비양심적인 대중 착취로 변질된 상태였다.

때때로 보호정치의 시기라고 지칭되는 일본 통감부 시절인 1905년
부터 1910년까지는 완전한 토착민 자치와 완전한 일본 통치의 중간
단계였다. 행정적인 혼란과 공동통치 방식으로 나라를 다스리려고 할
때 필수적으로 동반되는 모든 어중간한 조치들이 이 시기의 특징이었
다. 이 같은 공동통치에서는 더 힘이 세고 발전한 쪽이 으레 개혁의 속
도에 박차를 가하려는 성향을 보이고, 힘이 약하고 행정적 발달이 늦
은 쪽은 자연히 이를 저지하려는 성향을 보인다. 그 결과 필연적으로
개혁 노력이 좌절되고 나라에 이익이 될 수 있는 모든 것에 해를 끼치
는 상호 반감이 생겨난다. 합병 당시 일본이 한반도에 대한 완전한 통
제권을 갖고 책임을 맡게 되었을 때, 일본이 채택한 정책은 그다지 복
잡하지 않았고, 또한 내 판단으로는 제대로 고안된 것이었다. 오랫동
안 한국을 괴롭혔던 문제들, 즉 총명하고 온화한 한국 국민을 아주 비
참한 경제 상황으로 몰락시키고 자신들이 곤경에 처한 것조차 느끼지
못하게 만들었던 문제들은 행정적 무능과 부정부패, 화폐가치 저하,
재산권의 불안정, 불완전한 민법, 부패한 치안관 등이었다. 일본은 이

같은 상황을 변화시키기로 마음먹었다. 법, 질서, 시민 행정 부문에서 일본이 기울인 노력은 이 책의 다른 부분에 설명되어 있다. 지금부터는 일본의 경제정책에 대해 논하고자 한다.

일본 정치가들은 자신들이 입안한 한국의 경제정책이 어떤 식으로 구체화되든 간에 한국인이나 해외 관찰자들로부터 비판을 받게 되리라는 것을 너무나 잘 알고 있었다. 일본인들이 한국에 정착해 그곳에 자본을 투자하고 상업, 공업, 농업의 발달을 촉진하고 학교, 도로, 병원, 부두, 철도 등을 건설하고, 법원, 은행, 기타 신용 기관, 농업·산업·기타 연구 기관 등을 설립한다면, 그리하여 한국의 유형자산을 늘리고 한국 국민의 건강, 안녕, 번영에 기여한다 해도 일본인이 자신들의 이익을 위하여 한국을 착취하고 있다는 비난이 제기될 것이다.

반면 일본인이 다른 정책을 채택한다면, 즉 한국의 발전을 위한 투자를 삼가고 구한국 정부에서와 동일한 상황을 유지하며 한반도를 효율적인 전략적 국경지로 만든 것에 만족하고 안주한다면, 한국에 대한 일본의 관심은 오로지 참모 본부의 군사 계획을 실행하는 것이고 일본 정치가들은 한국 국민의 복지에 전혀 무관심하다는 비난이 제기될 것이다.

영국, 미국, 프랑스, 네덜란드의 식민지 속국의 역사에 대해 피상적인 지식만 갖고 있어도 위에서 필자가 언급했던 비난의 전형적 사례들을 충분히 찾을 수 있을 것이다.

일본의 국가정책 측면에서 한국 합병은 절대적으로 돌이킬 수 없는 일이었으므로 일본은 한국 정책의 초점을 국가 경제 자원 개발에 두기로 결정했다. 일본은 사실 경제 자원을 개발하면 한국 국민의 전반적인 삶의 여건이 향상될 것이고 그로 인해 일본의 점령에 대한 한국인들의 저항이 사라지기를 바란 것이 아니다. 한국인들이 자국의 정치적 독립 상실이라는 단 하나의 사실에 대비한 반대급부를 판단할 때 중요하게 고려할 물질적 혜택, 교육 기회 증가, 사회적 지평 확대 등 납득할 만한 증거가 시간이 지남에 따라 분명히 나타나기를 바란 것이었다.

한국의 전체 인구 가운데 약 82%(어림잡아 1,450만 명)가 직접적으로 농업에 의존해 생계를 유지하고 있다. 이용 가능한 가장 최근 수치인 1924년 1월의 기록에 따르면 농업 종사 인구는 다음과 같이 구분된다.

한국인 1,432만 9,401명, 일본인 3만 8,850명, 중국인 5,378명, 기타 외국인 17명, 농업에 종사하는 가구 수는 270만 2,838호였다. 이들 가운데 소작 농가가 112만 3,275호, 자신의 땅을 소유하면서 소작농으로 타인의 토지를 차용하는 농가가 95만 1,667호, 자작 농가가 62만 7,896호였다.

가구당 평균 경작지 면적은 1910년 2.59에이커(약 10.481㎡)에서

다양한 작물 경작지 면적
(단위 기준은 정. 1정은 2.45에이커(약 9,915㎡)에 해당)

	1912	1923
쌀	1,417,174	1,550,399
보리	622,392	813,145
밀	267,422	356,269
쌀보리	45,359	55,178
콩	841,349	1,525,860
조·옥수수	634,954	874,517
귀리	53,817	117,312
메밀	70,933*	102,640
수수	92,531	114,912
피	114,114	114,692
면화	64,565	158,879
대마	21,406	30,743
깨	12,726	22,943
채소	87,238	199,035
비료작물	1,682*	31,316
꾸지나무		4,992
등심초	1,909	3,227
전체	4,349,571	6,076,095

* 1913년 수치

1923년 3.92에이커(약 15.864㎡)로 증가했고, 같은 기간 동안 전체 경작 면적은 603만 9,014에이커(약 24.439㎢)에서 1,058만 6,117에이커(약 42.841㎢)로 늘어났다.

다음 표는 1912년과 1923년의 경작지 면적을 나타낸 것이다. 두 종류의 작물이 같은 해에 동일한 땅에서 경작된 경우, 각각의 경작지 면적이 따로 계산되었다. 따라서 다음 수치는 실제 경작지 면적보다 훨씬 더 큰 것인데, 일부 토지에서는 1년에 두세 가지 이상의 작물을 경작하기 때문이다.

표에는 뽕나무를 키우는 지역이 생략되었는데, 이것은 양잠 부분에서 다루고 있고, 담배와 인삼 경작지도 언급되지 않았는데, 이들은 정부 전매사업이기 때문에 제8장 '정부 재정'의 전매사업 항목에서 다루고 있다.

경작지 면적을 보여 주는 앞의 표에서 추가로 덧붙일 설명은 거의 없다. 면화 경작지가 크게 증가한 것은 총독부가 실시한 미국 면화 종자 재배 실험이 성공한 것을 나타내고 있다. 정부가 파견한 농업 전문가의 교육 활동으로 인해 비료작물肥料作物 경작지 면적이 20배 증가했다.

주요 작물 생산량

매년 쌀, 보리, 쌀보리, 콩, 조, 옥수수, 밀의 경작지를 합하면 전체

주요 작물 생산량

(단위 기준은 1,000곡. 1곡은 5부셸에 해당)

연도	쌀	보리	콩	조·옥수수	밀	쌀보리
1912	10,865	5,856	4,733	4,254	1,565	312
1913	12,109	6,717	4,824	5,056	1,809	348
1914	14,130	6,170	4,891	4,517	1,629	299
1915	12,846	6,793	5,224	4,878	1,690	344
1916	13,933	6,537	5,536	5,396	1,770	302
1917	13,687	6,931	5,690	5,766	1,788	389
1918	15,294	7,728	6,521	6,277	1,993	417
1919	12,708	7,270	3,891	4,207	1,670	361
1920	14,882	7,366	6,256	6,662	2,145	348
1921	14,324	7,615	5,979	6,483	2,170	394
1922	15,014	6,820	5,636	5,700	2,057	357
1923	15,175	6,031	5,855	5,841	1,680	346

경작지의 83%를 차지한다. 위 표는 12년 동안 이들 주요 작물의 생산량을 나타낸 것이다.

1곡斛은 정확하게 4.9629부셸(약 180리터, 부피의 단위로 1부셸은 약 36.37리터에 해당한다.―옮긴이)에 해당하는 양이다. 표에서는 1,000부셸 이하는 생략하고 5부셸을 1곡으로 계산하여 실제 생산량과 근접하게 나타내고 있다.

일본인 전문가의 지도하에 개량 곡물 품종을 도입 채택하고 재배 방식을 개선한 덕택에 대다수 작물의 1에이커(약 4,047㎡)당 수확량이 꾸준히 증가할 것으로 관측된다.

농산물의 가치

다른 국가와 마찬가지로 한국에서도 농산물의 가치는 세계시장의 동향에 따라 매년 크게 달라졌다. 따라서 생산량에는 중대한 변화가 없었지만 전체 한국 농산물의 가치는 1917년에서 1920년까지 100% 증가했고, 1920년에서 1923년까지는 18% 감소했다. 아래 표는 합병 이후 14년 동안 전체 한국 농산물의 추정 가치를 나타낸 것이다.

1923년 전체 한국 농산물의 가치에서 각각의 항목이 차지하는 비율을 백분율로 나타내 보면 쌀 34.3%, 소 사육과 기타 축산 16.2%, 밀짚 생산 10.0%, 조와 옥수수 8.0%, 콩 7.1%, 밀·보리·쌀보리 6.3%, 채소 5.9%, 기타 농산물 12.2%이다.

농산물의 추정 가치
(단위 기준은 1,000엔. 1엔은 50센트에 해당)

1910	241,721	1917	702,913
1911	355,253	1918	1,103,971
1912	435,116	1919	1,389,219
1913	508,191	1920	1,433,714
1914	458,927	1921	1,097,364
1915	428,769	1922	1,184,934
1916	520,228	1923	1,168,703

양잠

토양 환경과 기후, 노동력으로 인해 한국은 양잠에 적합한 국가가 되었다. 양잠업은 한국에서 수년 동안 지속되었지만 총독부 설치 이전에는 누에씨의 질이나 뽕나무밭에 적합한 경작법 등에 대해 거의 관심을 기울이지 않았다. 최근 정부 전문가들은 양잠업의 이익을 증대하기 위해 우수한 잠란(누에씨)을 도입하고 뽕나무 묘목을 배분하고 누에를 돌보고 번데기를 죽이고 고치를 말리는 데 필요한 교육을 제공하는 등 많은 사업을 추진했다.

이런 맥락에서 가장 최근 시행된 조치는 각 도에 잠업취체소蠶業取締所와 원잠종제조소原蠶種製造所를 설치하고 병충해 방지와 원잠종 검사, 생산품의 통일성 확보 및 기타 잠업 성공에 필수적인 문제들을 규정한 법령(1919년 제정된 조선잠업령을 말한다.―옮긴이)을 반포한 것이다.

1910년 양잠업에 종사하는 가구 수는 약 7만 6,000호였고 누에고치 생산량은 약 7만 부셸(254만 리터) 정도였다. 1921년 양잠업 종사 가구는 31만 2,000호로 증가했고 누에고치 생산량은 거의 70만 부셸(2,545만 리터)에 이르렀다.

뽕나무를 심은 면적은 1910년 8,190에이커(약 33㎢)에서 1923년 7만 8,226에이커(약 317㎢)로 증가했다. 이 기간 동안 누에고치 생산량은 6만 9,650부셸(253만 리터)에서 103만 8,560부셸(3,777만 리터)로 증가했고,

양잠 생산물의 가치

(단위 기준은 1,000엔. 1엔은 50센트에 해당)

1910	467	1917	8,717
1911	1,205	1918	13,052
1912	1,877	1919	15,605
1913	2,600	1920	11,274
1914	2,954	1921	10,653
1915	3,188	1922	17,008
1916	4,831	1923	24,633

잠업 종사 가구 수는 1910년 7만 6,000호에서 1921년에는 31만 2,000
호, 1923년에는 40만 1,563호로 늘어났다.

양잠 생산물의 가치는 위의 표에 나타난 것과 같이 비단(생사) 시장
의 변동에 따라 때때로 크게 달라졌다.

토지 소유

공식 통계에서 '지주'라는 용어는 자신의 토지를 소유하고 타인의
노동으로 그 토지에서 농사를 짓는 사람을 의미한다. '소자작농'은
토지를 소유하고 온전히 혹은 일부 자신의 노동을 제공하여 그 토지
에서 농사를 짓는 사람을 의미한다. '소자작농이자 소작인'은 자신의

토지에서 농사를 지으면서 지주에게 땅을 빌려 농사를 지은 후 소작료를 내는 사람을 의미하고, '소작인'은 자기 소유의 토지는 전혀 없이 빌린 땅에서 농사를 짓는 사람을 의미한다. 그러나 이 책에서는 지주와 소자작농을 합하여 '토지 소유주'로, 소자작농이자 소작인은 '토지 소유주이자 소작농'으로, 소작인은 '소작농'으로 구분한다.

1924년 초 한국에서 토지를 소유한 가구는 62만 7,896호, 토지를 소유하고 소작을 하는 가구 수는 95만 1,667호, 소작만 하는 농가는 112만 3,275호였다. 이 수치는 전체 농업 가구 수가 270만 2,838호, 경작지를 전부 또는 일부 소유한 가구 수가 157만 9,563호, 소작농가가 112만 3,275호임을 보여 준다. 다시 말해 전체 농가 중 58% 이상이 자신의 토지를 소유하고 있고 이들 대다수가 타인의 토지를 빌려 경작하고 있다.

총독부는 초기에 소규모 토지를 합병하여 대규모 소유지를 형성하는 것과 소자작농의 파산을 점진적으로 방지하는 내용의 명령을 공포했다.

이러한 명령은 위에서 언급한 것과 같은 탐욕을 제한한다는 원칙에서 시행되었다. 이것은 나중에 더욱 궁핍한 상황에 처한 사람들을 돕기 위해 고안된 두 가지 조치에 의해 보완되었다. 그중 한 가지는 개간되지 않은 국유지를 저리로 임대하고 개간이 완료되면 국유지를 개간자들에게 무료로 양도하는 것이었다. 다른 한 가지는 개간된 국유지를 차지한 소작농에게 10년 할부로 토지 구입 대금을 내도록 허가하여 토지에 대한 소유권을 확보하도록 돕는 것이었다.

하지만 총독부는 소작인들에게 소유권에 대한 인식을 심어 주기가 쉽지 않음을 발견했다. 소작인들은 국유지 임차료에 더해 부과되는 금액을 '갈취'라고 여기고 이를 궁극적으로 자신의 재산이 될 토지를 할부로 구입하는 비용이라고 생각하지 않았다. 이에 따라 결국 연 단위로 부과되는 임차료는 사라지게 되었다.

소작농 제도의 보급은 제한된 기간 동안의 차지借地 계약과 아주 드문 경우인 영구 차지 계약에 기반을 두고 있다. 차지 계약은 다음 세 종류로 분류된다. (1)획득한 수확량에 관계없이 일정 소작료를 내기로 합의한 경우, (2)지주 혹은 지주의 대리인이 소작인의 면전에서 현재 자라고 있는 농작물의 추정 가치를 책정하여 그에 따라 소작료를 결정하는 경우(이 방식은 지주가 직접 책정한 예상 수확량이 소작료의 근거가 되기 때문에 지주에게 유리하며, 이것을 채택하는 경우가 증가하고 있다), (3)지주와 소작인이 수확물을 각각 절반씩을 나눠 가지는 경우.

소작 계약은 매년 수확이 끝나고 다음 해 봄이 시작되기 전에 체결된다. 지주는 농작물의 씨를 뿌릴 때와 수확할 때 사이를 제외하고는 아무 때나 자유롭게 소작인을 바꿀 수 있다. 일반적으로 농사를 게을리하거나 소작료 지불이 계속 지체되는 등 소작 계약을 변경할 만한 합당한 사유가 있는 경우가 아니면 소작을 계속 유지하는 것이 관례이다.

한국의 지주들은 대부분 도시에서 사는 것을 선호하여 대체로 사음 舍音(마름은 사음에서 음차한 것이다.—옮긴이)이라 불린 대리인을 두어 자신들의 소작지를 관리 감독하게 했다. 다른 나라에서와 마찬가지로 만족스럽게 일하고 성공하는 소작인과 그와 정반대인 소작인 간의 차이는 지주 대리인의 특징에 의해 결정되었다. 또한 한국에서도 이들 지주 대리인들은 소작권을 관리함으로써 얻게 되는 권력과 상대적으로 무력한 소작인들에게 생기는 유혹에 종종 굴복했다.

소작료는 일반적으로 현물로 지불되었다. 현물 소작료를 배달하기 위해 너무나 긴 여행을 해야 할 경우가 아마도 그렇겠지만, 지주가 현금 지급을 요구하거나 소작인이 현금 지급 방식을 선호하는 경우에는 생산된 농산물의 값을 현 시가에 따라 매기고, 그렇게 결정된 금액을 현금 소작료에 반영하는 것이 관례이다.

소작료는 체결된 계약의 종류와 토지의 상태에 따라 크게 달라진다. 고정된 소작료는 평균 수확량 가치의 35~50% 사이로 다양하게 정해지지만, 고원(건조) 지역에서는 이보다 낮다. 생산량에 따른 소작료는 작물 추정 가치의 30%~70% 사이에서 결정된다. 수확 작물의 절반을 나눠 가지기로 하고 계약한 경우에는 대체로 농산물이 실제로 그렇게 배분되기도 하지만, 이 방법은 누가 지세를 내고 누가 종자 비용을 내는지 등 여러 문제에 관한 지주와 소작인 사이의 약정에 의해 수정되기도 한다.

지방에서는 농산물 수확량이 평균 생산량의 50% 이하일 때—수확량을 기준으로 소작료를 정하는 경우—계약 소작료를 낮춰 주는 것이 관례이다. 평균 미만으로 수확량이 감소한 경우 그에 맞춰 소작료를 삭감하는 것이 일반적 관행이지만, 수확량이 평균의 30% 미만으로 감소하면 소작료는 완전히 면제된다.

농업 자금 지원

20년 전 농업은 거의 모든 면에서 만족스럽지 못했다. 경작 방식은 극히 조잡했고 땅에 주는 거름의 양은 부족했으며, 화학비료에 대해서는 거의 알려진 것이 없었다. 농사 기구는 원시적이었고 많은 경우 지주에게 빌려서 사용했다.

이와 같은 상황에서 농민들은 소나 다른 가축을 구매할 현금을 마련하기 위해 가장 필요한 것이 대출이었다. 농민들이 할 수 없이 빌리는 그와 같은 금액에 대해 일반적으로 아주 높은 이자가 붙었다.

1906년에서 1910년까지, 일본의 보호정치 기간 동안 일본인 고문들은 한국 정부에 금융조합을 설립하거나 농업 종사자들에게 적당한 금리로 자금을 공급할 다른 방도를 간구하여 농업 장려를 권유했다. 이 같은 사업이 시작되기는 했으나 본격적으로 주목할 만한 농업 신용 확대가 이루어진 것은 합병 이후였다.

합병 이후 농업 신용의 발전 정도는 1912년 말과 1923년 말 농업 자금 대부 총액을 나타내는 수치들을 보면 알 수 있다. 1912년에는 농업 자금 대부 총액이 500만 엔 미만이었으나 1923년에는 1억 3,400만 엔을 초과했다. 농업 자금 대부금이 이처럼 막대하게 증가한 것이 단지 농작물에 대한 융자를 늘렸기 때문만은 아니라는 사실에 주목해야 한다. 농민들은 대부받은 자금의 상당 부분을 관개시설 건설, 황무지 개간, 경작지 개선 등에 사용했다. 실제로 대부금 가운데 가장 많은 부분이 그와 같은 생산적 목적의 투자에 사용되었다.

공식적 농업 장려

한국의 경제구조가 농업을 기반으로 구성되어 있기 때문에 농업 여건을 개선하는 일은 자연히 총독부가 가장 진지하게 고려하는 문제였다.

한국 내 일본 행정 당국은 일본의 집약적인 농업에 정통했기 때문에 상대적으로 낙후된 한국인들의 농업 방식을 광범위하게 개선할 기회가 있다는 것을 인지했다.

한국의 농업 이익 증진을 위해 총독부가 취한 조치들에 대한 다음의 개요는 호시노 도쿠지T. Hoshino의 명저 『조선 경제사Economic History of Chosen』를 참조한 것이다.

한국의 주요한 자연 여건은 일본과 아주 유사하여, 양국 모두 산지가 두드러진 것 외에 공통된 특징이 많이 있다. 한국의 인구 밀도는 비록 일본의 절반도 안 되는 수준이지만 인구수는 많은 편이었고, 생명과 재산에 대한 보호가 더욱 확실해지면서 급속하게 증가하고 있다.

한국 농업의 현저한 특징은 지방 자급 제도가 과도할 정도로 실시되었다는 것이다. 그에 따라 남쪽 지역이 면화 생산에 훨씬 더 적합한 환경인데도 북쪽 지역 농민들은 자신들의 수요를 충족할 만큼 면화를 생산하곤 했다. 과거에는 수송의 어려움으로 이 같은 일이 발생했지만 최근 몇 년 동안 도로와 철도가 확장되면서 이런 비경제적인 농업을 정당화할 이유가 모두 사라졌다.

한국의 농업 개선을 위해 일본이 취한 최초이자 가장 중요한 조치는 시범 농장을 설립한 것이었다. 이들 가운데 가장 규모가 큰 것이 경성으로부터 약 25마일(약 40km) 떨어진 곳에 위치한 수원 근처의 시범 농장(권업모범장으로 불리다가 1929년 9월 농사시험장으로 개칭되었다.―옮긴이)이었다. 지방 여러 곳에 출장소를 두어 일본인과 한국인 전문가로 구성된 유능한 직원들이 관리하고 있으며, 이들은 농업 실험이나 식물 생태 연구, 농업과 관련된 모든 문제에 대한 교육 사업 등을 실시하고 있다.

수원 권업모범장은 1906년 통감부 산하기관으로 설립되었다. 당시 비효율적인 농상공업 학교가 경성(서울)에 자리 잡고 있었는데, 이 학교를 폐교하고 수원농림학교를 신설해 수원권업모범장의 부속기관으로 흡수했다.

시범 농장들의 사업 추진을 보조하기 위해 전국 각지에 종묘장이 설치되었다. 이들 종묘장의 주요한 기능은 지역 토양을 연구하고 종자와 묘목을 배포하는 것이었다. 이와 더불어 직원들은 농민들에게 개량 농기구 사용법과 새로운 작물 종자를 도입하는 방법, 황무지를 활용하는 방법과 지역에서 나는 재료를 원료로 돗자리나 기타 단순 가공품을 만드는 가내공업 등에 대한 교육을 실시했다.

지방을 순회하며 기술을 전수하는 농업 전문가를 고용해 앞에 언급한 기관들의 사업을 보완했다.

총독부는 전국적으로 농회農會(농업협동조합의 전신—옮긴이) 구성을 장려하기 위해 많은 일을 시행했다. 현재 농회 수는 약 600개이며 회원 수는 약 300만 명에 달한다. 수도인 경성에는 조선농회朝鮮農會라 불리는 중앙회가 있는데, 교외 출장소를 포함하여 회원 수가 3,000명 이상이었다. 조선농회의 주요 직무는 농업 관련 서적 출판, 농회에 제출된 질문에 대한 답변, 공개 강연이나 경진 대회 개최, 종자 배양 및 유통 등이었다. 이 기관은 총독부로부터 연간 보조금을 받았다.

당국에 의해 추진된 또 하나의 중요한 조치는 관개를 위해 급수 시설을 조사하고 조정하는 것이었다. 한국인들은 옛날에는 연못에서 물을 끌어오거나 시내를 가로지르는 제방을 쌓는 방식으로 관개시설을 활용했고, 한반도 전역에 많은 연못과 제방이 만들어졌다. 그러나 모든 것을 시들게 한 조선왕조 때 이들 관개시설들도 대부분 거의 무용한 수준으로까지 방치되었다.

1908년 통감부의 권유로 실시한 조사에서는 이처럼 사용할 수 없게 된 연못과 제방이 각각 6,300개와 2만 700개로 나타났다. 그러나 이 가운데 410개의 제방과 1,527개의 연못만이 복구할 가치가 있는 것으로 판명되었다. 그에 따라 정부는 주민들에게 이들 시설의 복구를 장려할 계획을 세웠다. 정부는 보조금 형식으로 도움을 주었고, 1918년 말까지 모든 시설이 만족스러운 수준으로 복구되었다.

관개

대규모 수리 사업을 목적으로 당국은 수리조합 구성을 장려했다. 총독부의 영문 보고서 『조선의 개혁과 발전에 관한 연례 보고서

(1921~1922)』에서는 관개 문제를 다음과 같이 다루고 있다.

수리조합과 관련된 규정들이 보호정치 기간 동안 공포되었으나 조항이 너무 단순했고, 머지않아 시대의 발전과 맞지 않는 것으로 나타나 1917년 7월에 새로운 규정이 발포되었다. 그러나 농민들이 대체로 조사를 실시할 전문가를 고용하는 책임을 맡기를 꺼리는 것으로 나타났다. 그리하여 수리조합에 제공되는 보조금과 관련된 규정들이 1919년에 발포되었고, 이에 따라 총독부는 면적이 200정(약 500에이커) 이상인 지역은 어디든지 도지사나 수리조합 발기인 또는 수리조합의 신청을 받아 조사를 실시할 수 있게 되었다. 조사 결과에 따라 면적이 (최소) 200정보町步* 이상인 지역에서 4만 엔을 초과하는 수리 시설을 설치할 경우 총비용의 15%를 초과하지 않는 선에서 보조금을 지급했다.

이후 미곡 생산 증가 계획에 따라 1920년 12월에 토지 개량 사업 보조금과 관련된 규정들이 발포되었다. 이 규정에 따라 개인이 실시하는 토지 개량 사업도 그 종류에 따라 비용의 25~30%를 보조금으로 받게 되었다. 1920 회계연도 말에는 실질적으로 토지 개량 사업을 실시하고 있는 조합이 29개, 그 면적이 4만 600정보에 이르렀고, 21개의 다른 조합들도 모두

---

* 1정보는 종종 1정으로 표기되기도 하는데 2.45에이커(약 9,915㎡)에 해당하는 면적이다.

합쳐 2만 6,100정보 이상의 토지에서 적극적으로 개량을 위한 준비 작업이나 건설 공사 등을 진행하고 있어 이들 사업에 드는 총비용은 이미 3,100만 엔을 초과했다. 여전히 80곳 이상의 토지가 개량을 필요로 하고 있었는데, 그 면적은 13만 정보에 달했다.

1920년 총독부는 당년부터 15년 동안 실행할 사업 계획을 수립했는데, 현재 착실히 진행되고 있다. 이 사업은 총 80만 정보에 달하는 미개간 토지 가운데 최소 절반 정도를 개량하는 것을 목표로 하고 있다. 여러 업무 가운데 가장 중요한 것은 개량 혹은 개간될 토지와 관련된 기본 조사를 실시하는 것이었다. 이 조사에 따라 토지의 소재와 범위, 사업 추진 방법, 예상 비용 등을 적절하게 결정할 수 있다. 이를 위하여 총독부는 1920년부터 각 지방에 토지조사 전문가를 파견하고 있고, 이번 회계연도까지 이들은 353만 4,000정보 이상의 토지를 직접 조사했다.

관개는 농업 종사자들의 공익에 부합하는 것이었고, 수리조합에 의해 제공되는 관개시설들로 사업 추진이 명백하게 입증되는 것이므로, 총독부는 사적인 수리 사업을 인가하는 한편 수리조합도 장려하고 있다. 그러나 이 같은 사업들은 다양한 방식으로 사람들에게 영향을 미치기 때문에 수리 사업을 위해서는 반드시 공식 인가를 받아야 한다고 규정되어 있다. 지금까지 인가받은 사업은 117건이었으며 9,600정보 이상의 지역에서 사업이 진행되고 있다.

농업 노동

한국에서 농민들은 아직까지는 농기계를 거의 사용하지 않고 소의 도움을 받아 주로 손으로 농사를 짓고 있다. 농가의 경우 노동력은 자급, 즉 농민과 그의 가족에 의해 제공되었다. 여성들이 밭일의 대부분을 담당하는 일본과 달리 여성들은 집안일만 하는 것이 한국의 오랜 관습이었다. 하지만 최근에는 일부 지역에서 여성들이 남성들을 도와 농사를 짓기 시작했다. 일본인 농민들을 제외하면 일당을 주고 인력을 고용하는 경우는 거의 없었다. 그러나 일본인 농가의 수도 많지 않아 전국적으로 약 14만 호 정도였다. 농민과 그 가족을 제외하면 활용 가능한 노동력은 다음의 세 가지 출처에서 공급되었다.

(1) 농가 머슴은 일정 기간 동안 고용되는데, 보통 1년 내지 3년이고 때때로 5년까지 연장되기도 한다. 합의된 기간 동안 농가 머슴은 가족의 일원으로 대접받고 의식주를 공급받으며 상황에 따라 연간 50엔에서 100엔 사이의 현금 급여를 받는다.

(2) 또 다른 제도는 계약 노동제이다. 이것은 노동 임대의 성격을 띠는데, 소작인이 특정 기간 동안 농가에 필요한 노동을 제공하기로 계약하는 것이다. 그들은 임대료를 내지 않고 거주하며 지불 임금의 액수와 지불 방법이 관례에 따라 달라지기는

하지만 보통 토지 면적 1단段(약 0.25에이커(약 1,012m²)에 해당)
당 10~15엔의 비율로 선불 임금을 받는다.

(3) 한국의 남쪽 지방에는 '노샤Nosha' 혹은 '두레'라 불리던 농민
조합이 있는데, 홍수와 같은 비상사태가 발생하여 많은 노동
인력이 갑자기 필요하게 된 경우 상호부조를 해주기 위해 만
들어진 것이다.

위와 같은 상황이 발생하여 농민조합이 노동력을 제공할 경우 따라
야 하는 일반적인 조건은 다음과 같다. 조합이 제공한 노동력으로 혜
택을 보게 되는 농민은 작업을 하는 동안 다른 회원들에게 음식, 술,
담배 등을 제공해야 하며, 조합에서 노동력을 제공할 때마다 일인당
10~15센트의 수당을 지불해야 한다.

대체로 6월에서 11월까지 6개월은 농업 노동자에게 가장 힘든 시
기이고 나머지 6개월 동안은 상대적으로 쉬운 일을 한다. 1년 동안 해
야 하는 농사일은 다음과 같다.

1월에는 가정용 땔감을 수집하고 가을에 씨를 뿌렸던 밀밭에 거름
을 주며 짚으로 필요한 물건을 만든다. 2월에는 음력설을 쇠는 준비로
어느 정도 즐거운 분위기로 한 달을 보낸다. 3월에는 가정용 땔감을
수집하고 거름을 나르고 봄밀 씨를 뿌린다. 4월에는 밀밭에 잡초를 제

거하고 거름을 나르고 벼 모판을 준비하고 채소 씨를 뿌린다. 5월에는 벼 모판에 씨를 뿌리고 벼를 심을 논을 경작하고 풀과 기타 녹비綠肥를 수집한다. 6월에는 모판에서 자란 벼를 옮겨 심고 가을에 씨를 뿌렸던 밀을 수확하고 콩과 완두 씨를 뿌린다. 7월에는 벼를 옮겨 심고 가정용 땔감을 모은다. 8월에는 잡초를 제거하고 다른 작물을 재배하고 가정용 땔감을 수집하고 가을에 수확할 채소의 씨를 뿌린다. 9월에는 가정용 땔감을 수집하고 채소를 솎는다. 10월에는 가을밀 씨를 뿌리고 벼를 수확한다. 11월에는 벼를 수확하고 채소를 따서 절이고 현물로 소작료를 지불한다. 12월에는 밀밭에 거름을 주고 지붕을 이고 가정용 땔감을 수집한다.

가정용 땔감을 수집하는 데 많은 시간을 투자하는 것은 중국과 마찬가지로 한국도 이전에 삼림 보존에 필요한 모든 조치를 간과하여 전국의 삼림지 대부분에서 나무가 사라져 버린 실정이기 때문이다. 이 문제는 제12장 '임업' 항목에서 다루고 있다.

제 12 장
한국의 경제 발전 2

II. 임업, 어업 및 광업

임업

역사적 사실

다음 자료는 대부분 『조선 행정 연보(1922~1923)』에서 발췌한 것이다.

수년 동안 한국 내 산림은 관리나 보호를 받지 못한 채 방치되었고 그 결과 다양한 산업 발전에 장애가 되었다. 그리하여 총독부는 1911년부터 법률상 난제가 되었던 국유림에 대한 조사를 실시했다. 지방

관청에 사유림에 대한 조사를 위탁하고, 산림 전문가를 임명해 다양한 지역에 배치하여 사람들에게 산림 관리에 관한 실질적 지침을 제시했다. 또한 산림을 가꾼다는 조건하에 황폐해진 국유림 지대를 신청자들에게 대여하고(조림 사업이 완료되면 흔히 대여받았던 자에게 산림지가 무상으로 양여되기도 한다), 가난하여 묘목을 구입할 수 없는 사람들에게 묘목을 제공했다. 어린 나무를 보호하기 위해 벌목할 나무의 수령, 높이, 폭 등에 제한을 두었으며, 유해 해충 구제에 보조금을 지급하는 등의 방법으로 산림 문제를 해결하기 위한 여러 가지 계획을 시행했다.

이와 같은 조치들로 인해 합병 당시와 비교했을 때 산림 상태가 완전히 다른 모습으로 변모했을 뿐 아니라 일반 대중들이 수목 재배에 대해 애정을 가지게 되면서 개인에 의한 조림 사업이 크게 증가했다. 조림에 대한 모범을 제시하고 지방관청의 능력을 배양하기 위해 총독부는 도나 면 당국으로 하여금 임야를 설계하도록 하고 필요한 토지를 제공했다. 또한 토지를 무상으로 제공하거나 임대하여 학교 숲을 조성하도록 했다. 신무천황神武天皇의 제일祭日인 4월 3일을 기해 매년 기념식수를 하도록 공무원과 개인을 독려하고, 그 밖에 임야를 개선할 수 있는 모든 기회를 다 이용했다.

향후 계획을 수립하기 위해서는 정밀하고 정확한 조사가 반드시 필요한 만큼 임야 조사 작업을 더욱 확대했고, 1921년에는 산림 계획, 보호, 이용에 관한 과학적인 조사를 담당할 전문가들이 추가로 고용되었다. 이와 같은 업무를 담당하기 위해 올해 서울 교외 지역에 임업 시험장이 설치되었다.

합병 이전에는 산림 행정과 관련하여 벌목 금지를 제외하면 이름 붙일 만한 성문법이 없었다. 조선왕조 말기로 갈수록 무분별하고 은밀한 벌목이 더욱 빈번해져 벌목 금지법조차 준수하기보다는 위반하는 사례가 더욱 많아져 산림 파괴가 극에 달했다. 한국 정부는 통감부의 지침을 받아 산림법을 제정, 공포했다. 총독부가 이것을 그대로 채택했으나, 개탄할 만한 산림 상태와 시간의 경과로 법 개정이 필요하게 되어 1911년 6월 새로운 산림령을 공포했다. 이어서 1912년 국유림과 사유림에 관한 규정들이 만들어졌고 중앙과 지방 관청에 산림 전문가가 배속되었다. 일반에 대여된 국유 임야 면적은 1921년에는 약 183만 7,000에이커(약 7,434㎢)였고 1922~1923 회계연도 말에는 약 203만 3,000에이커(약 8,227㎢)였다.

산림 식생 상태

한국의 산림지 총 면적은 3,900만 에이커(약 157,830㎢)에 달하며 한반도 전체 면적의 71%에 해당한다. 그러나 오랫동안 무관심하게 방치되었기 때문에 숲에 나무가 심어져 있는 지역은 겨우 1,350만 에이커 (약 54,634㎢)로 추정되고 있고, 이들은 대부분 멀리 북쪽 지방이나 동쪽 고원지대에서 발견되었다. 이 지역을 제외하고 남아 있는 산림지 가운데 약 1,800만 에이커(약 72,845㎢)는 어린 나무들로 덮여 있고, 750만 에이커(약 30,352㎢)는 거의 헐벗은 상태이다. 심지어 나무로 덮여 있는 지역도 산림 관리와 보호가 부족해 우수한 산림지대로 발전할 기미가 보이지 않았다. 하지만 매년 건축자재와 연료에 대한 수요가 여전히 증가하고 있을 뿐 아니라 철도 침목, 전신주, 교량 들보, 광산용 말뚝, 목재 펄프 등에 대한 수요도 증가하고 있어 총독부에서는 과도하고 무분별한 산림 벌채를 방지하기 위해 최선을 다하고 있다. 그와 동시에 산림 보호를 확고히 하고 벌목된 나무들을 대체하는 묘목을 심는 등의 대책을 세워 추진하고 있다.

한반도에는 남쪽과 북쪽의 기후 차이가 커서 다양한 수종이 자라고 있다. 북부의 압록강과 두만강 유역 및 고원 산지에는 전나무, 낙엽송, 잣나무, 자작나무 등이 자라고, 중부와 남부 위쪽 지역에는 소나무, 상수리나무, 오리나무 등이, 남부 아래쪽 지역에는 참나무, 대나무 등이 있다. 한국에 많게는 700여 종의 수목이 있다는 사실은 한반도가 특히 다양한 수종을 이용한 조림에 적합한 지역임을 보여 준다.

조림

 1907년 경성 백운동과 평양 모란대의 경사지를 활용한 조림 사업이 국비로 실시되었고, 이후 수원, 대구, 개성 등의 도시들이 조림 사업을 위해 토지를 제공했다. 최근에는 유사流砂를 방지하고 향후 목재를 생산할 목적으로 산허리와 황무지 등에 조림을 하고 있는데, 이 사업은 대부분 벌목 사업소와 산림과 출장소에서 담당하고 있다. 1907년에서 1922년까지 이 같은 조림 사업이 실시된 지역의 총 면적은 1만 3,230에이커(약 53㎢)였고, 식수된 묘목 수는 1,616만 그루였다.

 1911년 지방정부 가운데 최초로 강원도가 조림 사업에 비용을 제공했고, 이 같은 모범을 따라 다른 도정부들도 현재 도내 조림 사업을 진행하고 있다. 1921년 말까지 조림 사업이 실시된 총 면적은 6,453에이커(약 26㎢)였는데, 1922~1923 회계연도에 7,698에이커(약 31㎢)로 늘어났고, 식수된 묘목 수도 1,132만 그루에서 1,422만 9,000그루로 증가했다.

 최근 들어 공공 기관에서 관리하는 조림지가 크게 증가했고, 개인 자본가들이 소규모로 조림 사업을 시행하는 데 더해 동양척식주식회사 및 여타 회사들도 대규모 조림 사업에 참여하고 있다. 이와 동시에 자생적으로 형성된 산림지를 발전시키는 사업도 진행되고 있다. 1911년부터 1922년까지 민간 차원에서 조림 사업이 실시된 면적이 61만

9,000에이커(약 2,505㎢) 이상이고 식수된 나무 수가 10억 2,445만 그루 이상이라는 점은 조림 사업이 얼마나 강력하게 추진되고 있는지를 보여 준다.

1911년 이후 4월 3일은 식목일로 지정되었는데, 이날 신무천황을 기념해 기념식수를 한다. 1921년 열한 번째 식목일에는 1,679만 그루 이상의 나무가 식수되었고, 그 이듬해 열두 번째 식목일에는 1,385만 그루 이상이 식수되어, 식목일 제정 이래 식수된 나무는 총 1억 8,828만 5,000그루였다.

1907년에 양묘 사업소 세 곳이 국비로 설립되었고, 그 뒤를 이어 지방 종묘장들이 설치되었는데, 정비 작업이 끝난 1912년 말까지 모두 합쳐 310곳의 종묘장이 설치되었다. 종묘장에서 키우는 묘목은 소나무, 아카시아, 오리나무, 참나무, 낙엽송 등이다. 1922~1923 회계연도에는 국비로 유지되는 종묘장에서 738만 그루의 묘목을 키워 173만 그루의 유목幼木을 처분했고, 지방 종묘장에서는 2,645만 그루의 묘목을 키워 1,562만 그루의 유목을 처분했다. 민간 종묘장들은 1억 6,881만 그루의 묘목과 1억 400만 그루의 유목을 보유하고 있는데, 매매 목적으로 20만 그루 이상의 묘목을 키우는 종묘장 수는 68개였다. 최근에는 조림 단체들이 대규모로 자신들의 종묘장을 만들기 시작했다.

총독부 식산국 산림과는 일상적인 조사 · 실험 · 규제 · 감시 업무

외에도 대규모 유사를 방지하고 강우를 보존하기 위해 전국 곳곳에서 조림과 관련된 수많은 사업을 실행하느라 여념이 없다. 이와 같은 사업은 모든 계층의 사람들에게 유익한 일이기 때문에 산림 산업에 종사하고 있는 민간 업자의 손에 맡기기보다는 정부가 맡아서 수행해야 한다고 정책적으로 결정되었다.

그에 따라 1919년 한국 내 모든 큰 강 유역에 대한 조사를 실시해 보존 작업이 필요한 지역이 명확하게 정해졌다. 작업 계획도 준비되었는데, 수년에 걸쳐 시행해야 하는 계획이었다. 이 사업에 드는 자금은 총독부가 해당 지방관청과 사업에 참여하는 민간 기업에 제공하는 보조금으로 충당한다.

어업

한국의 어업에 대한 다음 설명은 『조선 행정 연보(1922~1923)』에서 발췌한 것이다.

조선의 해안선 길이는 섬들을 포함하여 1만 700마일(약 17,220km)이 넘고 바다에는 다양한 어종이 살고 있다. 합병 이래 총독부는 어업 발전을 위해 최대한 많은 노력을 기울였고 그 결과 올해 어업 생산물의 가치는 7,396만 엔에 이르렀는데, 이는 합병 당시보다 8배 증가한 것이다.

1909년 구한국 정부는 어업과 관련된 법규를 제정하여 공포했고 이후 총독부에 의해 채택되었다. 그러나 이 어업법이 현재 여건과 향후 전망에 맞지 않아 새로운 어업령이 제정되어 1912년 4월부터 시행되었다. 새 어업령의 내용은 특정 해상 지역에 대한 배타적 어업권을 허가하고, 인근 지역의 어업에 방해가 될 만한 특정한 행동을 제한 혹은 금지하고, 가능한 한 종래의 관례에 따라 어업권 신청자에게 허가를 내주고, 모든 어장에서 개인에 의한 독점 행위를 금지하는 것 등이었다. 어업령은 꾸준히 성실하게 어업에 종사하고자 하는 사람들의 어업권 신청을 장려하는 반면 투기적 풍조는 제한하는 방향으로 시행되었다.

어업의 보호와 관리를 위해 어장과 관련된 규정과 함께 어업 관련 규정도 반포하여 어업 방식과 도구, 어획 시기와 장소에 일부 제한을 두었다. 저인망 어업은 한국 주변의 모든 바다에서 전면 금지되고 포경선과 잠수기潛水器 수도 제한된다. 과거 한국 정부에서는 중국 배들이 어업을 목적으로 서해에 자주 나타났고, 이를 엄격하게 금지하고 있는 지금도 때때로 모습을 보이고 있으나, 최근에는 지방경찰과 어업조합들의 경계로 밀어자密漁者들이 들어오지 못하는 것으로 나타났다.

지방의 경우 어업을 대규모로 추진한 적이 없었기 때문에 어업 발전을 장려하기 위해 제국 특별 기부금 이자의 일부와 지방 세입에서 나오는 보조금을 사용하여 지방 어민들에게 특별훈련을 시키고, 1915년에는 군산, 1917년에는 여수에 각각 어업 학교를 설립하여 어업에 관한 교육을 제공했다.

수출 수산물의 양이 매년 증가 추세였고 다양한 수산품의 품질이 통일되지 않은 한편 부정직한 관행은 여전했기 때문에 수산물 검사와 관련된 규정들이 반포되어 1918년 7월 시행되었다. 이에 따라 일본 본토와 동일하게 각 등급의 기준이 마련되었고 그 결과 일본으로의 수출은 더욱 원활하게 진행되었다.

1914년 9월에 발포된 시장과 관련된 규정에는 어시장에 관한 특별 조항이 포함되어 있는데 이는 어시장이 일반 시장과는 다르다고 여겨졌기 때문이다. 1912 회계연도부터 모두 합해 약 300여 곳의 어항漁港과 항만에 연간 보조금을 지급하여 다양한 개량 작업을 시행하고 있다. 이들 항구 가운데 가장 중요한 9곳에서 시행했던 작업은 1920 회계연도 말까지 모두 종결되었고 그 외 다른 곳에서도 대규모 작업이 진행되고 있다.

수산물 시험

어업 발전 증진을 위해 총독부는 1912년 이래 아래와 같이 3개 항목에서 수산물 실험을 하고 있다. (1)한국 연해에 자주 나타나는 어류의 수종, 분포, 이동 상황, 어획 방식의 안정성, 경제성에 관한 조사, (2)1917년부터 중국이나 미국을 염두에 둔 염장 어류와 건어물에 대한 실험 준비, (3)담수 어류 양식 실험과 더불어 1912년 이래 함경남도 고원에서의 인공 연어 부화 실험 및 1918년 이래 전라남도 고신에서의 굴 자연 이식 실험 등이 그것이다.

이들 실험은 여전히 계속되고 있지만 몇몇 실험은 이미 좋은 결과를 얻었다. 어업의 향후 발전을 위해 추가로 실용적이고 과학적인 조사를 실시할 필요가 있어 1920년에 부산에 중심 기관인 수산 시험장을 설립하기 시작해 올해 완료되었다.

어업 발전

반도국인 한국은 어업 발전에 아주 유리한 조건을 가지고 있다. 하지만 구한국 정부가 어업에 관해 어떠한 정책도 시행하지 않은 결과 한국의 어업은 전혀 발전하지 못했다. 총독부 설치와 함께 이 같은 정부 차원의 우둔함은 사라졌고, 어업을 더욱 활성화하기 위해 정부는 많은 노력을 경주하고 있다. 이는 생산 수산물의 가치에도 동일하게 반영되어 합병 당시 810만 엔에 머물렀던 것이 1923~1924 회계연도에는 5,100만 엔으로 증가했고, 1911년 265만 엔이었던 가공 수산물 생산도 1922~1923 회계연도에는 2,961만 4,000엔으로 늘어났다.

고기잡이 방식에 대해 살펴보면 한국인은 과거와 같이 간단한 방식을 사용했기 때문에 어민들은 근해를 벗어나 고기를 잡을 생각을 하지 못했다. 그러나 일본 어민들이 더욱 유익한 방식을 사용하는 것을 보고 그것을 따라하게 되면서 점차 더욱 멀리 떨어진 어장으로 나가기 시작했다. 그와 함께 잡은 고기를 수송하기 위해 기선이나 발동기선을 이용하기 시작해 어업 규모가 점차 확대되었다. 특히 고등어의 경우 1921년 580만 엔 이상의 어획고를 기록했다.

한국에서는 아주 원시적인 방법으로 수산물을 염장하거나 건조했는데, 이는 국내 시장에서만 판매되기 때문이었다. 그러나 일본 어민들이 들어오면서 새로운 방식이 소개되었고 1918년 수출 어류에 대한 검사 체계가 확립되면서 새로 소개된 염장 · 건조 방식이 더욱 대중화되었다.

구한국 정부 시절 한국의 바다에서 다양한 어종들이 사라지는 경향이 나타난 이유는 어업에 대한 통제가 전혀 이루어지지 않았기 때문이다. 또한 시기나 절기에 전혀 구애받지 않고 고기잡이를 계속했을 뿐만 아니라 수년 동안 적절한 어장이 형성되기를 기다리지 않고 대량으로 고기를 남획했기 때문이다. 그러나 총독부의 적극적인 노력으로 추진된 많은 사업들이 성공을 거두었는데, 이 중 가장 성공을 거둔 사업은 경상남도와 전라남도에서 김을 양식한 것이었다.

무리를 지어 한국 바다로 고기를 잡으러 오곤 하는 일본 어민들에게 편의를 제공하기 위해 1900년 부산에 조선해수산조합이 창설되었다. 이로 인해 일본 어민의 어장이 점차 넓어졌고 더욱 많은 일본 어민이 들어왔다. 한국으로 이주한 일본 어민 정착촌은 처음에는 전라남도와 경상남도에만 생겨났으나, 정부의 도움으로 곧 그 수가 매년 늘어나 점차 모든 해안 지방에서 일본인 이주 어촌을 볼 수 있게 되었다. 어민의 수는 모두 합쳐 1만 4,200명 이상이었고, 그들은 5가구 이상의 이주 어촌 40곳을 세웠다. 한국 어민들과 함께 이주한 일본 어민들은 어업 발전에 많은 도움이 되고 있다.

어업의 경제적 발전

한국의 경제 발전 양상에서 가장 주목할 만한 성장률을 기록한 부문이 어업이다. 1912년의 어획고는 대략 800만 엔이었으나 1923년의 어획고는 5,200만 엔이었다. 같은 기간 수출 활어(약 90%가 일본으로 수출)의 가치는 13만 8,000엔에서 900만 엔으로 늘어났고, 가공 수산물 가치는 400만 엔에서 2,900만 엔으로, 주로 일본으로 수출되는 수출 가공 수산물 가치는 150만 엔에서 1,400만 엔으로 증가했다.

1923년 현재 시장가치 순으로 나타내면 한국에서 잡히는 주요 어

좋은 고등어, 정어리, 멸치, 대구, 몇몇 농어 종류, 청어, 다랑어, 가자미 등이다.

광업

역사적 사실

한국 내 광업 발전에 대한 다음 설명은 조선은행의 조사부 책임자인 호시노 도쿠지의 『조선 경제사』 85쪽부터 90쪽까지의 내용을 요약한 것이다.

한국에는 귀금속과 경제적으로 유용한 금속, 그리고 광물들이 많이 매장되어 있다. 바로 금, 은, 구리, 납, 아연, 텅스텐, 몰리브덴, 철, 흑연, 석탄, 고령석, 규사 등이다. 비교적 최근까지도 한국에서는 광업이 소규모 산업에 머물러 있었다. 1896년 외국인 가운데 최초로 미국인 제임스 모스James R. Morse가 광산 채굴권을 획득했다. 다른 광산의 채굴권도 계속 양여되었는데 대부분 금광 채굴권이었다. 초창기에 금을 제외하고 유일하게 채광 작업이 이루어진 것은 석탄과 철이었다. 이들 사업은 프랑스 회사, 한국과 미국 합작회사, 그리고 황실 대리인으로 활동하는 소규모 일본인들이 시행하고 있었다.

한국의 광업 행정은 관리가 극히 부실했고, 뇌물 수수와 정실情實에 의해 심각하게 타락한 상태였으며, 왕실과 정부의 역할이 서로 중복되고 있었다. 일부의 경우 먼저 광산 채굴권을 양여했다가 나중에 아무 이유나 보상 없이 취소하기도 했고, 내키는 대로 새로운 채굴권을 부여하기도 했다. 정부 여러 부서에서 광업세를 징수했을 뿐만 아니라 왕실에서 직접 광업세를 징수하기도 하여 종종 두 번 이상 징세되기 일쑤였다. 또 지방 당국에서도 자의적으로 세금을 부과했다. 이와 같은 상황에서 광업의 건전한 발전을 기대할 수는 없었다.

1905년 일본의 보호정치가 실시되면서 이전의 악습을 개선하기 위한 조치들이 취해졌고, 새로운 법이 제정되어 1906년에 시행되었다. 긴급한 요구를 충족하기 위해 만들어졌기 때문에 이들 법규에는 개선해야 할 사항들이 많이 있었다. 이에 따라 광업법은 여러 차례 수정되었으며, 마침내 1915년에 최종적으로 공포되었다.

1910년 보호정치가 끝났을 때 광산 채굴권의 보유 상태는 다음과 같았다.

미국 회사와 미국인 각각 4개, 영국 회사 2개, 영국인 1개, 이탈리아인 1개 보유. 이 밖에도 일본인과 미국인이 공동으로 혹은 한국인과 미국인이 공동으로 몇 개 광산의 채굴권을 각각 보유하고 있었다.

국영 석탄 광산 한 곳과 국영 철광 광산 두 곳을 제외하면 1910년 합병 이전에는 한국의 광업 부문에서 일본인의 활동은 그다지 활발하지 않았다. 그러나 1911년에 일본의 몇몇 주요 회사가 광산 산업에 진출했고 이후 몇 년 동안 많은 회사들이 그 뒤를 따랐다. 일본 회사들은 주로 석탄과 철광에 많은 관심을 기울였다.

광업 현황

시대에 맞는 광업 행정을 위한 자료를 확보하고 현재 운영 중인 광산들에 편의를 제공하기 위하여 1911 회계연도에 광상鑛床(유용한 광물이 땅속에 많이 묻혀 있는 부분―옮긴이)에 대한 조사를 실시했다. 조사 작업은 6년에 걸쳐 완료될 계획이었고 대부분의 지역에서 예정대로 완료된 반면 남부 지역은 예정보다 늦어져 그곳만 기간을 1년 연장하여 1917 회계연도에 완료되었다. 조사를 완료한 여러 지방에 대한 보고서가 발표되어 한국의 광업에 많은 이익을 남겼다.

광산물에 대한 조사가 완료되자 그 업무를 담당했던 사람들은 1918 회계연도에 새로 설립된 지질 조사소로 자리를 옮겼다. 이 연구소는 토양의 성질을 조사하고 유용한 광물과 암석을 연구하며, 수리와 토목 작업 및 지도 제작 등을 담당했다. 지질 조사소가 이 같은 새로운 업무를 완료하는 데 30년이 걸릴 것이라는 예측이 나오면서 1920 회계연도에 연구소 직원이 충원되었다. 그에 따라 지질 조사소는 업무 완료 예정 시간을 절반으로, 다시 말해 15년으로 줄일 수 있게 되었다.

전후 경기 불황은 한국의 광업에 심각한 영향을 미쳤다. 총독부는 상황을 개선하기 위해 몇 가지 조치를 취했다. 여기에는 개선된 채굴 방법과 야금 기술을 장려하고 새로 광산 채굴권을 획득할 경우 광업세를 경감해 주는 조치 등이 포함되었다.

지난 몇 년 동안 광산물은 매년 증가하여, 1925년에는 총 가치가 1,900만 엔에 이르렀다. 한편으로는 낮은 원가와 저임금 노동의 영향을 받고, 다른 한편으로는 금 시장가 상승의 영향을 받아 최근에는 금광이 특히 활발한 모습을 보이고 있다. 석탄 광산 역시 호경기에 있다. 최근 석탄 산지에 대해 조사를 벌인 결과 석탄 매장량과 매장 상태가 규명되었다. 따라서 한국산 석탄의 사용법에 대한 다양한 실험을 통해 사람들이 석탄 사용을 더욱 확대하도록 유도했다. 따라서 향후 한국의 석탄 광산은 비약적인 발전을 이루게 될 것이다.

최근 강원도에서 발견된 중정석(황산바륨으로 이루어진 황산염 광물—옮긴이) 광산은 세계에서 가장 뛰어난 것으로 평가되고 있다.

1910년 한국 내 금속과 광물 생산량의 총 가치는 600만 엔이었다. 1918년에는 최고 수준까지 증가하여 약 3,100만 엔에 달했는데, 이는 유럽 전쟁(제1차 세계대전을 말한다.—옮긴이) 마지막 해의 수요 및 가격 급등이 반영된 것이다. 1921년 광물 생산량 가치는 1,550만 엔으로 감

금속 및 광물 생산물의 가치

(단위 기준은 1,000엔. 1엔은 미화 50센트에 해당)

	1912	1921	1923
금	4,580	2,992	3,914
사금	670	359	336
석탄	546	3,192	2,750
철광석	156	1,716	1,806
무쇠		4,829	5,684
정광	275	1,489	1,626
금·은 광석	3	587	590
흑연	182	209	258
그 외 모두	228	214	362
총계	6,640	15,587	17,326

소했는데, 이는 1910년 이래 광업 부문의 정상적인 성장을 반영한 것이다.

위 표는 1912년, 1921년, 1923년의 해당 금속 및 광물 생산물의 가치를 나타낸 것이다.

제 13 장
한국의 경제 발전 3

III. 상업, 제조업 및 은행업

화폐

구한국 정부에서 상업과 제조업은 여러 악조건들로 인해 제대로 발전하지 못했다. 그 가운데 가장 큰 영향을 미친 것은 개탄할 만한 한국의 화폐유통 상태 및 생명과 재산이 제대로 보호되지 못하고 있는 실정이었다.

이론적으로 한국 화폐는 은화본위제도(은화를 기준 화폐로 하는 제도−옮긴이)를 토대로 하고 있었으나 실제로 한국 주전소鑄錢所에서는 은화를 거의 발행하지 않았고 사실상 모든 화폐 거래는 엽전葉錢이라 불린 동전銅錢 또는 당백전當百錢과 당오전當五錢이라 불린 백동화白銅貨로 이루어졌다. 명목상 당백전의 가치는 일반 화폐의 100배, 당오전은 5배였다.

동전은 두 가지 중대한 난점을 안고 있었다. 하나는 상품에 대한 동전의 실제 교환가치가 동전에 함유된 구리의 실질 가치에 따라 결정되었기 때문에 구리의 시장가격이 변동함에 따라 화폐가치가 달라졌다는 점이다. 다른 하나는 동전의 가치가 너무 떨어져 대규모 거래에서는 지불되는 동전의 부피와 무게로 인해 수송에 심각한 어려움이 있다는 점이다. 그래서 청일전쟁 당시 일본군은 한국 국내에서 목재를 구입한 후 거래 대금을 지급하기 위해 기선을 대여하고 그 배를 동전으로 가득 채워야 했다.

반면 백동화는 대용화폐로서 액면가가 화폐에 각인되어 있었다. 원래 한국 정부가 동전인 엽전에 대한 보조화폐로 주조했던 백동화는 처음 얼마 동안 액면가로 유통되었다. 그러나 이들 동전의 실질 가치와 액면가치의 차이로 인해 백동화 주조는 수익성이 큰 사업이 되었다. 마침내 왕실 조폐국(조선 후기 화폐 주조를 담당한 중앙 기구인 전환국을 지칭한다.—옮긴이)에서는 백동화를 남발했고, 그 결과 백동화의 액면가는 더 이상 지켜지지 않게 되었다. 백동화가 최종적으로 폐지된 것은 위조가 급속하게 늘어났기 때문이다. 여기서 흥미로운 점은 화폐 주조자들로부터 뇌물을 받는 답례로 한국 관리들이 화폐 위조를 묵인해 주었고, 때때로 전환국의 공식 금형을 위조업자들에게 대여하기도 했다는 것이다.

일본의 한국 화폐개혁에 대한 다음 설명은 총독부 보고서 『1910~1911 회계연도 연보Annual Report for the Fiscal Year, 1910~11』에서 축약한 것이다. 1904년 러일전쟁 당시 한국 정부는 일본인 재정 고문을 고용했는데, 그는 한국 정부가 다음과 같은 화폐개혁 조치들을 채택하도록 주장했다.

(1) 한국의 화폐본위는 일본과 동일하게 만들어져야 한다. 이를 위해서는 일본의 금본위제도를 본으로 삼아 1901년 대한제국 정부가 공포한 화폐 조례가 시행되어야 한다.

(2) 이전의 백동화는 유통을 금지해야 하지만 일반 동전은 당분간 사용을 허가해야 한다.

(3) 건전한 보조화폐가 유통되는 즉시 일반 동전도 유통을 금지해야 한다.

(4) 이미 한국에서 광범위한 신용을 얻고 있는 다이이치은행日本第一銀行(이후 일본제일은행으로 지칭된다.—옮긴이)은 중앙은행의 역할을 수행하도록 허가되어야 하며, 일본제일은행의 은행권(중앙은행에서 발행하여 현금으로 쓰는 지폐—옮긴이)은 공적 혹은 사

적인 모든 거래에서 법정통화法定通貨(법률에 의해 강제 통용력과 지불 능력이 주어진 화폐. 법화라고 줄여 쓰기도 한다.―옮긴이)로 인정되어야 한다. 일본 제국 정부의 통화는 주조된 화폐이든 은행권이든 간에 한국 정부의 화폐 조례에서 규정된 것과 동일한 자격으로 한반도 전역에서 법화로 인정되어야 한다.

(5) 한국 정부 탁지부의 감독하에 일본제일은행에 의한 화폐 재조정이 실시되어야 한다.

화폐제도 개선을 위한 첫 번째 조치로 1904년 전환국이 폐지되었고, 새로운 한국 화폐는 오사카에 있는 일본 제국 조폐국造幣局에서 제조하기로 했다.

백동화와 동전의 유통 금지는 1905년 7월에 시작되어 1911년 2월까지 약 40억 개의 백동화가 회수되었고, 약 600만 엔 가치의 동전이 회수되었다. 구한국 정부의 무질서한 화폐제도를 폐지하고 이를 일본의 금본위제도와 동일한 것으로 대체하는 데 사용된 순비용 총액은 800만 엔 미만이었다. 통화 안정이 가져다주는 수많은 이점을 생각하면 극히 적은 금액이었다.

1918년 초 한국에서 유통된 화폐의 가치는 6,960만 엔으로 추정되는데, 이 중 구한국 화폐의 비중은 300만 엔 미만이었다. 1918년 4월 1

일에 일본 화폐법이 한국에서도 법률로 채택되어 1921년 1월 1일부터 한국 주화의 유통이 완전 금지되었고, 정부는 향후 5년 동안 한국 주화를 일본 주화로 교환해 주는 사업을 실시했다.

은행권은 1902년 일본제일은행에서 최초로 발행되었다. 3년 후 일본제일은행 은행권은 한반도에서 법화로 쓰이게 되었다. 1909년 조선은행(설립 당시는 한국은행으로 불렸다.—옮긴이)이 설립되자 은행권 발행의 특권은 조선은행으로 이양되었다. 1912년에 시중에 유통되던 조선은행의 지폐는 약 2,500만 엔 정도였고, 주화는 400만 엔이었다. 1922년에는 유통되는 지폐와 주화가 각각 1억 100만 엔과 900만 엔으로 증가했다.

화폐제도의 안정과 더불어 1910년 합병 이후 전국적으로 비적 행위에 대한 진압이 급속히 진전되었고, 경제 상황은 일본 자본의 한국 투자가 장려되고 한국의 자원에 대한 전반적인 발전 계획을 수립하는 단계로까지 빠르게 호전되었다.

경제 발전

상업과 제조업 부문에서 경제 발전의 특징이 대략 다음의 표에 나타나 있고, 은행 재무 규모를 나타내는 수치들도 항목으로 표에 포함되어 있다.

한국 내 상업, 제조업, 은행업의 발전(1912~1923)

(단위 기준은 1,000엔. 1엔은 50센트에 해당)

	1912	1923
상업:		
수출액	20,985	261,665
수입액	67,115	265,790
대외무역 총액	88,100	527,555
제조업:		
공장 생산	29,362	242,788
가내 생산	10,431	179,207
은행업:		
납입자본금	14,851	84,150
지급준비금	699	16,771
총 수신 금액	27,837	275,879
총 여신 금액	58,070	409,302

상업

한국의 대외무역

극동에서 가장 발전한 상업국과 이웃하고 있는 한국의 지리적 위치로 인해 한국의 대외무역에서 자연히 일본의 비중이 가장 두드러졌다. 1910년 일본이 한국을 합병한 이후 한국의 대외무역에서 일본이 차지하는 비중이 그다지 크게 증가하지 않았다는 점은 흥미롭다. 1907년에 한국의 대외무역에서 일본이 차지한 몫은 70.7%였고 1921년에는 78.5%였다. 1907년에서 1921년까지 14년 동안 한국의 대일 수출 비율은 총 수출의 76.3%에서 90.4%로 증가했고, 대일 수입 비율은 총 수입의 68.4%에서 67.3%로 감소했다.

이처럼 한국의 대일 수출과 대일 수입이 대조적인 것은 일본 자본이 한국에 많이 투자되었고, 가계 소비를 위해서건 수출을 위해서건 간에 일본 내 한국 상품에 대한 수요가 늘어났기 때문이다. 한국의 수입에 관해 살펴보면, 일본 외 무역 상대국으로부터의 수입이 증가한 것은 원자재에 대한 한국 내 수요가 증가한 때문인데, 이들 원자재는 대체로 일본이 공급할 수 없는 것들로 조, 멧누에고치, 비료, 석탄, 석유, 베 등이 주요 품목이었으며 대부분 중국에서 수입되었다.

대외무역 분포

다음 표는 한국과 다양한 무역 상대국 간의 수출액, 수입액, 무역총액을 백분율에 근거하여 분류한 것이다.

각 무역 상대국에 대한 한국의 수출액과 수입액

(단위 기준은 1,000엔. 1엔은 50센트에 해당)

	1907	1912	1921
일본 :			
수출	12,948	15,369	197,392
수입	28,293	40,756	156,482
합계	41,241	56,125	353,874
중국 :			
수출	3,220	4,058	19,223
수입	5,577	7,027	50,188
합계	8,797	11,085	69,411
미국 :			
수출	2	95	302
수입	2,919	6,460	14,374
합계	2,921	6,555	14,676
영국 :			
수출	11	198	4
수입	4,210	9,801	7,808
합계	4,221	9,999	7,812
기타 무역 상대국 :			
수출	792	1,265	1,356
수입	386	3,070	3,529
합계	1,178	4,335	4,885
총계 :			
수출	16,973	20,985	218,277
수입	41,387	67,115	232,381
합계	58,360	88,100	450,658

한국과 여러 국가 간의 무역 구조

(각 수치는 수출액, 수입액, 무역 총액을 백분율로 나타낸 것이다.)

	1907	1912	1921
일본 :			
수출	76.3	73.2	90.4
수입	68.4	60.8	67.3
합계	70.7	63.8	78.5
중국 :			
수출	19.0	19.4	8.8
수입	13.5	10.5	21.5
합계	15.1	12.6	15.4
미국 :			
수출	00.0	00.5	00.1
수입	7.1	9.6	6.1
합계	5.0	7.4	3.2
영국 :			
수출	00.1	1.0	00.0
수입	10.2	14.7	3.3
합계	7.2	11.4	1.7
기타 무역 상대국 :			
수출	4.6	5.9	00.7
수입	00.8	4.4	1.8
합계	2.0	4.8	1.2

금괴와 은괴

표에 금괴와 은괴의 가치는 포함되지 않았다. 은괴 수출 비중은 그다지 크지 않은데, 1919년 이래 수출액이 4만 엔에 달했던 해가 한 번도 없었기 때문이다.

1910년에서 1916년까지 금괴는 매년 쌀 다음으로 많은 수출액을 기록했는데, 1910년 900만 엔 정도에서 1916년에는 1,500만 엔으로 늘었다.

그러나 금 생산은 제1차 세계대전의 영향으로 1918년에 금괴 수출액이 600만 엔으로 급감했다.

지난 몇 년 동안의 금괴 수출액은 다음과 같다. 1919년 441만 5,249엔, 1920년 2,382만 2,078엔, 1921년 728만 2,742엔, 1922년 396만 1,154엔, 1923년 558만 6,985엔.

한국이 일본 제국 전체 금 생산의 절반 가량을 차지하고 있다는 점은 주목할 만하다. 한국에서 가장 큰 금광 두 곳은 미국 회사가 소유하고 있고, 이들 금광에서 생산되는 양은 총 생산량의 약 61% 정도였다.

수출무역의 전반적인 특징

농산물 수출액이 한국 총 수출액의 절반을 훨씬 초과하고, 이 중 쌀 수출액이 다른 농산물의 수출액을 모두 합한 것보다 많다. 다양한 부문에서의 수출무역 발전상이 아래 표에 나타나 있다.

이 표는 11년이라는 기간을 합한 것이다. 표는 거의 유례없는 경제 발전을 보여 준다. 나는 어떤 사회가 경제적 발전의 혜택을 누렸건 혹은 그로 인해 고통을 받았건 간에 경제적 발전이 그 사회의 전반적인 발전 정도를 판단하는 어떠한 기준이 된다는 확신을 가지고 있지는 않다. 그러나 현재의 서구 문명을 만드는 데 가장 큰 영향력을 행사한 후원자들이나 로터리 클럽과 같은 집단이 있다고 가정한다면, 한국의 경우 일본 정부야말로 이 표에서 다룬 11년이라는 기간 동안 다른 어떤 국가들이 타국을 발전시킨 것보다 더 크게 한국을 발전시켰다고 말해

한국의 수출액
(단위 기준은 1,000엔. 1엔은 50센트에 해당)

수출품	1912	1917	1923
농업	14,758	50,048	160,378
제조업	1,054	5,780	33,944
어업	1,163	5,142	29,080
광업	1,086	13,514	11,380
임업	155	392	7,209
기타	2,767	8,879	19,674
합계	20,983	83,755	261,665

도 무방할 것이다.

한국이 일본의 식민지 속국이 아니라 자치 독립국으로서 약 10년 남짓한 기간에 농업 수출이 1,000% 이상, 제조업 수출이 3,000% 이상, 어업 수출이 3,000% 정도, 임업 수출이 4,000% 이상, 광업 수출이 1,000% 이상 증가했다면 한국은 국가 발전의 놀라운 모범 사례로 서방 세계 전체로부터 환영받을 것이다.

수입무역의 전반적인 특징

1923년 한국의 총 수입액은 2억 6,579만 엔이다. 오른쪽 표는 수입 품목별 금액을 나타낸 것인데, 연도별 비중이 총 수입액의 2% 이상인 품목들만 다루고 있다.

1912년과 1923년의 수치들을 비교해 보면 한국의 전반적인 발전상에 관해 몇 가지 흥미로운 특징을 발견하게 된다. 특히 주목할 만한 것은 농업 방식을 개선한 결과 나타난 특징으로서 1917년과 1923년 사이에 비료로 사용되는 콩깻묵의 수입액이 50배 이상 증가한 점이다. 한국의 전반적인 경제 발전은 1912년부터 1923년까지 몇 가지 품목의 수입이 아래와 같이 증가한 데서 나타난다.

면직물과 능직 무명 수입 260% 증가, 직물과 실 수입 470% 증가, 의복과 액세서리 수입 628% 증가, 설탕 수입 233% 증가, 등유 수입

한국에 수입되는 주요 품목의 가치

(단위 기준은 1,000엔. 1엔은 50센트에 해당)

수출품	1912	1917	1923
면직물, 능직 무명	9,744	14,459	23,616
직물과 실	2,537	5,751	14,373
조	273	1,324	13,313
의복과 액세서리	1,652	2,233	12,030
석탄	1,525	3,598	9,599
다양한 목재	2,263	1,803	7,905
기계류	*	4,663	6,877
중국제 옷감	1,485	2,210	5,181
명주 직물	1,383	841	7,742
설탕	1,506	2,303	4,995
의약품	336	1,048	4,198
등유	1,770	2,651	4,171
시멘트	659	1,685	4,147
비료(콩깻묵)	*	140	7,300

* 1912년 수입액에서 별도 품목으로 선정하기에는 액수가 너무 적음

135% 증가, 의약품 수입 1,149% 증가.

물론 이와 같이 수입이 늘어났다고 해서 한국의 가계 소비가 증가 했다고 할 수는 없다. 수입품 대부분이 수출 상품을 제조하는 데 사용

되었고, 전반적인 가격 상승으로 인해 수입량 증가가 수입액 증가보다 적기 때문이다. 그러나 이 같은 감소 요인을 감안하더라도 표의 수치들은 한국 국민의 생활수준이 전반적으로 상당히 향상되었음을 분명히 보여 주고 있다.

제조업

청일전쟁 이후 한국과 일본의 관계는 더욱 가까워졌고 한반도에서 제조업 발전을 장려하는 것이 타당한지에 대한 문제가 제기되었다. 이 문제를 두고 의견이 첨예하게 대립했다. 한편에서는 원료 상품, 특히 한국 농산물 생산의 증가와 일본에서 수입되는 공산품에 대한 한국의 지속적인 의존 등을 이유로 제조업 장려를 주장했다. 다른 한편에서는 많은 일본인들, 특히 이들 가운데 한국의 초대 총독이었던 데라우치 백작이 가장 유명한데, 한국 스스로 자국의 제조업을 발전시키는 것이 한국의 국익에 가장 부합한다는 의견을 견지하고 있었다. 이들은 주로 제조업의 부재로 인해 한국이 지속적이고 점증적으로 무역수지 악화에 직면하게 될 것이라고 주장했다.

이 주장이 더욱 우세했고, 다음 사실에 의해 그 정당성이 충분히 입증되었다. 한국에서는 제조업이 성장하면서 그에 비례해 총 무역액에서 수출액 대비 초과 수입액이 감소했다. 1912년에는 총 무역액이 8,800만 엔이었고 수출액에 대비한 초과 수입액은 4,600만 엔이었으나, 1923년에는 총 무역액이 5억 2,700만 엔이었고 초과 수입액은 겨우 400만 엔이었다. 다시 말해 총 무역액 대비 초과 수입액의 비율이 10년 만에 52%에서 1% 미만으로 감소했다는 것이다. 제조업과 상업 부문을 전반적으로 장려하기 위해 총독부는 상당한 금액을 쏟아부었다. 총독부의 지출은 두 가지 항목으로 이루어지는데, 하나는 제조업 및 상업 활동과 관련된 행정 업무를 수행하는 직원 또는 정부 중앙 연구소에서 연구하는 직원들의 봉급과 출장비 및 기타 경비이고, 다른 하나는 다양한 종류의 정부 보조금이다. 이와 같은 정부 지출이 다음 표에 나타나 있다.

1912년 한국에는 328개의 사설 제조업 공장이 있었고, 기계 장비를 갖춘 이들은 일일 평균 5명 이상의 직공을 고용하고 있었다. 이들 공장에 투자된 자본은 총 1,300만 엔이었고, 직공 수는 1만 7,000명, 기계 설비의 총 마력馬力(동력이나 일의 양을 나타내는 단위—옮긴이)은 8,000마력, 연간 총 생산액은 2,900만 엔이었다. 제1차 세계대전으로 인해 지방 제조업이 크게 발달하게 되었다. 1921년 공장이 2,384개로 늘었고, 투자 자본은 1억 7,900만 엔, 직공 수는 4만 9,000명, 기계 마력은 8만 6,000마력으로 각각 증가했다.

상업과 제조업 육성을 위한 정부 지출
(수치는 엔으로 표시. 1엔은 50센트에 해당)

	봉급 및 경비	보조금	합계
1912	358,606	311,732	670,338
1913	414,458	216,451	630,909
1914	627,925	218,396	846,321
1915	746,345	323,396	1,069,741
1916	385,365	323,396	708,761
1917	367,060	30,146	397,206
1918	518,138	30,396	548,534
1919.	650,069	101,500	751,569
1920	752,835	110,518	863,353
1921	1,024,328	219,000	1,243,328
합계	5,845,129	1,884,931	7,730,060

한국 내 제조업 발전에 대해 정확히 이해하려면 공업 생산품을 세 가지 종류, 즉 가내공업 생산품, 공장 생산품, 공장 가공 생산품으로 구분할 필요가 있다. 가내공업 생산품에는 사람들이 집에서 만든 상품들이 포함된다. 공장 생산품은 판매 가격을 결정하는 데 있어 원자재 가격보다 상품이 거쳐야 하는 공장의 가공 과정이 더욱 중요하게

작용하는 상품들로 유지油脂, 짚이나 대나무로 만든 상품, 주류 등이 포함된다. 공장 가공 생산품은 가공 처리되는 원자재 가격보다 공장 가공 과정에서 비용이 적게 드는 상품으로, 가공 과정에는 정미精米 작업, 가스와 전기 생산, 다양한 원자재 정제 작업 등이 포함된다.

가내공업 생산품의 가치는 1912년 1,000만 엔에서 1919년에는 2억 1,200만 엔으로 증가해 최고 수준을 보였다가, 1923년 1억 7,900만 엔으로 감소했다. 공장 생산품의 가치는 1910년 약 700만 엔에서 1923년에는 8,200만 엔으로 증가했다. 공장 가공 생산품의 가치는 1910년 2,900만 엔에서 1923년에는 2억 4,200만 엔으로 증가했다.

가내공업 생산품, 공장 생산품, 공장 가공 생산품의 가치를 모두 합한 공업 생산품의 총 가치는 1912년에는 4,000만 엔이었으나 1923년에는 4억 2,100만 엔으로 늘어났고, 이는 952%나 증가한 것이다. 1912년에 공업 생산품 총 가치에서 겨우 25%를 차지했던 가내공업 생산품이 1923년에는 총 가치의 40% 이상을 차지하게 되었다는 점도 흥미로운 일이다. 이는 분명 공업 양성소들과 총독부의 가내공업 장려 정책의 영향을 받은 것으로 보인다.

1923년을 기준으로 가내공업 생산품의 가치를 중요도 순으로 나타내면 주류 3,800만 엔, 직물 2,300만 엔, 짚으로 만든 상품 2,000만 엔, 명주 2,000만 엔, 금속 제품 800만 엔, 소맥분 800만 엔, 비료 700만 엔, 누룩 500만 엔, 목기木器 500만 엔, 도자기류 400만 엔, 과자 400만 엔, 누에고치가 300만 엔이었다.

1923년에 공장 생산품과 공장 가공 생산품 가운데 주요 품목의 가치를 보면 정백미精白米 1억 800만 엔, 담배 2,200만 엔, 조면繰綿(목화의 씨를 앗아 틀어 만든 솜―옮긴이) 800만 엔, 철 900만 엔, 가스와 전기 800만 엔, 목재 700만 엔, 설탕 600만 엔, 인쇄물 600만 엔, 생사生絲 500만 엔, 정제 금속 500만 엔, 면직사 500만 엔, 기계 및 장비 500만 엔, 약품 300만 엔, 도기·기와·벽돌 등이 300만 엔이었다.

은행업

역사적 사실

한국에서 최초로 설립된 은행은 다이이치은행(일본제일은행)의 부산 지점이었다. 이 은행은 원산과 제물포(인천)가 개항한 1878년에 개설되었다. 몇 년 후 두 개의 다른 일본 은행, 즉 제18은행과 제58은행(현재 제130은행)도 한국에 지점을 개설했다.

1899년이 되어서야 한국 최초의 민간은행으로 대한천일은행大韓天一銀行이 설립되었고 그 뒤를 이어 1901년에 한성은행漢城銀行이 문을 열었다.

앞서 언급한 은행들이 개설되기 전에는 한국에 은행이라고 명명할 만한 금융기관이 없었다. 순수한 개인적 금융거래 이외의 대부貸付 사업은 전당포와 '계'라 불리는 소규모 상호부조 단체와 객주 등이 담당했다. 이들은 이자를 주기로 하고 돈을 예금받았고 돈을 대부하고 어음을 할인해 주었다.

한국에서 은행권은 1902년 일본제일은행에서 최초로 발행되었다. 그 당시 한국의 전반적인 경제 상황은 상당히 좋지 않았다. 이로 인해 한국 정부는 1904년에 일본인 재정 전문가를 고문으로 임명하게 되었다. 다음 해에 일본제일은행은 혼란스러운 화폐제도를 정비하고 한국 정부의 국고 역할을 수행하는 임무를 맡게 되었다. 또한 일본제일은행은 지폐를 발행할 권한을 얻었고 그에 따라 최초의 한국 중앙은행이 되었다.

이후 몇 년 동안 신용 금융기관의 발전을 위해 다양한 조치들이 실시되었다.

이 가운데 가장 중요한 것은 지방에 농공은행農工銀行을 설립한 것과 금융조합 구성에 대한 규칙을 공포한 것, 그리고 동양척식주식회사東洋拓殖株式會社를 설립한 것이었다.

동양척식주식회사는 합자회사로 설립되었고 일본인과 한국인들만 주식을 보유할 수 있었다. 일반적으로 이 회사의 주 업무는 한국의 농업을 발전시키고 적절한 일본인 농업 이민자를 확보하는 것이었고, 구체적으로는 한국 정부로부터 다음과 같은 금융 업무를 수행하는 권한을 부여받았다.

일본인 농민과 한국인 농민에게 자금을 대출해 주고 할부로 상환하도록 하며, 부동산을 담보로 일정 기한의 대출을 제공하고, 한국 내 이주민이나 농민들에게 농산물이나 동산을 담보로 대출을 제공한다.

1908년 이후 한국 내 은행에 대한 다음 설명은 정부 보고서에서 축약한 것이다.

1908년까지 한국의 전반적인 경제 및 금융 발전 단계는 한국 정부의 국고 사업 수행이 마땅치 않고, 일반은행, 심지어 그것이 사실상 중앙은행이라 해도 지폐 발행이 여의치 않다는 것을 확인하는 정도까지 이르렀다.

그에 따라 1909년 한국 정부는 법규를 공포했고 이에 따라 그해 말에 합법적인 중앙은행으로 한국은행(현재는 조선은행으로 불린다)이 설립되어 이전까지 일본제일은행이 수행했던 직무와 책임을 맡았다.

1910년 한국이 일본에 합병되기 전까지 한국인의 금융 활동에는 한국 은행법이 적용되었고 한국 내 일본인의 금융 활동에는 일본 제국법이 적용되었으나 합병 조치로 인해 한국의 금융 여건이 바람직하게 바뀌어 한국에서 단일한 은행법을 시행할 수 있게 되었다.

1912년 이래 다양한 법규들이 시행되었는데, 그 내용은 현재 조선은행법, 식산은행령, 은행령, 금융조합령 등 네 가지 법령 안에 포함되어 있다.

산업 발전에 의해 촉진된 금융 확대에 힘입어, 특히 세계대전의 영향을 받아 지방에 많은 은행이 설립되었으나, 기존 농공은행들은 자본금 규모도 겨우 260만 엔에 그치고 있어 늘어나는 자금 수요를 감당하기에는 너무나 허약했다. 이 같은 결점을 보완하기 위해 1918년 조선식산은행령이 공포되었다. 이에 따라 한반도의 모든 농공은행들이 자본금 1,000만 엔의 조선식산은행으로 합병되었고, 정부는 산업 활동을 위한 농공 자금을 용이하게 공급하기 위해 조선식산은행을 특별히 보호 감독하고 있다.

금융조합 관련 규정들은 영세농민의 필요를 충족하기 위해 설립된 소규모 금융기관의 편의를 도모하고 지방에서 금융조합을 더욱 활성화하기 위한 방향으로 1918년에 개정되었다. 또한 도시에서는 소규모 상인들의 편의를 위해 비슷한 성격의 조합 설립이 장려되었다.

이들 금융조합은 지리적 분포에 따라 연합회를 결성했고, 그 결과 자금 초과 혹은 부족 문제가 보다 쉽게 조정될 수 있었다. 각 도의 금융조합연합회金融組合聯合會는 같은 지역의 금융조합 업무를 감독했고, 정부는 매년 20만 엔의 보조금을 제공해 이들 연합회를 지원했다. 금융조합연합회는 각 도에서 금융 유통이 원활하게 이루어지도록 조선식산은행과 연계하고 협력 관계를 유지하는 역할을 해야 한다.

은행 통계

일반은행 통계에는 조선은행과 조선식산은행 그리고 은행령에 따라 업무를 수행하는 보통은행(1923년 현재 한국에는 보통은행이 20개, 지점이 64개 존재한다)이 포함된다. 은행령에서 다루는 은행 관련 법규나 정부의 감독에 관한 내용은 주로 일본 본토에서 시행되는 은행법을 토대로 하고 있다. 오른쪽 표는 1924년까지 10년 동안 한국 내 은행의 전반적 상황을 나타낸 것이다. 이들 수치에는 동양척식주식회사와 금융조합과 관련된 은행 업무 자료는 포함되어 있지 않은데, 이들에 대한 설명은 이 장의 뒷부분에 나오는 단락을 참조하면 된다.

1924년까지 10년 동안 은행의 납입자본금은 약 370% 가량 증가했고 지불준비금은 1,000%, 총 수신 금액(예탁금)은 666%, 총 여신 금액(대부금)은 580% 증가했다는 점에 특히 주목해야 한다.

조선은행

조선은행은 한국에서 특별한 위치를 차지하고 있다. 이 은행은 조선총독부의 재무 기관이며, 은행권 발행이라는 독점적 권한을 누리고

한국의 은행 업무 통계

(단위 기준은 1,000엔. 1엔은 50센트에 해당)

연도	납입자본금	지불준비금	총 수신 금액*	총 여신 금액	순이익
1910	7,080	362	18,355	40,912	540
1915	18,484	1,426	35,626	60,554	1,542
1916	17,545	1,621	43,716	69,364	1,858
1917	23,225	3,043	53,912	96,188	2,462
1918	38,066	3,796	84,649	140,338	5,193
1919	60,003	6,508	125,265	270,647	5,626
1920	83,050	10,083	139,357	230,696	10,253
1921	83,423	12,531	171,891	307,260	10,901
1922	84,650	14,145	168,171	301,393	9,542
1923	84,000	15,478	216,522	395,288	7,478
1924	84,150	16,771	275,879	409,302	7,666

* 한국 내 예금만 포함

있다. 조선은행은 1909년 한국은행이라는 명칭으로 설립되었고, 1910 년 합병 이후 조선은행으로 이름이 바뀌었다. 조선은행의 총재(은행 장)와 부총재는 일본 제국 정부에서 임명한다. 1924년 9월까지는 조선 은행에 대한 감독권이 조선총독부에 있었고 이사들은 주주총회에서 선출된 지원자 가운데 총독이 임명했다. 주주총회에서는 임명될 이사

수의 2배수를 지원자로 선출했다. 1924년 9월 이후에는 일본 제국 정부에서 조선은행에 대한 감독권을 행사하게 되었고 이사 임명권은 일본 대장성大藏省(재무성의 옛 명칭—옮긴이) 장관이 갖게 되었다.

조선은행의 1920년부터 1924년까지 4년 동안의 주요 업무 상황이 오른쪽 표에 나타나 있다.

이 표를 앞에 나온 한국의 은행 업무 통계표와 비교해 보면, 1923년에 조선은행이 한국 내 은행 예탁금의 약 3분의 1을 보유하고 있었고, 은행 대부금의 약 3분의 1을 대출하고 있었음을 알 수 있다.

지난 몇 년 동안 조선은행은 한국 이외의 지역에서 발생한 부실채권으로 인해 곤란을 겪었다. 1925년에 이 문제는 극도로 악화되었고 그해 8월에 주주총회가 개최되어 은행 자본금을 2분의 1로 감축하고 같은 비율로 주식 수도 줄이기로 한 결의안이 통과되었다.

조선식산은행

조선식산은행의 납입자본금은 1,500만 엔이었다. 지난 몇 년 동안 조선식산은행의 사업은 크게 확장되었다. 1918년부터 1923년까지 채권 발행 규모가 연간 300만 엔에서 1억 엔으로 증가했고, 지불준비금은 60만 엔에서 200만 엔으로, 총 수신 금액은 1,500만 엔에서 4,800만 엔, 총 여신 금액은 3,000만 엔에서 1억 7,200만 엔으로 증가했다.

조선은행의 업무 상황

(단위 기준은 1,000엔. 1엔은 50센트에 해당)

	1920	1921	1922	1923
납입 자본금	50,000	50,000	50,000	50,000
발행된 은행권	114,034	137,611	101,658	110,750
총 수신 금액 :				
한국	46,920	39,028	42,036	95,586
일본	69,930	69,681	76,021	25,866
만주	28,129	34,005	32,518	31,487
기타 지역	15,642	19,777	9,835	9,891
합계	160,621	162,941	160,410	162,830
총 여신 금액 :				
한국	77,232	90,183	66,581	134,895
일본	137,597	54,605	136,416	122,699
만주	72,573	118,357	107,547	115,110
기타 지역	6,863	10,599	8,413	10,352
합계	294,265	273,744	318,957	383,056

은행의 순이익은 1919년 40만 엔에서 1923년에는 거의 200만 엔까지 증가했다.

보통은행

1923년 보통은행들의 자본금 총액은 1,900만 엔이었고, 지불준비금은 약 250만 엔이었다. 총 수신 금액은 7,300만 엔에 이르렀고, 총 여신 금액은 8,800만 엔, 순이익은 약 200만 엔 수준이었다. 보통은행들은 매년 꾸준히 사업을 확장해 가고 있다.

금융조합

금융조합은 1907년에 최초로 구성되었고, 라이파이젠Reiffeisen(농민은행 혹은 농민 협동조합을 지칭한다.—옮긴이) 제도와 슐체Schulze(독일의 자유주의 사상가이자 정치가인 슐체 델리치Franz Hermann Schulze-Delitzsch가 창설한 신용협동조합을 지칭한다.—옮긴이) 제도의 가장 우수한 특징을 본받아 만든 것이다. 금융조합은 일본의 상호 신용 조합과 유사하지만 그보다 더 잘 운영되고 있다. 금융조합 제도는 한국에서 채택된 조치 가운데 가장 유용한 것으로 호평받고 있는데 금융조합이 급속하게 늘어난 점에서 여실히 증명되고 있다.

1924년까지 10년 동안 이들 금융조합의 수는 240개에서 509개로 늘어났고 조합원 수도 6만 6,000명에서 37만 5,000명으로 늘어났다. 조합원들이 출자한 자본금은 78만 6,000엔에서 약 800만 엔으로 늘었고, 지불준비금은 52만 9,000엔에서 약 500만 엔, 예탁금은 19만 7,000

엔에서 거의 3,800만 엔, 대부금은 약 200만 엔에서 5,800만 엔 이상으로, 순이익은 6만 4,000엔에서 거의 200만 엔으로까지 증가했다.

이들 금융조합은 13개의 금융조합 연합회에 소속되어 있는데, 금융조합 연합회는 조선 총독 및 도지사와 협력하여 각 지방에 있는 다양한 금융조합의 영업을 감독하고 있다.

동양척식주식회사

1908년에 설립된 이 회사는 농공업 관련 업무를 수행하며 총독부와 함께 한반도의 천연자원 개발에 참여하고 있다. 회사의 주된 역할 중 하나는 필요한 사람들에게 농업 자금 및 기타 사업 자금을 제공하는 것이다.

동척東拓(동양척식주식회사를 줄여 부르는 말이다.─옮긴이)은 1917년까지는 사업 영역을 한국으로 국한했으나 그 다음 해부터 만주, 북중국, 남태평양제도까지 확대했다. 동척의 인가자본은 5,000만 엔이었다. 회사의 영업 활동이 증가했다는 점은 1917년 3,600만 엔이었던 채권 발행액이 1924년에 1억 8,200만 엔으로 증가하고 같은 기간 대부금 총액이 1,200만 엔에서 1억 4,800만 엔으로 증가한 사실을 통해 알 수 있다. 1924년 여신 상황을 보면 한국에서 5,500만 엔, 만주에서 7,200만 엔, 북중국에서 1,000만 엔, 남태평양제도에서 1,200만 엔을 각각 대부하고 있었다. 이 금액은 백만 단위의 근사치로 나타낸 것이다.

상호 신용 조합(무진)

한국에는 정규 금융기관 이외에 무진Mujin, 無盡으로 알려진 소규모 상호 신용 조합 제도가 존재한다. 이처럼 신용 단체를 구성하고 운영하기 위한 목적으로 조합을 구성한 사람들을 통틀어 무진코Mujin-ko, 無盡講라고 한다. 이 제도는 1387년 무렵 일본에서 처음 시작된 것으로 상호 신용 조합의 가장 오래된 사례 중 하나이다.

지난 몇 년 동안 한국에서는 무진의 영업이 급속히 늘어났고, 이들의 활동을 적절히 감독하기 위하여 1922년 조선무진업령Mujin rei, 無盡令이 공포되었다. 아래 표는 해당 연도 무진의 거래 및 영업 상황 중에서 중

상호 신용 조합(무진) 영업 상황
(단위 기준은 1,000엔. 1엔은 50센트에 해당)

연도와 기간	납입 자본금	지불 준비금	대부금	대출 상환 약정 수		
				상환 완료	상환 중	합계
1922년　하반기	280	6	171	2,037	7,007	9,044
1923년　상반기	430	10	395	3,316	8,630	11,946
하반기	531	16	554	4,264	8,410	12,673
1924년　상반기	759	31	702	6,161	12,070	18,230
하반기	840	51	931	8,040	12,542	20,583
1925년　상반기	857	87	1,088	9,479	13,452	23,021

점이 되는 것들을 나타낸 것이다. 표에 사용된 통계는 1년을 6개월로 이등분하여 작성된 연차 보고서를 기준으로 한 것이다. 수치들은 1,000 단위의 근사치로 표시되었다.

무진 제도에 대해 요약한 것은 오가타 키요시Kiyoshi Ogata 교수가 공들여 쓴 저서 『일본의 협동조합 운동The Co—operative Movement in Japan』의 14쪽과 15쪽을 그대로 번역하여 도움을 받은 것이다.

무진 제도는 성장하면서 여러 방면으로 발전하게 되었다. 현재 무진 제도가 실제로 어떻게 운영되는지에 대해 자세히 설명하기 전에 무진 제도의 다양한 측면에 대해 몇 가지 기본적인 사항을 언급할 필요가 있다.

(1) 무진은 대체로 사업이나 개인적 지출에 필요한 자본금을 모으기 위해 구성된다. 여기서 개인적 지출에 필요한 돈은 가계 지출(세금, 혼인 비용, 사교 비용, 학비 등을 포함), 예전 대출의 상환, 성지순례 여행, 휴가 여행 등에 필요한 비용으로 해석해야 한다.

그러나 일부 무진들은 학교 건물, 종교 건물, 교량, 도로 등을 보수하거나 자선 기관을 설립하는 등 특정한 공공 목적에 사용할 기금을 모으기 위해 구성되기도 한다. 또한 더 많이 절약하기 위해 혹은 집이나 토지를 구입하기 위해 무진을 만들기도 한다. 이들 무진을 구성하는 목적은 대부분 현대 신용조합에서 추구하는 목표와 동일하다.

(2) 대부분의 무진은 가입자들에게 현금을 선지급하는 것을 목표로 하지만 일부는 물품, 예컨대 의복 등을 지급하는 것을 목표로 하기도 한다. 이런 경우 무진은 대금 부담이 완만한 할부 구매의 한 형태가 된다.

(3) 때때로 어떤 사람에게 특혜를 주기 위해 무진을 구성하고 그가 첫 번째 수혜자가 되는 경우도 있다. 이 경우 보통 그 가입자는 첫 번째 모임에서 이자 없는 선금으로, 심지어 무상으로 다른 가입자들이 모은 돈을 받게 된다. 이에 대한 대가로 이 수혜자는 무진이 존속되는 동안 납부금을 모으고 가입자를 관리하는 업무를 수행해야 한다. 이것은 사실상 한 모임의 납부금이 첫 번째 수혜자의 어려움을 덜어 주기 위해 제공된 것임을 의미한다. 반면 많은 무진들은 특별한 수혜자를 두지 않는 순수한 상호부조 기구이다.

(4) 무진에도 역시 기한의 제한이 있다. 가입 자격과 모임 횟수에 따라 무진의 각 가입자가 부조를 받는 데 걸리는 시간은 10개

월부터 50년까지 다양하게 정해지는데 보통 3년에서 6년 정도가 가장 일반적이다. 모든 가입자의 순번이 끝나면 각 순번이 반복될 수도 있다.

(5) 가입 신청은 주로 현금 납부로 이루어지나 때때로 현물 심지어 노동을 제공하고 가입하기도 한다.

(6) 무진에서 가불을 받을 경우에는 보증인을 세우거나 부동산을 담보로 제공해야 한다.

(7) 무진의 배당금은 두 명 이상의 이름으로 지급될 수 있고 가입자 한 명이 한몫 이상의 배당금을 받을 수도 있다.

(8) 모인 금액의 총액은 대개 100엔에서 300엔 정도이지만 때때로 5엔 정도의 소액이나 1만 엔 정도의 거액이 되는 경우도 있다.

(9) 배당금의 액수는 대개 5엔에서 30엔 정도이지만, 때때로 가입비가 10엔 정도로 낮거나 100엔 정도로 높은 경우도 있다. 무진 가입비가 조금 높은 수준일 경우 할부로 가입비를 낼 수도 있는데, 이 경우에는 가입자를 찾아다니며 할부 가입비를 모으는 특별 수금원을 고용하기도 한다.

무진은 일반적으로 같은 동네에 살거나 같은 직업에 종사하거나 종교가 같은 30명 내지 50명 정도로(때때로 가입자가 10명 이하나 500명 이상인 경우도 있다) 구성된다. 모임은 대체로 그 회차回次의 수혜자 집이나 무진 설립자의 집에서 갖지만 예배당이나 절 등 종교 단체의 건물이나 식당에서 모임을 갖기도 하며, 모임 횟수는 많게는 한 달에 두 번 정도로 자주 만나고 적게는 1년에 두 번 정도로 아주 드물게 만나기도 한다.

부 록

A. 합병 조약 : 1910년 8월 22일 조인, 8월 29일 공포

B. 합병에 관한 칙령 : 1910년 8월 29일 공포

C. 대한제국 황제의 주권 양도에 관한 칙유 : 1910년 8월 29일 공포

D. 조선총독부 관제 개정에 관한 칙령 : 1919년 8월 19일 공포

E. 행정개혁과 관련하여 고위 관리에게 시달된 총독의 명령 : 1919년 9월

    3일 발포

F. 조선인에게 내린 총독의 포고 : 1919년 9월 10일 발포

G. 지방 도지사를 대상으로 한 총독의 연설문 : 1919년 10월 3일 연설

H. 지방 도지사에게 시달된 정무총감의 명령 : 1919년 10월 3일 발령

I. 교사 규칙 : 조선총독부 고시 제11호, 1916년 1월 4일 발포

부록 A

합병 조약

(1910년 8월 22일 조인, 8월 29일 공포)

일본국 황제 폐하와 한국 황제 폐하는 양국 간의 특수하고 친밀한 관계를 고려하여 상호 행복을 증진하며 동양의 평화를 영구히 확보하고자 하는 바 이 목적을 달성하기 위하여서는 한국을 일본 제국에 합병하는 것이 낫다고 확신하여 이에 양국 간에 합병 조약을 체결하기로 결정하고 일본국 황제 폐하는 통감 자작 사내정의寺內正毅(데라우치 마사타게)를, 한국 황제 폐하는 내각 총리대신 이완용李完用을 각기 전권위원全權委員으로 임명하여 위의 전권위원들이 공동 협의한 후 아래의 조항들에 협정했다.

제1조 한국 황제 폐하는 한국 전부에 관한 일체의 통치권을 완전하고도 영구히 일본국 황제 폐하에게 양여한다.

제2조 일본국 황제 폐하는 앞의 조항에 기재된 양여를 수락하고 한국을 완전히 일본 제국에 병합하는 것을 승낙한다.

제3조 일본국 황제 폐하는 한국 황제 폐하, 태황제 폐하, 황태자 전하와 그들의 황후, 황비 및 후예로 하여금 각기 그 지위에 따라 상당한 존칭, 위엄 그리고 명예를 향유케 하며 또 이를 유지하기에 충분한 연금을 제공할 것을 약속한다.

제4조 일본국 황제 폐하는 앞의 조항 이외의 한국 황족과 그 후예에 대하여 각기 상당한 명예와 대우를 향유케 하며 또 이를 유지하는 데 필요한 자금을 공여할 것을 약속한다.

제5조 일본국 황제 폐하는 훈공 있는 한국인으로서 특히 표창을 행함이 적당하다고 인정되는 자에 대하여 영예 작위를 수여하는 동시에 은금恩金을 하사한다.

제6조 일본국 정부는 앞에 서술한 병합의 결과로서 전 한국의 시정을 담당하고 한국에서 시행하는 법규를 준수하는 한국인의 신체와 재산에 대하여 충분한 보호를 제공하며 동시에 그 복리의 증진을 도모한다.

제7조 일본국 정부는 성의와 충실로 새 제도를 존중하는 한국인으로서 상당한 자격이 있는 자를 사정이 허락하는 한에서 한국에 있는 제국 관리로 등용한다.

제8조 본 조약은 일본국 황제 폐하와 한국 황제 폐하의 재가를 받은 것으로 공포일로부터 조약을 시행한다.

이상의 증거로 양 전권위원은 본 조약에 기명하고 조인한다.

[서명 생략]

부록 B

합병에 관한 칙령

(1910년 8월 29일 공포)

　짐朕은 동양의 영구적 평화 유지와 나의 제국의 영속적 안전 강화에 최고의 가치를 부여하는 가운데 한국에서 지속적이고 다양한 분규의 원인을 발견하게 되는 바 이에 짐의 정부는 1905년 한국 정부와 협약을 맺었고, 이에 따라 한국은 일본의 보호 아래 놓이게 되었으며, 이것으로 모든 불안 요인이 제거되고 영구히 평화가 보장될 것을 기대했다.

　그 이후 4년 이상의 시간이 지나는 동안 짐의 정부는 한국의 시정 개선을 위해 끈기 있게 관심을 갖고 전력을 다해 왔으며 그러한 노력은 어느 정도 성공을 거두게 되었다. 그러나 그와 동시에 한국의 기존 정부의 제도가 평화와 안정을 유지하는 데 거의 효과가 없다는 것이 드러났고, 더불어 의심과 걱정의 기운이 한반도 전체를 지배하게 되었다. 공공질서와 안전을 유지하고 한국 국민의 행복과 안녕 증진을 위해서는 정부의 현 제도에 근본적 변화가 불가피하다는 것이 명백해졌다.

짐은 한국 황제 폐하와 함께 이와 같은 상황에 유의하고 시국의 실질적인 요구에 부응하여 한국 전체를 일본 제국에 합병할 필요가 있음을 납득하게 되어 이제 영구적 합병을 위한 협약을 체결하게 되었다.

한국 황제 폐하와 황실 가족들은 합병에도 불구하고 정당하고 적절한 대우를 받게 될 것이다. 모든 한국인들은 짐의 직접 통치하에서 증대하는 번영과 안녕을 누리게 되고 산업과 교역에 있어서는 확실한 조화와 안정이 눈에 두드러지게 확대될 것이다. 짐은 지금 서막을 여는 새로운 제도가 동양의 항구적 평화를 새로이 보장하리라 분명히 확신한다.

짐은 조선총독부의 설립을 명한다. 총독은 짐의 지시하에 육군과 해군을 통솔하고 한국 내 모든 행정 업무를 관리하는 총괄적 권한을 행사하게 될 것이다. 짐은 모든 관리와 당국자들이 짐의 뜻을 헤아려서 짐의 신민臣民들이 평화와 안정의 축복을 오래 누릴 수 있도록 각자의 임무를 완성하고 시대의 요구와 조화를 이루면서 다양한 행정 업무를 수행하기를 청하는 바이다.

[일본국 황제 폐하의 친서]

[옥새玉璽]

명치明治 43년(1910년) 8월 29일

부록 C

대한제국 황제의 주권 양도에 관한 칙유

(1910년 8월 29일 공포)

짐이 부덕否德에도 불구하고 간대艱大한 업을 계승하여 임어臨御한 이후 금일에 이르도록 정령政令을 유신維新하기 위해 누차 도모圖謀하고 갖추어 시험하여 힘씀이 이르지 않은 것이 아니었다. 그러나 허약한 것이 오래되어 고질이 되고 피폐가 극도에 이름을 보게 되었고 짐은 시일 간에 이를 만회할 시책을 행할 가망이 없음을 확신케 되었다. 밤낮으로 우려했으나 통탄할 상황을 개선할 선후책善後策이 망연하도다. 이를 그대로 두어 지리支離함이 더욱 심해지면 끝내는 저절로 수습할 수 없는 지경에 이를 것이 두렵다. 이 같은 상황에서 대임大任을 우리보다 유능한 남에게 맡겨서 완전하게 할 방법과 혁신할 공효功效를 얻게 하는 것이 차라리 현명한 일이라는 생각에 이르게 되었다. 그러므로 짐이 이에 결연히 내성內省하고 확연히 스스로 결단하여 한국의 통치권을 종전부터 친근하게 믿고 의지하던 이웃 나라 대일본 황제 폐하에게 양여하여 밖으로 동양의 평화를 공고히 하고 안으로 팔역八域의 민생을 보전케 하고자 한다.

　그대들 대소 신민들은 국세國勢와 시의時宜를 깊이 관찰하여 번거롭게 소란을 일으키지 말고 각각 그 직업에 안주하여 일본 제국의 문명한 새 정치에 복종하여 행복을 함께 누리라. 짐의 금일 이 조치는 그대들 대중을 잊음이 아니라 참으로 그대들 대중을 구원하려 하는 지극한 뜻에서 나온 것이니 그대들 신민들은 짐의 이 뜻을 능히 헤아리라.

조선총독부 관제 개정에 관한 칙령

(1919년 8월 19일 공포)

짐은 지금까지 짐의 영토인 조선의 안전과 번영을 증진하고 짐의 소중한 신민인 그곳 주민들에게 모든 면에서 공정하고 공평한 처우를 베풀어 누구나 할 것 없이 평화와 만족 속에서 살아가도록 하는 것을 목표로 했다. 짐은 작금에 이른 전반적 발전상이 조선총독부 관제를 일부 개정할 것을 요함을 확신하여, 이에 그와 같은 개혁을 시행할 명령을 발포한다. 그에 따라 취해지는 조치는 오로지 행정 업무를 용이하게 하고 짐이 정한 정책을 충실히 따르고 변화된 조선의 요구를 충족하는 유능하고 개화된 정부를 보장하기 위함이다. 특히 유럽에서의 전쟁 종결과 급박한 국제 정세의 변화를 고려해 볼 때 국력과 국민의 복리 증진을 위해 모든 노력을 경주함이 극히 바람직하다고 진실로 간주하는 바이다. 짐은 모든 관계 공무원이 짐의 뜻을 받들어 조선에서 선의의 통치가 보장될 수 있도록 하고, 각자의 직업에 근면하고 행복하게 종사하고 있는 국민이 평화의 복을 누리면서 증대하는 국가 번영에 기여할 수 있도록 최선의 노력을 다할 것을 청하는 바이다.

부록 E

행정개혁과 관련하여 고위 관리에게 시달된 총독의 명령

(1919년 9월 3일 발포)

　조선의 주요한 행정 정책은 1910년 조선 합병 시에 공포된 칙령에 명확하게 나타나 있다. 일본의 통치를 받게 된 이래 조선이 교육, 산업, 통신, 위생 및 기타 부문에서 이루어 낸 진보는 놀랄 만한 것으로, 이는 국가의 행정을 담당하고 있는 관리들의 노력 덕택이었다. 그러나 조선을 합병한 이래 지난 10년 동안 한반도의 전반적인 상황이 정부로 하여금 조선총독부 관제를 새로 개편하여 공포하는 것이 타당하다는 판단을 내릴 정도로 많이 변화했다는 것도 부정할 수 없다.

　관제 개정의 취지는 최근 공포된 칙령의 요지인 보편적 형제애 원칙을 확대하여 적용하는 데 있다. 관제는 조선 내 행정 수장으로 민간인 혹은 군인이 임명될 수 있는 방향으로 변경되었다. 헌병 경찰제는 폐지되고 보통경찰제로 바뀌었다. 또한 조선인을 관리로 임명하는 데 있어 자격 문제도 개선되었다. 이와 같은 관제 개정의 전체 목적과 목표는 간단히 말해 조선인에게 일본인과 동등한 사회 및 정치적 대우를 제공함으로써 지금보다 더욱 큰 행복과 만족을 주는 것이다.

본인은 조선의 모든 사정에 대해 아직 밝지 못하며 칙령의 목표를 수행함에 있어 여러분의 지도와 제언에 의지해야 할 것이다. 그와 동시에 본인은 조선의 행정과 관련하여 아래 사항들에 여러분들이 주목해 주기를 바라는 바이다.

총독부의 모든 관리들은 세심하고 공정한 태도로 맡은 바 업무를 수행하여 대중들이 관리에게 의지하도록 유도하는 데 최선을 다해야 한다. 모든 공공 업무는 가능한 한 관료적 형식주의에서 벗어나 간단하고 더욱 쉽게 처리되어야 한다. 국민의 권리는 존중되어야 하며 출판과 언론의 자유는 보안을 해치려는 분명한 의도가 없다면 침해되지 않을 것이다. 일반적 행정이나 사법 문제뿐만 아니라 교육, 산업, 통신, 경찰, 위생, 사회사업 등에도 특별히 주의를 기울여서 지방자치 정부 수립이라는 궁극적인 목표를 가지고 조선인들의 복리가 증진될 수 있도록 해야 한다.

조선의 행정을 담당하고 있는 관리들에게 요청하는 바는 조선인의 일반적 사상 추세에 정통하도록 노력하고 시대의 요구에 부합하게 될 행정 방식을 채택하라는 것이다. 다시 말해 확고하고 안정된 토대 위에 정치적 기반을 쌓도록 노력해야 한다는 것이다. 조선인과 일본인은 같은 가족의 구성원으로 동등하게 대우받아야 한다. 만약 조선의 관리들이 칙령에서 제창된 목표를 따르고 실천하고자 노력한다면 분명히 조선인들도 일본 통치의 혜택을 인지하게 될 것이다.

부록 F

조선인에게 내린 총독의 포고

(1919년 9월 10일 발포)

본인이 조선(부록에서는 합병 이후 총독부가 사용한 명칭인 조선, 조선인으로 번역한다. —옮긴이) 총독으로 취임하고 곧이어 조선총독부의 관제가 개정되었다. 그에 따라 본인은 일반 국민들에게 몇 마디 하고자 한다.

조선의 행정 정책이 일본인과 조선인을 동등하게 대우한다는 대원칙에 근거해야 하고 극동의 영구적 평화를 보장하고 국민의 이익과 행복을 증진하는 것을 그 목적으로 하여야 한다는 점은 처음부터 결정된 것이었다. 한반도의 행정을 지속적으로 담당하고 있는 관리들은 이러한 취지를 충분히 인식하고 있고 국민과 국력의 개선과 발전을 위해 노력해 왔다. 국민들 또한 각자의 사업에 충실히 종사했다. 이 같은 공동 노력의 결실로 조선이 현재와 같이 발전되었음을 이제 국내외에서 인정받고 있다. 그러나 적절한 행정 조치가 실행되고 국민의 욕구가 잘못된 방향으로 향하는 것을 방지하기 위해서는 모든 행정 계획이 국민의 생활수준과 시대의 발전에 부합하도록 수립되고 실행되어야 한다는 것은 더 이상 말할 필요도 없다. 시대가 크게 발전하고 개화가 급격히 진행되었기 때문에 지금과 이전을 비교하기는 어렵다. 게다가 유럽의 전쟁이 종결되었고 세계정세와 인간 심리도 현저하게 변화되었다. 이 같은 엄연한 사실에 따라 황제 폐하의 정부는 관제 개정을 통하여 총독 임명의 범위를 확대하고 경찰 제도를 개혁했고 공무公務를 간단하고 신속하게 처리하고 개화된 행정을 보급하여 시대의 진보와 완벽한 조화를 이루도록 준비했다. 황제 폐하의 명령으로 현직책을 인수하자마자 본인은 마음속으로 국가의 정책을 충실히 따르며 합병 정신의 정당성을 입증하리라 결심했다. 본인은 휘하의 관리들을 감독하여 그들이 더욱 공명정대하게 업무를 수행하기 위해 가일층 노력을 경주하고, 모든 형식적 절차를 생략함으로써 국민의 편의를 증진하고 국민의 바람이 방해받지 않고 달성되도록 장려할 것이다. 한국인의 임명과 처우에 대해 충분히 고려하여 훌륭한 인재를 적재적소에 배치할 것이며 한국의 제도와 관습 중에서 채택할 가치가 있는 것은 통치의 수단으로서 채택할 것이다. 본인은 또한 시정 활동의 다양한 부문에 개혁을 도입하고 적절한 때에 지방자치를 시행하고 그를 통해 국민의 안정을 보장하고 그들의 전반적 복리가 증진되기를 희망한다. 정부와 통치를 받는 국민이 서로에게 흉금을 모두 터놓고 조선의 문명 진보를 위해 함께 노력하고 개화 정부의 토대를 굳건히 하여서 황제 폐하의 자비로운 관심에 응답하는 것이 가장 바람직한 일이다. 부당하게 불손한 말이나 행동을 하고 민심을 오도하고 치안 유지를 방해하는 자가 발견되면 그가 누구든 가차 없이 법의 심판을 받게 될 것이다. 일반 국민은 이 모든 사항에 대해 전적으로 신뢰해도 좋을 것이다.

1919년 9월 10일

조선 총독

사이토 마코토 남작

부록 G

지방 도지사를 대상으로 한 총독의 연설문

(1919년 10월 3일 연설)

여러분, 나는 도지사 회의에서 여러분에게 나의 정책을 설명하고 조선의 행정에 관한 여러분의 의견을 경청할 기회를 갖게 되어 무척 기쁘게 생각합니다.

지난달 직책을 인수받았을 때 나는 조선인과 일본인이 동등한 대우를 받아야 한다는 황제 폐하의 뜻에 나의 정책을 맞추어 이 나라에 개화된 행정을 수립하기로 결심했습니다. 여러분이 이미 잘 알고 있듯이 나는 얼마 전 총독부와 소속 관서에서 근무하는 모든 관리들에게 명령을 공포했습니다. 그 이후 총독부는 여러 중요한 조치들을 실행하기 위해 노력했고 지금도 노력하고 있습니다. 여러분, 나는 여러분들도 이 같은 개혁을 수행했거나 실행하려고 마음먹고 있으며, 나와 같은 생각으로 여러분의 부하들을 이끌고 있음을 믿어 의심치 않습니다. 나는 여러분이 그 어느 때보다 철저히 내 명령의 진의를 이해함으로써 행정 개혁을 달성하기를 진심으로 바라고 있습니다. 개혁을 실현하기 위한 구체적인 계획과 후속 조치들에 대해서는 정무총감이 따로 여러분에게 지시를 내릴 것입니다. 이 같은 지시들을 따름으로써 여러분은 이 나라 정부에 새로운 원기와 활력을 불어넣고 좋은 결과를 얻을 수 있을 것입니다. 현재 완수해야 하는 가장 중요한 임무는 경찰 기구의 조정 및 완성과 치안 유지입니다. 그러나 헌병 경찰을 보통 경찰로 대체하는 업무가 진행되고 있는 이 같은 과도기에 경찰 병력을 확대하기는 매우 어렵습니다. 게다가 다양한 경찰 조직을 조정하는 작업이 아직 끝나지 않았습니다. 나는 여러분의 걱정과 어려움, 또 이처럼 힘든 상황에 처한 여러분의 입장을 잘 이해하고 있지만, 경찰 제도 개선 업무와 관련된 모든 공공 기관과 만족스럽고 원활한 관계를 유지하고 가능한 최선의 방법으로 선동 세력의 활동을 저지하여 여러분이 관할하는 지역의 평화를 확보하고 여러분의 통치를 받는 주민들이 당국을 전적으로 신뢰하도록 만들어 주기를 요청합니다.

올해 한반도 중북부 지역의 가뭄은 최근 그 유례를 찾아볼 수 없을 정도로 너무나 심각했습니다. 그 결과 지역 농사는 흉작이 되었고 많은 사람들이 기근으로 고통을 겪고 있습니다. 이들을 구제할 방법을 찾기 위해 특별히 위원회가 구성되었고 구제 작업을 위한 전반적인 계획도 결정되고 있습니다. 여러분, 여러분은 이들 계획을 전반적으로 따르면서 동시에 지역 여건에 적합한 조치들을 취함으로써 가뭄 피해 지역 이재민들의 안전한 생활을 보장하는 데 필요한 모든 노력을 기울여 주시기 바랍니다.

유럽에서 벌어진 대전의 결과로 전 세계의 생각과 사고가 혼란 상태에 있습니다. 이와 같은 때에는 우리 국민들이 경솔하고 위험한 행동에 빠지지 않게 제지하고 조용히 각자의 직업에 충실하도록 유도하고 질서 정연한 발전을 이룰 자유를 허가하는 것이 가장 중요한데, 이는 이러한 모든 것이 바로 국가가 건강한 발전을 이룰 수 있는 방법이기 때문입니다. 이는 특히 지난 3월 이래 반복적으로 소요가 일어나고 잘못된 소문이 여전히 계속 퍼져 나가며 민심이 아직도 흉흉한 조선에서 국민들을 근심에서 해방시키고 올바른 방향으로 이끌어 가기 위해 더욱 중요한 것입니다.

나는 여러분들이 부하들과 함께 시대의 발전에 순응하도록 향후 진로를 설정하여 한반도 행정의 역사에서 새롭고 행복한 시기를 활짝 열 수 있도록 지금까지보다 더 큰 노력을 경주하기를 바라고 또 바라는 바입니다.

부록 H

지방 도지사에게 시달된 정무총감의 명령

(1919년 10월 3일 발령)

여러분, 총독께서는 직책을 맡자마자 제령制令에서 총독부와 소속 관서 관리들에게 조선의 행정 개선과 관련된 정책의 주요 핵심을 제시하셨습니다. 따라서 나는 여러분이 이미 이것들을 실행에 옮기기 위해 꾸준히 노력하고 있으리라 믿습니다. 이제 나는 가장 중요한 조치에 대해 여러분이 주목하기를 바라는데, 이는 개편 이래 총독부가 이미 수행하고 있거나 혹은 곧 수행할 것들입니다.

일본인과 조선인에게 동등한 자격을 부여하는 황제 폐하의 뜻을 실현하고 정부와 국민의 협동에 의해 공정하고 개화된 행정의 결실을 거두기 위하여, 총독부는 지금까지 존재했던 일본인 관리와 한국인 관리의 차별된 처우를 폐지하고 재능과 역량이 있는 인재들에게 만족할 만한 대우를 약속하여 그들이 공직에 임명되도록 길을 터주는 것이 시급하다는 인식을 갖게 되었습니다. 그에 따라 총독부는 한국인 관리에게 일본인 관리와 동일한 수준의 봉급을 지급하기로 결정했습니다. 이 조치와 관련된 규정들은 곧 공포될 것입니다. 또한 한국인 판사와 검사의 법적 권한도 일본인 동료와 같은 수준으로 확대되었고, 지금까지 배타적으로 일본인들만 임명되었던 보통학교 교장 직위에 앞으로는 한국인들도 임명될 수 있을 것입니다.

총독부는 현 사회상을 고려하여 재정이 허락하는 한도에서 전체 공무원의 처우를 개선할 준비를 하고 있습니다. 정부는 또한 복잡한 공무원 임명에 관한 제한과 승진에 관한 규정을 폐지할 준비를 하고 있는데, 이는 알맞은 인재를 적재적소에 배치하고 모든 공무원이 더욱 효율적으로 새로운 활기를 가지고 국가에 봉사할 수 있도록 하기 위함입니다.

통치를 받는 국민의 복리를 증진하는 한 가지 방도는 형식주의의 폐해를 근절하고 공무 처리를 간소화하는 것입니다. 이런 점에서 조선의 행정에 개선할 사항이 있다는 것은 유감스러운 사실입니다. 게다가 시대의 발전과 한반도의 경제적 발전으로 인하여 정부 기관의 업무는 급속하게 증대되고 있고 신속한 처리와 해결을 요구하는 목소리도 커지고 있습니다. 총독부는 이러한 상황을 지켜보며 신속히 공무 처리를 개선할 필요성이 있음을 인식하게 되었습니다. 이를 위하여 총독부는 지방분권의 원칙을 지지하며 지금까지 추구했던 총독부로의 중앙집권 원칙을 파기했습니다. 이에 따라 빠른 시일 내에 총독부 자체를 조정하고 가능한 한 더 많은 권력을 지방정부로 위임할 것입니다. 예컨대 지방정부 하급 관리의 임명 및 퇴직에 관한 업무 처리와 지방 관리의 상여금 분배 문제, 하급 관리의 공무 출장과 관련한 업무 등은 이미 도지사에게 위임되었습니다. 면面 제도 시행에 관련된 규정도 개정되어 면과 관련된 거의 모든 업무를 면사무소에서 담당하게 되었습니다. 또한 도지사에게는 도의회 의원을 임명할 권한이 부여되었습니다. 게다가 부윤이나 군수에게 도지사의 승인을 얻어 국유지에 대한 지세를 면제 혹은 감면하는 업무를 처리할 권한을 부여할 계획입니다. 총독부는 또 상부의 승인을 받는 번거로운 절차 없이 간접세 납입 위반을 처리할 권한을 부여할 계획입니다. 이미 실시되고 있거나 머잖아 실시될 이 같은 모든 조치의 목적은 형식적 관료주의를 타파하고 복잡한 법규를 조정하고 업무 처리를 간소화하여 일반 국민들이 느끼는 불편을 가능한 한 최소화하는 것입니다. 따라서 여러분들에게는 관할 지역의 업무를 처리함에 있어 이 같은 의도를 잘 이해하고 적절한 심의를 거쳐 책임감을 가지고 이들 업무를 처리하여 주기를 당부합니다.

정부와 통치를 받는 국민 간에 완전한 합의를 이루고 지방 상황에 맞는 통치를 실시하는 것은 모든 정부에게 있어 가장 중요한 것입니다. 여러분, 여러분들은 적절한 방법으로 지시를 내림으로써 휘하 관리들에게 정부의 의도를 완전히 이해시키고 정부가 채택한 법과 행정 조치들의 목적을 인지시키기 위해 노력해야 합니다. 그와 동시에 주민들의 바람과 불만을 이해하려는 노력을 소홀히 하지 않고 정부에 주민들의 생각을 알려야 합니다. 이것은 그 중요성이 자명한 일입니다. 그런데도 실제로는 모든 시대에서 공통적으로 제대로 시행되지 않은 것이기도 합니다. 조선에서는 어떤지 한번 살펴봅시다. 이 문제에 있어 무엇인가 부족한 것이 사실입니다. 국민들은 시행되는 법과 행정 조치의 목적과 발포되는 포고와 명령의 진의를 완전히 이해하지 못했습니다. 이러한 이유로 행정 조치의 시행이 크게 제한되고 일반 국민들이 반감을 일으킨 경우가 적지 않았습니다. 여러분, 총독부가 며칠 전 이곳에서 여러분들이 추천한 도의 유력 인사들과 모임을 갖고 그들에게 단행된 행정개혁의 진의와 목적을 설명했던 이유는 이전과 같은 실책의 반복을 피하기 위해서입니다. 전국적으로 총독의 포고와 명령을 배포하고, 국민의 사정을 살피는 임무를 띤 수많은 고위 관리들을 지방에 파견하고, 지금까지 형식적 자문 기구에 그쳤던 중추원中樞院으로부터 정부가 의견을 듣는 등의 모든 조치들은 앞서 언급된 것 이상을 실현하기 위한 목적에서 실시되었습니다. 여러분, 나는 여러분이 이와 같은 이상을 부하들에게 잘 전달하고 관할 지역 주민들을 지도하고 도우며 그들이 정부 정책을 완전히 이해하도록 만들기를 바랍니다. 또한 주민들의 민심을 분명히 그리고 완전히 이해하고 그들을 만족시킬 수 있는 적절한 조치를 취하기 위해 최선을 다해 주기를 바랍니다.

정부는 지방 주민들의 능력을 증진하고 기질을 개선하고 국정에 참여토록 하기 위해서 지방자치를 실시할 필요가 있음을 인식했습니다. 내무국 국장이 이 문제를 조사 연구 중에 있으므로 앞으로 얼마 후에는 정부가 그에 대해 구체적인 계획을 발표하게 될 것입니다. 만약 그에 대한 의견이 있다면 조금도 주저하지 말고 나에게 여러분의 견해를 알려 주기 바랍니다.

총독부 관제 개편과 함께 경찰 제도도 개혁되어 경찰과 헌병대의 분리가 현재 진행되고 있으며 각각 적합한 임무를 맡게 되었습니다. 경찰력은 이제 도지사 여러분의 손에 맡겨졌습니다. 따라서 여러분은 자신이 관할하는 지역의 평화와 질서 유지에 있어 지금까지보다 더 큰 책임을 안게 되었다는 점을 명심해야 합니다. 나는 여러분이 부하들을 고무함으로써 경찰 업무에서 커다란 발전을 이룩하기를 바랍니다. 경찰은 국민들과 직접 대면하며 국민을 보호하고 통제하는 임무를 맡고 있으므로 경찰의 활동과 행동은 국민의 이해와 광범위하게 관계될 뿐만 아니라 종종 총독부 제도에 반대하는 비판의 원인이 되기도 합니다. 나는 여러분이 휘하의 경찰들을 지시함에 있어 주의를 기울여서 그들이 실책을 범하지 않고 경찰에 대한 신망을 높일 수 있기를 바랍니다.

조선의 민심은 여전히 혼란스러운 상태이며 상황이 더욱 심각하게 전개될 가능성도 없지 않습니다. 이와 같은 혼란한 상황을 이용하여 악인들이 대중을 선동하고 거짓되고 선동적인 소문을 퍼뜨려 사회질서를 혼란에 빠뜨리려고 비밀리에 활동하고 있습니다. 그 결과 법을 준수하는 국민들은 생명과 재산을 위협받고 그로 인해 많은 고통을 받고 있습니다. 여러분, 여러분은 이들 사악한 자들을 엄격히 통제하고, 평화로운 국민이 사실무근의 소문에서 벗어날 수 있도록 노력하며, 이들 국민의 생명과 재산의 안전을 보장하고, 민심을 안정시켜야 합니다.

사회불안과 이와 유사한 소요들을 통제하기 위하여 여러분은 경찰기구를 최대한 활용할 수 있도록 노력해야 하며, 가장 신중하게 주의를 기울여 이 같은 혼란이 발생하지 않도록 노력해야 합니다. 그렇지만 불행한 사건이 발생할 시에는 즉각 이를 진압할 수 있도록 충분히 대비해야 합니다.

전염병의 발병을 막고 병에 걸린 사람들을 즉시 효율적으로 치료하기 위해서는 의료 위생 기관을 확장하고 그와 관련된 설비를 확충하는 일이 반드시 필요합니다. 이는 국민들을 안심시키기 위해 계획된 일입니다. 이와 같은 의료 위생 사업 부문에서는 우리 전임자들이 쏟아부은 놀라운 노력 덕택에 몇몇 뛰어난 제도들이 이미 실시되고 있는데, 자혜병원이 19곳에 설립된 것과 100명 이상의 공중의가 활동하고 있는 것이 바로 그 예입니다. 그런데도 총독부는 시대의 발전을 고려해 볼 때 재정이 허락하는 한도에서 의료 위생 사업을 개선할 필요가 있다고 판단하게 되었습니다. 당국은 지금 자혜의원을 추가로 설립하고 공중의 임명을 늘리고 도정부에 부속되는 위생 전문가를 늘리는 계획을 고려하고 있습니다. 여러분도 이 같은 정부의 의견을 함께 검토하고 공공 위생 복지 증진과 의료 구제 사업 확대에 대해 기탄없이 다양한 의견을 개진해 주기를 요청합니다.

　태형으로 처벌하는 방법은 오랫동안 조선에서 시행되었고 경범죄 예방책으로서 국민의 수준에 맞는 조치로 간주되었습니다. 그에 따라 정부는 오직 한국인을 대상으로 하는 경우에만 태형을 유지했습니다. 그러나 이것은 범죄자의 교정을 목적으로 하는 현대적 사고와 모순되는 처벌입니다. 이와 같은 이유로 정부는 시대의 발전에 맞게 머지않아 태형을 폐지하고 이를 징역형이나 벌금형으로 대체할 것입니다.

　총독부는 설립 이래 본격적으로 조선의 산업을 장려했고 그 결과 많은 발전을 이루었습니다. 산업 발전은 풍속 및 관습, 그리고 경험을 토대로 하여야 합니다. 산업 발전 속도는 새로운 모험적 사업을 착수하거나 급격한 변화를 도입하는 식으로 강제적으로 가속화해서는 안 됩니다. 따라서 이미 추진되고 있는 산업 활동을 촉진하고 기관들을 발전시킴에 있어 여러분은 세심한 주의를 기울여 좋은 것은 채택하고 나쁜 것은 배제하여야 하며, 이를 통해 산업의 건전한 발전이 보장될 수 있을 것입니다.

교육은 인간의 지성을 계발하고 고결한 성품을 함양하는 수단입니다. 총독부는 나라의 현 상황을 고려할 때 교육기관의 수준을 높이고 교육 시설을 확충하여 국민들에게 교육을 확대하는 것이 시급하다는 인식을 갖게 되었습니다. 그에 따라 정부는 조선 아동을 위한 교육과정을 확대하고, 학교의 교과과정을 개선하고, 학교 수를 늘리고, 고등교육을 위해 기존 학교를 개선하는 동시에 새로운 학교를 설립하기 위한 계획들을 현재 심의하고 있습니다. 그러나 정신과 행동에서 혁신과 개선이 이루어지지 않고 제도와 장치만 완성된다면 교육 부문의 개혁은 좋은 결과를 얻을 수 없습니다. 나는 여러분이 교사들을 임명하고 관리하는 데 심사숙고하고 교육 방식을 개선하는 데 많은 노력을 기울여 주길 바랍니다.

관리들이 조선어를 아는 것이 직무를 수행하는 데 아주 중요하다는 사실은 언급할 필요도 없습니다. 그에 따라 총독부는 관리들의 조선어 학습을 장려하기 위해 조선어에 능통한 관리에게 특별수당을 지급하는 방법을 강구하고자 합니다. 특히 경찰관이나 지방정부에서 근무하는 관리들이 조선어를 숙달하는 것이 더욱 중요한데, 이들은 매일 조선인들과 접촉하기 때문입니다. 나는 이와 같은 정부의 생각을 여러분이 부하들에게 전달하여 그들이 열심히 조선어를 학습하도록 유도해 주기를 당부합니다.

공직 기강 유지와 관련하여 선임 총독들께서 자주 명령을 공포하셨고, 따라서 나는 여러분들이 항상 그 문제에 정당한 관심을 기울이고 있음을 믿고 있습니다. 그런데 최근 들어 사회의 도덕적 해이가 심각해지고 이러한 악영향이 정부 관리들에게도 흔히 나타나고 있습니다. 유감스럽게도 나는 정부 관리들 사이에 발생하는 여러 가지 불쾌한 사건에 대해 종종 듣고 있습니다. 나는 여러분이 휘하의 관리들에게 그들이 일반 국민들의 모범이 되어야 하고 자신들의 지위에 합당한 품위와 위신을 유지해야 한다는 사실을 분명히 납득시켜 주기를 요청합니다.

이곳으로 부임한 이래 나는 휘하의 관료들과 함께 새로운 제도로부터 좋은 성과를 얻고자 하는 생각으로 열심히 업무에 종사했습니다. 그러나 새 제도가 도입된 지 아직 채 두 달도 되지 않았습니다. 총독부의 새 정책은 아직까지 제대로 실현되지 않고 정책 실현을 위해 채택된 조치들도 아직은 성과를 거두지 못하고 있습니다. 이 모든 상황이 아주 유감스럽기는 하지만, 나는 조선의 행정을 새롭고 만족스러운 것으로 만들기 위하여 지속적으로 최선의 노력을 다해 임무를 수행할 것입니다. 여러분, 나는 여러분이 자신에게 위임된 막대한 책임을 명심하고 새로운 제도의 진의와 목적을 인식하고 용기를 가지고 위축되지 않고 여러분의 임무를 성실히 수행해 가기를 간청합니다. 우리가 추진하는 행정개혁은 기존 제도의 개정과 함께 신중한 고려와 연구가 선행되어야 하는 것입니다. 그뿐만 아니라 자금 제공도 필요합니다. 만약 우리에게 시간이 주어지지 않는다면 우리가 바라는 목표를 달성할 수 없을 것입니다. 나는 여러분과 함께, 현재와 미래에 대해 깊이 고찰하여 우리의 일을 서서히, 그러나 꾸준히 수행해 나가기를 바라고 있습니다. 무엇보다도 나는 대중의 무의미한 비판에 동요되지 않고, 지나치게 서둘러 노력의 결실을 거두려 하지도 않을 결심입니다. 그렇게 해야 생각 없이 행동하여 실책을 저지르는 일을 방지할 것입니다.

여러분, 여러분 가운데 다수가 조선에서 오랫동안 살았고, 각자 지방의 상황과 여건에 정통해 있습니다. 나는 여러분이 이 기회를 이용하여 기탄없이 여러분의 의견을 나에게 개진하고 그를 통해 이 나라의 행정 개선에 기여하기를 바라는 바입니다.

교사 규칙

(조선총독부 고시 제11호, 1916년 1월 4일 발포)

I. 충효를 세우는 것이 교육의 본의本義가 되어야 하며, 특히 도덕심 함양에 더욱 관심을 기울여야 한다. 충효는 도의道義의 근본이 되는 것이고 신민과 자손의 당연한 마음이다. 충효의 원칙에 따라 행동하면서 예절의 범위에서 모든 행동을 자제하여야 한다. 이것이 바로 신민과 자손의 의무가 자신의 책무에 충실하고 근검과 근면으로 가계를 돌보고 이로써 사회에서 입신하고 사업에 성공하고 국가 번영 증진에 기여하는 것임을 알고 있는 충량한 백성에게 요구되는 바이다. 따라서 교육에 종사하는 사람들은 충효를 기본으로 하여 학생들에게 도덕심을 가르치고 이를 통해 이들이 국가의 요구를 충족할 의지와 역량을 갖추어 성장할 수 있도록 해야 한다.

II. 실용이 지식과 기술을 가르치는 목적이 되어야 한다. 교육의 목표는 국가의 요구를 충족할 수 있는 실용적 인재를 육성하는 것이다. 헛된 논쟁에 골몰하여 세상에 거의 도움이 되지 않는 사람이나 근로나 노동을 싫어하고 그 실행을 간과하는 사람이 어떻게 입신하여 출세하고 국익을 증진할 것이라 기대할 수 있겠는가? 따라서 교육에 종사하는 사람들은 지식 활용의 원칙, 국민 복리의 증진, 유용한 지식 전수에 가장 먼저 관심을 기울여야 하며, 이를 통해 국가의 요구를 충족하는 실용적인 인재들이 제국 안에서 예외가 아니라 통례로 자리하게 될 것이다.

III. 강건한 신체 발달을 추구해야 한다. 강건한 신체 발달은 과업을 완수하기 위해 필요한 것이며 국력의 성장 역시 그 나라를 구성하는 국민의 노력에 의해 크게 좌우된다. 신체가 나약하고 일할 만큼 건강하지 못한 사람이 어떻게 세상을 잘 살아가고 사업을 수행하고 그를 통해 국가 발전에 이바지할 수 있겠는가? 따라서 교육에 종사하는 사람들은 이를 언제나 유념하여 학생들이 강건하게 성장할 수 있도록 해야 한다.

위에 언급된 세 가지 항목은 교육의 핵심 원칙이다. 국가의 운명은 국가를 구성하는 국민의 질에 의해 좌우되고, 국민의 질은 그들이 가진 도덕심, 능력, 체력에 의해 좌우된다. 교육의 내용이 초등이건 고등이건, 보통이건 특수건 간에 교육에 종사하는 사람들은 항상 이러한 원칙들을 명심하여 이를 실현하는 데 온 힘을 다해야 하며 그를 통해 교육의 목표가 달성될 수 있을 것이다. 이러한 원칙들을 실현할 교육 방법과 수단은 다음과 같다.

(1) 교육은 학생의 특성과 처지에 따라 실시되어야 한다. 교사들은 학생의 특성과 처지를 잘 파악하여 거기에 적합한 교육을 제공해야 한다. 학생의 특성과 처지를 먼저 파악하지 않고 산만하게 실시되는 교육은 교육의 목표에 어긋날 뿐만 아니라 때로는 심지어 해가 되기도 하다. 따라서 교사들은 자신이 가르치는 학생의 나이, 체력, 기질, 습관 등에 정통하여 그에 맞는 교육 방법을 제안해야 한다.

교사들은 학생들의 기질이나 상황에 더하여 개인적 성격까지 파악해 마치 의사가 환자의 병을 치료하는 데 필요한 약을 처방하듯이 각각의 학생들이 꼭 필요로 하는 교육을 실시하여야 한다. 전체적으로 교실에서만 제한적으로 실시되거나 학생들이 전체로 혹은 개인적으로 요구하는 특별 지도나 도움을 간과하는 교육은 미진한 점이 많은 것이다.

(2) 교육은 시대의 요구와 사람들의 여건에 맞게 실시되어야 한

다. 교육의 목표는 기존 방식의 틀에 억압되거나 또는 무모한 방식으로 이루어지지 않는다. 따라서 교사들은 먼저 학생들을 가르치는 것과 관련하여 도덕, 지성 혹은 체력적으로 확정된 계획과 준비를 갖추어야 하며, 이를 통해 가능한 모든 교육 방식을 채택해야 한다.

(3) 교육은 국민성을 함양할 수 있도록 실시되어야 한다. 교육을 제공함에 있어 국민성 함양이 그 목표가 되어야 하며 특별한 관심을 기울여 도덕적 수양을 추구해야 한다. 그리하여 학생들은 타인에게는 관대하나 자신에게는 엄격하고, 질서를 존중하며 규칙을 준수하고, 근면하며 검약하고, 정직하며 신뢰할 수 있는 사람으로 성장할 수 있을 것이다. 이렇게 하여 이 자질들은 학생들의 제2의 천성이 될 수 있고, 이후 성인이 되었을 때 제국의 신민으로서 자신의 의무를 충실히 이행할 수 있게 될 것이다.

(4) 교육은 동일한 체제로 진행하고 연습은 반복적으로 실시하여 학생들이 자신이 배운 것을 이해할 수 있도록 해야 한다. 교육 효과를 확실히 보장하기 위해서는 개별 수업의 목표가 분명히 제시되고 체계적 학습이 진행되며 적절한 교과과정을 따라야 한다. 동시에 각 교과 내용은 상호 연관되고 통일

성이 있어야 하며 각각 서로 방해되지 않고 상호 보완되어야 한다. 한 과목의 여러 부분을 여러 명의 교사가 가르치는 경우에는 이 점에 특히 유의하여 교사들은 회의를 열어 상호 협의하며 학생들이 일관된 가르침을 받을 수 있도록 해야 한다. 너무나 많은 양의 지식과 기술을 가르치려 하지 말아야 한다. 이는 학생들이 자신들이 배우고 있는 내용을 완전히 이해하고 자신의 것으로 만드는 것이 가장 중요하기 때문이다. 따라서 학생들에게 가능한 한 충분히 배운 내용을 복습하고 연습할 기회를 제공해야 한다. 이렇게 하여 학생들의 머릿속에 배운 내용이 확실히 기억되고, 완벽한 체계가 확립되고, 학생들은 배운 지식을 신속하고 자유롭게 활용할 수 있게 될 것이다.

(5) 교육은 학생들이 공부에 흥미를 느끼고 자발적으로 학습하는 습관을 키울 수 있도록 실시되어야 한다. 학생들을 가르칠 때는 적당한 방법을 사용해야 하는데, 그리하여 학생들의 흥미를 유발하고 학습 내용을 완전히 이해해 공부에 재미를 느낄 수 있도록 유도하는 것이 필수적이다. 학생들에게는 현재 학습하고 있는 지식과 기술뿐만 아니라 학습 방법까지 지도해야 한다. 또한 실용적인 과목을 가르칠 때에는 학생들이 과목에 흥미를 느끼고 즐겁게 배울 수 있도록 함으로써 노력하

는 습관과 노동의 즐거움을 느낄 수 있도록 애써야 한다. 이
렇게 하여 교사의 감독하에 학생들은 나태하지 않고 스스로
훈련하는 습관을 유지하며 자신들의 직업을 향해 전진해 나
갈 것이다.

(6) 신체 발달에 관심을 기울여 체조와 함께 적절한 운동경기가
장려되어야 한다. 사람이 세상을 잘 살아가고 사업에 성공하
기 위해서는 건강한 체력을 가져야 한다. 따라서 신체 발달
단계에 맞는 체조 연습과 계절과 지역에 맞는 운동과 놀이를
장려하여 학생들의 신체를 튼튼하게 하고 정신력을 고무시
켜 계절의 변화를 견딜 수 있는 몸을 갖게 하며, 향후 경험할
수 있는 고난을 극복할 수 있도록 해야 한다. 또한 학생들이
학교에서뿐 아니라 이후에도 자발적으로 신체를 단련하도록
유도하여 그들의 신체가 지속적으로 발달할 수 있도록 하는
것을 목표로 해야 한다.

(7) 교사들은 학생들에게 애정과 위엄을 보여 주고 학생들의 모
범이 되어야 한다. 위엄은 교사가 학생을 대하는 데 있어 필
수적인 것인데, 교사가 위엄이 있어야 그의 가르침과 훈련에
생기가 부여되고, 그로 인해 교육의 목표가 달성될 수 있기
때문이다. 그와 동시에 교사가 학생들과 우호적인 관계를 유

지하기 위해서는 따뜻한 애정과 깊은 호의를 가져야 하는데, 이를 통해 학생들에게 충분한 영향력을 행사하고 만족스러운 훈육을 실시할 수 있을 것이다. 교사들은 학생들에게 바라는 바를 몸소 실천하여 보여 주어야 하는데, 자신의 말을 실천하는 모습을 보임으로써 학생들이 따를 적절한 모범이 될 수 있을 것이다.

(8) 교사들은 굳건한 목표를 가지고 항상 정신 수양을 위해 노력해야 한다. 교육은 즉각적인 결과를 추구하지 않는데, 교육의 목표가 장기적이기 때문이다. 따라서 교사들은 교육을 명예로운 직업으로 여기고 굳건히 종사하여 교육의 최종 목표를 위하여 항상 최선을 다해야 하며 필요한 경우 교육을 위해 목숨을 바칠 각오를 하여야 한다. 교사들은 또한 자신의 직책의 중요성을 인식하기 위해 노력해야 하며 자신의 교양이 교사라는 고귀한 직업에 부족하다는 것을 발견하면 실패를 경험할 수 있어야 한다. 그렇게 되면 교사들은 충실하게 자신의 학습을 강화하고 적절한 수준으로 경험을 확대하고 지식을 넓히기 위해 자극을 받게 될 것이고, 그 결과 자신의 모습이 바라던 대로 발전 및 성장하게 되고, 자신에게 부여된 교사의 직책을 충실히 수행하게 될 것이다.

(9) 교사들은 상호 우호적인 관계를 유지할 자세를 갖추어야 하며, 나아가 지역사회의 연장자들과도 우호적인 관계를 맺어 그들에게 좋은 영향을 미칠 수 있도록 해야 한다. 교육은 사회문제와 밀접하게 관련되어 있기 때문에 학교교육만으로 교육의 궁극적인 목적을 달성하기 어렵다. 따라서 교사들은 당연히 상호 우호적인 관계를 유지하여 서로에게 진정 어린 조언을 해야 하며, 그를 통해 모두 맡은 바 직무를 제대로 수행하고, 학교 사이에 확립된 좋은 교풍校風을 저해하지 않으며, 학생들에게 가장 좋은 영향을 미칠 수 있게 될 것이다. 교사들은 또한 지역사회의 연장자들과도 우호적인 관계를 유지해야 하며, 그들과 함께 교육의 목표를 달성하기 위해 노력하며 실천해야 한다. 동시에 연장자들이 지역사회의 지도자임을 명심해야 하며, 지역사회를 움직여 개선할 수 있도록 노력해야 한다.

요약하자면 교사들은 제국 교육의 본의에 완전히 통달하여야 하며, 교육의 목표를 실현하는 데 노력해야 하며, 성심성의껏 자신의 능력을 다해야 하며, 교육에서 이룬 좋은 성과로 바라 마지않는 제국의 발전에 기여해야 한다. 성실과 노력으로 삶의 모든 일을 해야 한다. 성실과 노력으로 행동할 때에만 학생들을 충성스럽게 훈육할 수 있고, 제국의 명령을 준수할 수 있다. 조선의 교육과 관련하여 본 총독은 교육을 책임지는 위치에 있는 사람들에게 크게 의지하고 있는 바 이로써 교사들을 위한 일상 규칙을 규정하니 교사들은 자신들에게 요구되는 사항을 명확히 이해하기를 바라는 바이다.

찾아보기

일본의 한국통치에 관한 세밀한 보고서

펴낸날	초판 1쇄 2008년 12월 28일
	초판 2쇄 2015년 8월 25일

지은이	얼레인 아일런드
옮긴이	김윤정
펴낸이	심만수
펴낸곳	(주)살림출판사
출판등록	1989년 11월 1일 제9-210호

주소	경기도 파주시 광인사길 30
전화	031-955-1350 팩스 031-624-1356
홈페이지	http://www.sallimbooks.com
이메일	book@sallimbooks.com

ISBN	978-89-522-1063-0 04080